胜坨镇志

东营市垦利区胜坨镇志编纂委员会 编

方志出版社
Publishing House of Local Records

图书在版编目（C I P）数据

胜坨镇志 / 东营市垦利区胜坨镇志编纂委员会编. -- 北京 ：方志出版社，2017.12

ISBN 978-7-5144-2881-0

Ⅰ. ①胜… Ⅱ. ①东… Ⅲ. ①乡镇-地方志-东营 Ⅳ. ①K295.25

中国版本图书馆 CIP 数据核字（2018）第 001183 号

胜坨镇志

编　　者：东营市垦利区胜坨镇志编纂委员会
责任编辑：王　品
出 版 人：冀祥德
出 版 者：方志出版社
地址　北京市朝阳区潘家园东里9号（国家方志馆4层）
邮编　100021
网址　http://www.fzph.org
发　　行：方志出版社图书经销中心
电话（010）67110500
经　　销：各地新华书店
印　　刷：济南黄氏印务有限公司
开　　本：787×1092　　1/16
印　　张：23.5
字　　数：390千字
版　　次：2017年12月第1版　　2017年12月第1次印刷
印　　数：1000册

ISBN 978-7-5144-2881-0　　定价：196.00元

齐鲁名镇名村志丛书编纂委员会

《胜坨镇志》编纂委员会

顾　　问　刘斯杰　马宝文　杜金华
　　　　　张和森　高加夫　逯乐进
　　　　　宋华锋

主　　任　黄　振

副 主 任　宋金生　徐春芳

委　　员　宫振卫　王春光　郝延平
　　　　　冯光涛

《胜坨镇志》编审人员

特邀编审　杨立宇　李中华　刘建国
　　　　　徐秋明

主　　编　种玉洪

执行主编　刘荣惠

副 主 编　陈学慧　王永华

编　　辑　宋慧峰　张乐忠　刘艳芳
　　　　　陈　锋　宁金德　华树祥
　　　　　张建超

特邀编辑　黄学桂　刘曙光　张英士
　　　　　崔　光

总序

地方志为一方之全史，横陈百科、包罗万象。绵延不断的地方志编修是中华民族特有的文化基因，作为服务当代、垂鉴后世的重要文化事业，在赓续传统、传承文明、资政育人等方面具有重要作用。近年来，在省委、省政府的正确领导和中指组的精心指导下，山东省史志事业围绕一个目标、提高两个站位、突破三个重点、落实“六全”任务，促进山东史志事业实现创新发展、持续发展、领先发展。在省市县三级志书编修走在全国前列的基础上，山东的修志工作不断拓展领域，逐步向乡镇（街道）、村（社区）等基层延伸。

齐鲁大地素有“孔孟之乡、礼仪之邦”的美誉，是中华民族古老文明的重要发祥地之一。在山东，不仅孕育了以孔子、孟子为代表对中华文明甚至是世界文明都产生深远影响的儒家文化，还形成了东夷文化、齐文化、鲁文化、莒文化以及泰山文化、黄河文化、海洋文化、运河文化等地域性特色文化。源远流长、异彩纷呈的不同文化融汇发展，熔铸形成了博大精深、独具特色的齐鲁文化。文化是支撑经济社会发展的软实力。近四十年来，改革开放的时代思想不断吸纳优秀传统文化，在山东的城镇、乡村谱写出时代华章。山东的新型城镇化建设不断取得新成绩，朝着城乡一体化发展新格局阔步迈进。深化乡镇行政管理体制改革，逐步培育新生中小城市和特色小镇；以美丽乡村标准化建设为抓手，新农村建设提档升级，出现一批宜居宜业宜游的新农村；深化城乡精神文明创建，乡村文明行动深入推进，移风易俗广泛开展，乡村特色文化呈现出勃勃生机。

齐鲁大地自古就有重视修志的传统。经济文化的繁荣昌盛，既使乡镇村志编修成为广大人民群众的精神需求，又为之奠定了坚实的物质基础。在当前全力推进新型城镇化建设的新形势下，如何做好乡镇村志编修与经济文化建设结合的文章，成为史志工作面临的一大课题。目前，乡镇村志编修在全省蓬勃开展，渐成燎原之势，累计出版1000多部。正确引导和规范管理乡镇村志编修工作，全省各级史志机构责无旁贷。山东的新型城镇化和新农村建设走在全国前列，史志工作走在全国前列，名镇名村志编修也理应走在全国前列。正是在这种背景下，省史志办制定印发了《齐鲁名镇名村志文化工程实施方案》，以传承和弘扬齐鲁优秀传统文化，更好地服务新型城镇化和新农村建设。齐鲁名镇名村是全省1826个乡镇（街道）、7万多个村庄（社区）的典型代表，编修齐鲁名镇名村志系列丛书，对传承乡村文脉、重塑文化特色，展示乡村发展脉络、探索乡村发展经验，丰富史志工作内容、完善史志成果体系具有重要意义。这是提升新型城镇化和新农村建设历史文化内涵的重要举措，也是促进史志事业转型升级的创新性工程。

新时代开启新征程，新气象孕育新希望，新作为遵循新思想。习近平总书记在十九大报告中强调指出：“深入挖掘中华优秀传统文化蕴含的思想观念、人文精神、道德规范，结合时代要求继承创新，让中华文化展现出永久魅力和时代风采。”十九大报告提出的“实施乡村振兴战略”，要求“加强农村基层工作，健全自治、法治、德治相结合的乡村治理体系。”齐鲁名镇名村志丛书的编纂工作，坚持深入贯彻党的十九大精神，以习近平新时代中国特色社会主义思想为指引，牢固树立“四个自信”，切实增强“四个意识”，坚持辩证唯物主义和历史唯物主义的立场、观点和方法，全面、客观、系统地记述全省新型城镇化进程和社会主义新农村建设取得的伟大成就。讲好新时代的乡村故事，传承中华优秀传统文化，弘扬社会主义核心价值观，培育群众的爱乡爱国情怀，传播干事创业的正能量，为实施乡村振兴战略作出独具特色的历史贡献，是这一系列丛书的价值所在。

“修志问道，以启未来”。编修齐鲁名镇名村志系列丛书，资政存史、泽被后世，善莫大焉、功莫大焉。

是为序。

山东省人民政府办公厅党组成员
山东省地方史志办公室主任

2017年12月

凡例

一、本志以马克思列宁主义、毛泽东思想、邓小平理论、“三个代表”重要思想、科学发展观、习近平新时代中国特色社会主义思想为指导，坚持辩证唯物主义和历史唯物主义的立场、观点和方法，全面、客观、系统记述城镇化进程和改革开放成果，传承和保存乡土历史文化，留住乡愁，为探索特色新型城镇化发展经验、发展模式、发展道路提供历史智慧和现实借鉴。

二、记述上限追溯至事物发端，下限至2014年年底，个别事件延至2015年。详今明古，着重反映时代特色和地方特点，重点体现该镇的“名”与“特”。

三、该镇志叙事区域范围为现行行政区域，以及其他历史上属于该镇的行政区域，适当增加横向对比、联系等内容。

四、采用纲目体，横分门类，纵述史实，述而不论。体裁运用适当创新，篇目设置不求面面俱到，一般意义上的乡镇级内容略去不载。

五、综合运用述、志、传、图、表、记、录等各种体裁，以志体为主。

六、使用规范的现代语体文记述，文字力求朴实、严谨、简洁、流畅、优美，增强可读性。

七、各项数据一般采用统计部门的数据。数据缺乏的，采取主管部门或主办单位正式提供的数据。

八、只收录具有存史价值和名镇特色的图片，版面图文并茂。

九、民国前使用朝代年号纪年，括注公元年份，同一朝代年号在同一条目中只在首次出现括注。民国后使用公元纪年。本志“××年代”，凡未加注世纪者，均指20世纪的年代。

十、记述各个历史时期的党派、机构、职务、地名等，均以当时的名称为准。对频繁使用的名称，首次用全称，其后用简称。“新中国成立前”“新中国成立后”以中华人民共和国成立日1949年10月1日为界；“解放前”“解放后”以该镇解放日1944年8月为界。

十一、人物部类遵循“生不立传”原则，人物传主按卒年排序，只选录对本镇发展有重大影响的历史人物和当今的先模人物，不面面俱到。

十二、为节省篇幅，避免重复，本志采用条目互见法。参见条目的表示形式为：参见本志“×× 类目 · ×× 分目 · ×× 条目”。

十三、对旧志、古籍中的繁体字、冷僻字一般用简化字或通用字替换，易引起误解的则保留。

十四、数字用法，标点符号用法，遵循国家标准出版规定，GB/T15834—2011《标点符号用法》，GB/T15835—2011《出版物上数字用法》。

十五、计量单位采用国务院 1984 年 2 月发布的中华人民共和国法定计量单位。考虑到社会使用习惯，全书中亩未作统一换算。

十六、该镇志需要独立说明的事项，均在编纂始末中记述。

胜坨镇政区图

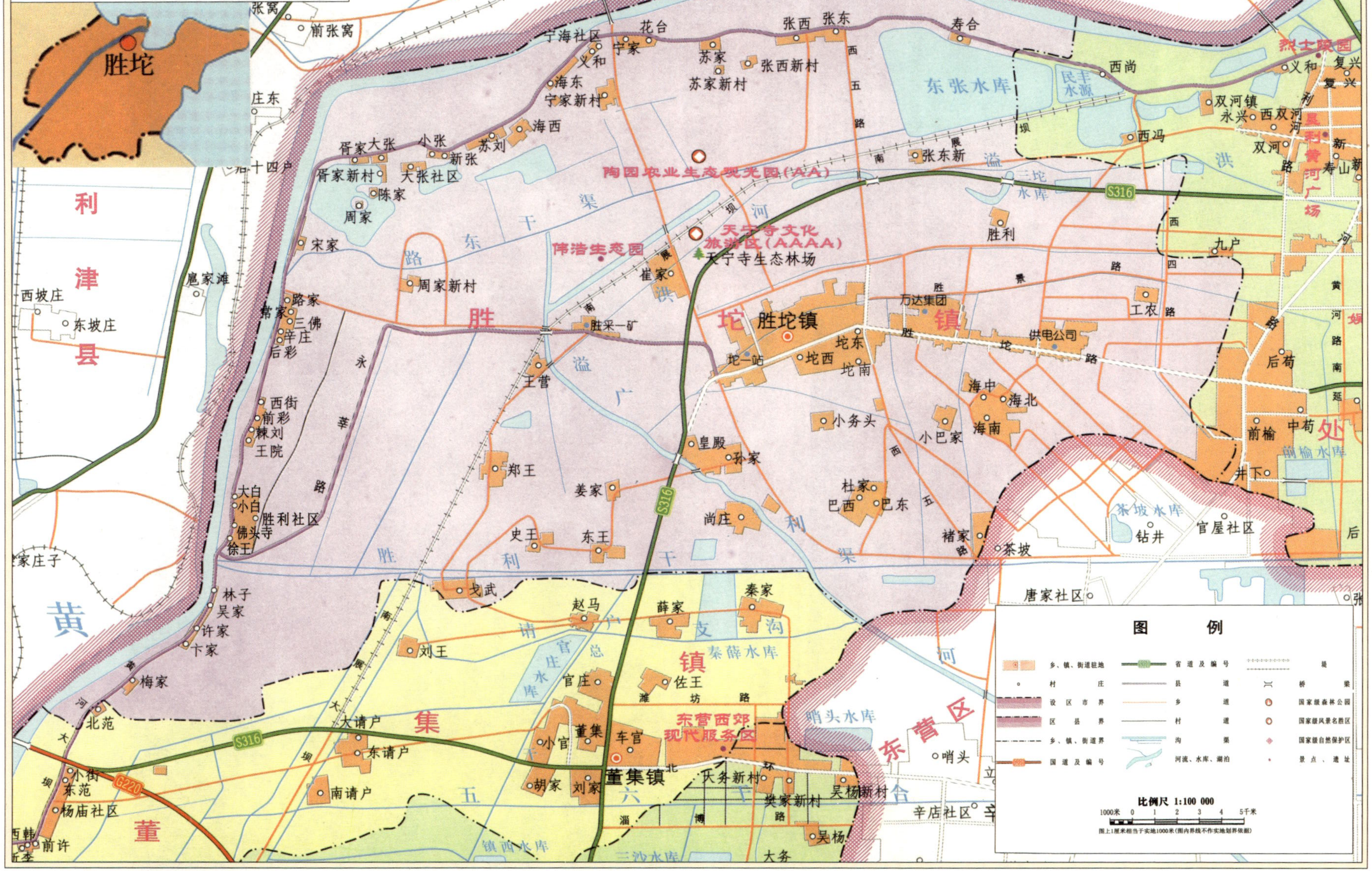

审图号：鲁SG（2015）133号

鎮

居民区

鎮

大张社区

鎮

天宁寺外景

胜坨公园

水岛庄园

巨丰绿色农业示范园种植的毛木耳

捕捞

精细化工产业园夜景

陶园观光园跑马场

自行车友黄河风情游

汽车越野赛

金秋河山分外嬌
安民

苟安民作品

垂钓比赛

课间十分钟

目录

胜坨镇志

SHENGTUOZHENZHI

概述

GAISHU

探宝广场

河海明珠　秀美胜坨

胜坨镇隶属山东省东营市垦利区（2016 年 8 月撤县设区），居于西部，北倚黄河，东、西和南三面依次与东营市垦利区垦利街道、董集镇和东营市东营区辛店镇接壤，镇直机关驻地距垦利城区 10.5 千米，辖区面积 181 平方千米。地势呈扇形微倾之势，西北高，东南低，平均海拔 11.61 米。黄河依境东去，流经 25.5 千米，大堤如蛟龙潜行，险工埽坝鳞次栉比，为扼黄河东奔入海之最后关隘。316 省道贯穿全境，六干、路东、路南干渠横亘东西，胜利引黄闸、路庄引黄闸、东张水库、章丘屋子泄洪闸坐落其间，广利河、溢洪河起源于境内直达渤海，区位交通优势明显，基础设施体系完备，自然与人文景观独特。经济发达、文化繁荣、社会稳定、生态良好，人民安居乐业，为黄河尾闾、渤海岸边经济重镇、宜居名镇、旅游强镇。

西汉末年，境域尚没于渤海之中。王莽新朝三年（11 年），黄河由青州郡千乘河口（即今利津县东南境）入海，历经 500 余载，黄河泥沙不舍昼夜淤积，此地遂脱海成陆。宋代起境内渐有村落形成，明洪武、永乐年间官府自山西洪洞、北直隶枣强等县，分批迁民至此定居垦荒，遂形成最早的 43 个村庄。宋代，境域属河北东路滨州渤海郡渤海县，金明昌三年十二月（1193 年 1 月）至 1956 年属利津县。1956 年划归广饶县，1961 年复归利津县，1964 年 11 月划归垦利县。1966 年 7 月，胜坨公社从董集区析出，宁海区拆分出宁海和辛庄两公社。1982 年 4 月，辛庄公社更名胜利公社。1984 年胜坨、宁海、胜利三公社改社建乡。1994 年，胜坨镇撤乡设镇，宁海、胜利两乡建制未变。2001 年 2 月，垦利县行政区划调整，将宁海乡、胜利乡并入胜坨镇。至 2014 年年底，胜坨镇辖 59 个行政村，常住人口 7.45 万。

胜坨镇为胜利油田发祥地，油区重镇。地下蕴藏着丰富的油气资源，建有胜坨、宁海两个油气田，为胜利油田的主产区之一。

1964 年 5 月，坨庄—胜利村构造勘探会战开始，仅 9 个月时间，探明山东境内第一个油田胜坨油田，为中共中央战略决策批准的华北石油勘探开发的首发油田，是继松辽油田大会战之后又一重要会战。1965 年 2 月 18 日，32120 钻井队在胜利村附近钻探的坨 11 井试油，日产原油 1134 吨，为中国第一口日产超千吨级油井，胜利油田因此而得名。自开发起至 2014 年，胜坨境内已累计为油田奉献土地 2666.67 公顷，累计开采原油 1.7 亿吨，天然气 80 多亿立方米。

境内驻有胜利油田二、三级单位 35 个，暂住人口 2 万多人，建有油、气、水井 4000 余口。油田开发为胜坨镇的经济社会发展提供了诸多有利条件。

自油田开发之始，境内各涉油乡镇（公社）服从服务于油田开发建设，牢固树立“地上服从地下，农田服从油田”大局观念，坚持“油区治安重中之重”方针，探索形成乡包矿、村包队、人包井和定岗位、定人员、定职责、定奖惩“三包四定”油区生产治安防范典型经验做法。1997 年始，经济发展合作更趋密切。继而又探索出工农联心、治安联防、设施联建、生产联营、资金联股和人才联用的工农共建“六联”路子，观念上抓共识、组织上抓落实、队伍上抓网络、管理上抓规范、治理上抓联动和共建上抓实效的“六抓促六联”发展思路，形成稳固地油地共驻共建共荣之势，成为“全国文明油区先进乡镇”，被誉为“全国企地共建的一面旗帜”。1999 年 7 月，全国企地共建现场会在胜坨镇召开。

胜坨镇是山东省工业重镇，也是山东省民营经济最为活跃的地区之一。因地处黄河三角洲高效生态经济区和山东半岛蓝色经济区两大国家战略叠加区核心部位，山东半岛经济区和京津冀经济区结合区重点部位，同时又处于环渤海湾经济圈与黄河流域经济带交汇焦点上，发展工业具有得天独厚的资源优势和区位优势。20 世纪 80 年代后，围绕服务油田上项目，一批管道铺设、建筑安装等乡镇企业应运而生，乡镇企业一跃成为胜坨镇经济支柱，“三分天下有其二”。至 90 年代末，乡镇工业企业发展模式实现由劳动密集型向科技密集型转变，涌现出万达集团、胜通集团、东辰集团等一批大型企业集团。2000 年，胜坨高科技工业园（胜坨精细化工园、垦利精细化工园的前身）设立，随后一大批高科技工业项目落户园区。工业产品形成化工、机电、食品加工、建材、生物工程、新材料等多个门类。垦利精细化工园是山东省保留园区、东营市十大重点产业园区之一。2008 年 12 月，园区被国家商务部命名为“中国精细化工出口基地”。

2010 年始，胜坨镇坚持实施“工业强镇”战略，率先走出“产学研”结合之路，工业实现由传统型管理向现代科学化管理、由面向油田市场向国内乃至国际大市场、由独家经营型向强强联营型的转变，企业市场竞争力明显增强。万达、胜通、东辰集团相继跨入中国制造业企业、中国企业、中国民营企业等行业 500 强。2006 年和 2008 年，胜坨镇先后获得“全国小城镇综合发展水平 1000 强”和“中国乡镇综合实力 500 强”称号。2014 年，全镇企业达 180 家，规模以上企业 52 家，工业企业总产值突破 1000 亿元，实现跨入全省镇域经济综合实力第一方阵的奋斗目标。胜坨精细化工园被评为“中国生态发展示范园区”。2015 年，胜坨镇又获得“中国生态强镇”和“中国最具潜力绿色经济发展城市”称号。

胜坨镇是近代黄河三角洲的顶点所在地。清咸丰五年（1855 年），黄河于河南铜瓦厢决口，北夺大清河入渤海，再次惠顾此地，遂冲积形成近代黄河三角洲。其范围是以境内宁海为顶点，北起套尔河口，南至支脉沟口的扇形淤积地区，陆地面积约 5400 平方千米。黄河三角洲是不断生长土地的地方，因此，胜坨镇具有得天独厚的优势条件，土地等自然资源丰富，区位交通等条件优越，环境生态系统独特，产业发展基础坚实。全镇拥有耕地面积 5600 公顷，未开垦土地 2260 公顷。地表水资源除自然降水外，黄河水为主要淡水资源，地下水虽然矿化度较高，但具有良好的开发前景。境内黄河滩区小麦获国家地理标志商标认证，黄河口大米、黄河刀鱼、黄河鲤鱼享有盛名。

胜坨镇立足于优越的生态自然条件，致力于发展高效生态农业、生态文化旅游业，打造生态文明典范镇。在生态农业方面，2012 年起，按照“优势产业区域化、特色产业优质化、基地建设标准化”的发展思路，全面实施黄河三角洲高效生态经济区国家战略，建设集特色种植、养殖、繁育、加工于一体的生态农业示范园区，打造“一库、两基地、三园、五区”农业园区发展新格局。着重推进建设黄河滩区 1067 公顷粮棉高效生产区、宁海展区 666.67 公顷无公害水稻区等高效生态农业示范区，提升完善淡水养殖休闲度假长廊设施，规划建设万亩黑牛养殖基地、33 公顷的名贵苗木基地、20 公顷畜牧养殖小区，大力发展高效生态特色农业。

胜坨镇抓住东营市中心城北扩这一契机，着力打造黄河三角洲新型生态精品城镇。2004 年 6 月，重新确立“对接县城、南融西城，突出工业主导，突出田园风光，服务、辐射社会主义新农村建设”的小城镇建设思路，定位“东营市西城后花园”和“黄河三角洲上的生态工业园”的建设目标，大力推进建设城镇化。2005 年 3 月，被国家发改委确定为“全国第一批发展改革试点小城镇”。

2008 年后，胜坨镇以“率先建成生态文明典范强镇、率先全面建成小康社会”统揽全局，抢抓“黄蓝”国家战略实施和全省百镇建设示范行动、东营市试点强镇建设的三大机遇，按照“西居、东工、北优、南展”四方发展战略，采取“农业立镇、工业强镇、旅游活镇、油地共建、统筹兴镇”五大举措，全面加快新型城镇化推进步伐。集中力量构筑“四横四纵”道路体系，推进西四路与丰收路北延、合益路南延、胜景路东延和胜兴路、永兴路、永莘路西延等道路改造工程，完成中心镇区“南扩一格”道路建设，继而实施西五路、西六路北延和德州路改造工程，全力拓展城镇发展空间。按照“以城带乡、区域联动、整体推进”的思路，推进镇城区村迁村并点工程建设步伐，构筑新型农村社区。先后实施胜利社区、坨东坨西“两坨”迁村并点和东辰佳苑、胜通丽景、公租房等集中居住片区等工程建设。同时，实施垃圾中转站、污水收集管网、供电供暖线网、燃气管道改造等工程建设，城镇承载经济能力进一步增强。

胜坨镇深入挖掘开发黄河、石油、工业、佛教和遗址等文化内涵，发展区域特色文化旅游业。以建设天宁寺文化旅游区为龙头，建成山东省一流的佛教文化旅游胜地；以建设绿岛庄园等特色庄园为龙头，打造生态休闲度假中心；以提升淡水养殖休闲度假长廊档次为切入点，建设集休闲、垂钓、观光、餐饮于一体的高效生态农业示范区，拉长接齐文化、生态、农业立体发展的旅游产业链条，形成“黄河风情游”“佛教文化游”两条特色旅游经典线路，使其成为镇域经济新的增长点。2011年12月，伟浩庄园、陶园农业生态观光园成功创建成“山东省农业旅游示范点”并获“山东省乡村旅游示范点”称号。2013年，胜坨镇被评为“中国最美村镇”“好客山东最美乡村”。2014年，天宁寺文化旅游区被全国旅游景区质量等级评定委员会评为“国家AAAA级旅游景区”，并获“全国十佳生态旅游示范景区”称号。

2006年，胜坨镇被国家建设部、文化部评为“全国最适宜人居名镇”，2013年获“山东省产业化驱动城镇化十强镇”称号，2014年被评为“中国生态强镇”，2015年成为山东省唯一被评为“中国最具潜力绿色经济发展城市”，并获“中国美丽乡村建设示范镇”称号。

黄河夕阳

齐鲁名镇志

胜坨镇志

SHENGTUOZHENZHI

镇情要览

ZHENQINGYAOLAN

镇城区俯瞰

胜坨镇坐落于黄河三角洲冲积平原之上，沃野平畴，阡陌纵横。北上可达京津冀、辽东半岛，处于其协同辐射区之内；南下可近达江浙沪，远达深港澳。东临渤海，古为盐业重镇、瓷器转运商埠，海上丝绸之路起始点之一；西望中国腹地，遥望先民故乡乡愁，承接黄河文化延续。地处温带季风气候区，四季分明，气候宜人，降雨集中于夏秋，自然灾害较少。得黄河之利，盛产粮棉，畜牧、水产等业快速崛起；因油而兴，成为石油重镇、工业强镇、商业大镇，跃居全国千强镇行列。全镇尊师重教蔚然成风，医疗条件不断改善，群众文化氛围浓厚，社会保障体系健全，人民生活幸福乐居乐业。

区位交通

区位

胜坨镇位于近代黄河三角洲的顶端，山东省东营市垦利区西部，东邻垦利街道，西、北两面背倚黄河，与利津县隔河相望，南与垦利区董集镇和东营市东营区毗邻。地理坐标为北纬 37° 29′ ~ 37° 36′，东经 118° 17′ ~ 118° 30′，距垦利区城 10.5 千米，距东营市中心城东、西城分别为 25 千米和 6.5 千米，距东营火车站 7.3 千米，距胜利飞机场 24 千米。镇直机关驻坨庄村。境域面积 181 平方千米，最大横距 26 千米，最大纵距 22 千米。地势西北高、东南低，呈微倾斜之势，平均海拔 11.61 米。

道路

明清时期至新中国建立初，境内有两条连接胶东与京津、原蒲台县与海铺的过境交通要道。其一条从东南皂（现寿光市北部）入境，沿西北方向，经海中、海北两村结合处向西北再经宁海村东出境，是通向北京的“驿道”，因官府所辟，又称“官道”。每 10 华里修一水井，每 100 华里左右设一驿馆，供官家过往食宿。据传，明永乐年间，此道是明成祖朱棣为将鲁东南部的土特产供往京城而专置的驿道，由傅振邦主管修筑。后来，蒙古马匹等土特产也通过这条大道运往山东东南各地。两地商家也利用这条大道进行商贸活动。由于这条大道往来人员多以乘车、骑马趱行，而且直达京城，故称“京马道”。清末民国初期，由于军阀割据及连年征战，这条官道逐渐被废弃。另一条是由蒲台县北入境内，经林子、小白、三佛殿、常家、宁海等村出境，通往东边渤海海铺的道路，属民间开辟形成，是境内人们上海捕捞、进行海上贸易活动的主要通道，古称“海道”。1964 年，因开发农田种植水稻而被废除。

永莘路（316 省道）

新中国成立后，随着胜利油田大规模开发建设，境内交通运输业迅速发展，逐步形成由省道、县道、乡村道、油田生产路构成的四通八达的交通公路网络。至 2014 年，境内有过境省道 2 条，连接东营市中心城西城道路 2 条。永莘路（316 省道）东起垦利县永安镇，中经垦利县城、胜坨镇、董集镇、利津黄河大桥，西入滨州市境，至莘县。此路在境内路段为经原胜坨乡，至胜利乡刘家夹河渡口段。2001 年，其境内走向调整为经胜坨—董集—利津黄河大桥，原胜坨乡至胜利乡刘家夹河路段改为县级道（境内称胜利路）。胜兴路（省道）西出垦利县城，入胜坨境，至皇殿村西接入永莘路路段，里程 14.8 千米。

东营市中心城西四路北延段是市属重点工程，是胜坨镇连接东营市中心城西城区的主干道之一，全长 7.75 千米。东营市中心城西五路北延段，起自东营区北二路，向北跨越广利河后，继而向西北延伸，最终与胜坨镇坨东路对接，道路全长 5.8 千米，为胜坨镇至东营市中心城西城区的又一条大动脉。

建置

区划沿革

金明昌三年十二月（1193 年 1 月），置利津县，此时境域属利津县。清光绪九年（1883 年），利津县设四乡，境域属务本乡，乡下设境，境下设村。时务本乡辖 14 境 117 村。清末至 1930 年，利津县将四乡改为四区，务本乡为第二区。1931 年实行区自治制，各区成立自治区公所。1944 年 8 月，利津县全境解放，设 6 个区，境域仍属二区。1948 年，利津县调整区划，区以下设乡。境域所在区域设置为徐王区和宁家区。徐王区辖请户、三范、杨庙、大王、胡刘、王王、董官、徐林 8 个乡，区公所驻地徐王庄；宁家区辖路安、共和、西张、临河、郑王、义和、宁家、和平、新民、寿和 10 个乡，区公所驻地宁家庄。

1950 年 8 月，利津县各区改为按顺序数称名。徐王区改称二区，区公所迁至南请户村（现属董集镇），宁家区改称四区，区公所驻地未变。1955 年 12 月，徐王区改称董集区，区公所驻地官庄。宁家区改称宁海区，区公所驻地未变。1956 年 3 月，董集区、宁海区划归广饶县，合并为董集区，区公所驻地尚庄。1961 年 10 月，董集人民公社、宁海人民公社又划归利津县。1963 年，恢复区的建制，董集和宁海两公社合并董集区，区机关驻官庄村。

1963 年董集区宁海区所辖公社及村庄情况表

表 1

区名称	区驻地	公社名称	公社驻地	所辖村庄
董集区	官庄村	杨庙	前许村	前许 后许 东韩 西韩 杨庙 北范 东范 南范 郑家 石家 邱家 小王 大王 七里井 新李 宋王 罗家 窑盖 大庄盖 崔家 小街 坡程
		请户	东请户村	大请户 南请户 东请户 刘王
		董集	官庄村	官庄 车宫 胡家 小官庄 刘家 董集 左王

续表

区名称	区驻地	公社名称	公社驻地	所辖村庄
董集区	官庄村	薛家	后薛村	前薛 后薛 秦家 东王 西王 姜家 史王 赵马
		尚庄	尚庄村	尚庄 皇殿 孙家 巴家集 杜家
		坨庄	坨庄村	坨庄 小务头
		小宁海	小宁海村	胜利 小巴家 茶坡 小宁海 褚家
宁海区	宁家村	宁海	海东村	宁庄 海东 海西 苏刘 花台 义和
		三佛	三佛村	王院 棘刘 后彩 西街 辛庄 三佛 路家 常家 前彩
		徐林	林子村	梅家 卞家 许家 吴家 林子 徐王 佛头 大白 小白
		东张	东张村	苏庄 西冯 东张 寿和 西尚
		王营	王营村	戈武 崔家 郑王 王营
		西陈	陈家村	周家 陈家 胥家 宋家 大张 小张

1964年11月，董集区、宁海区划归垦利县。1966年7月，撤销董集区，设董集公社和胜坨公社，机关分别驻官庄和小宁海村；撤销宁海区，设宁海公社、辛

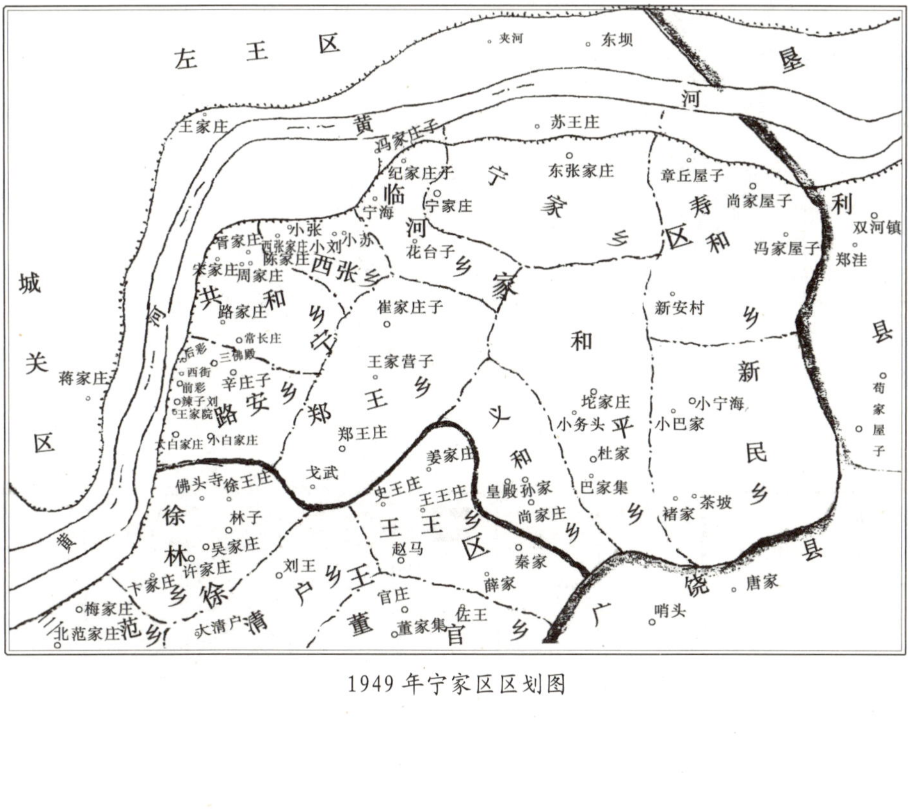

1949年宁家区区划图

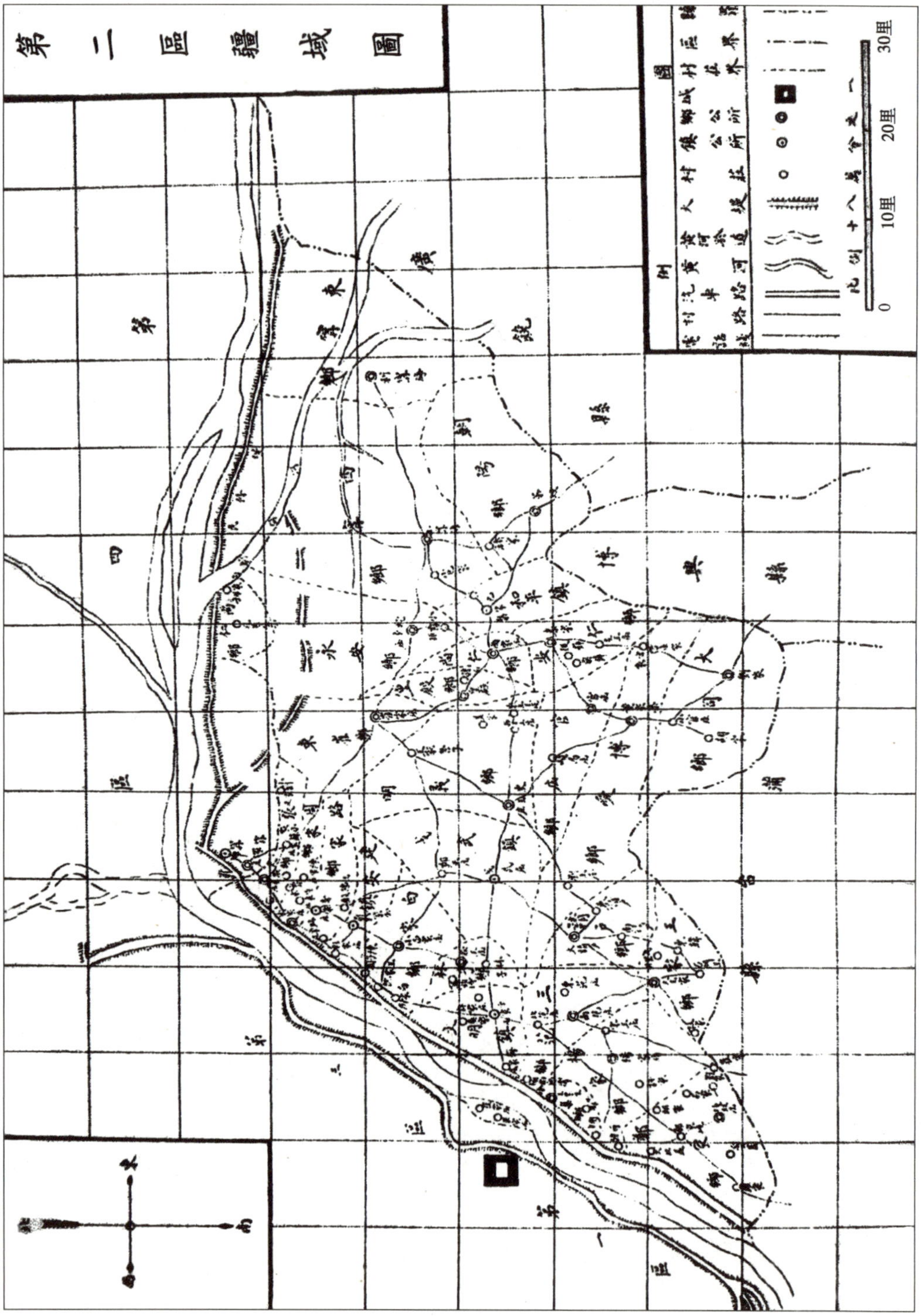

1931年利津县第二区疆域图

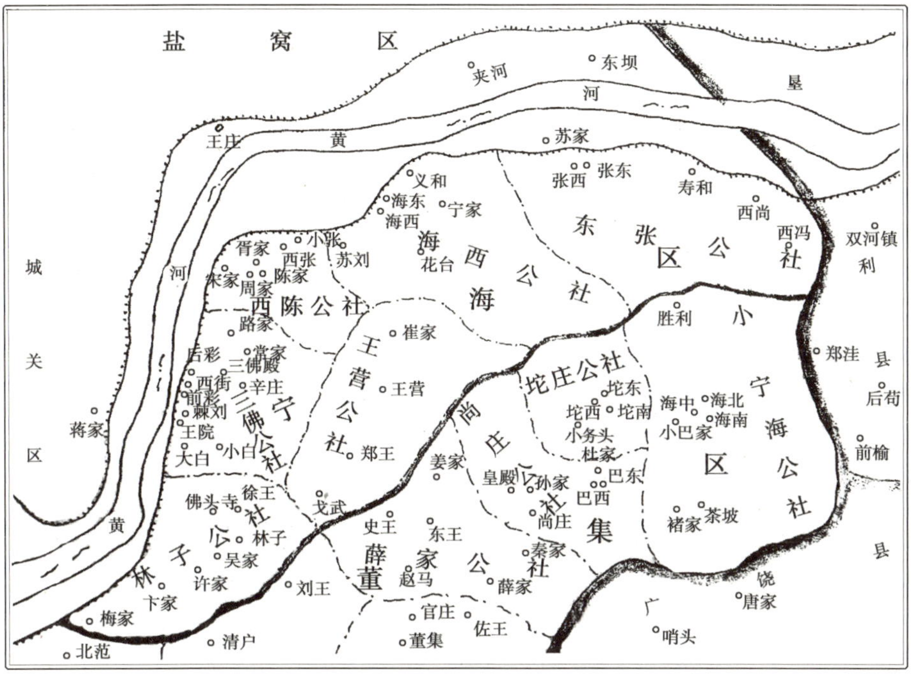

1964年宁海区、董集区区划图

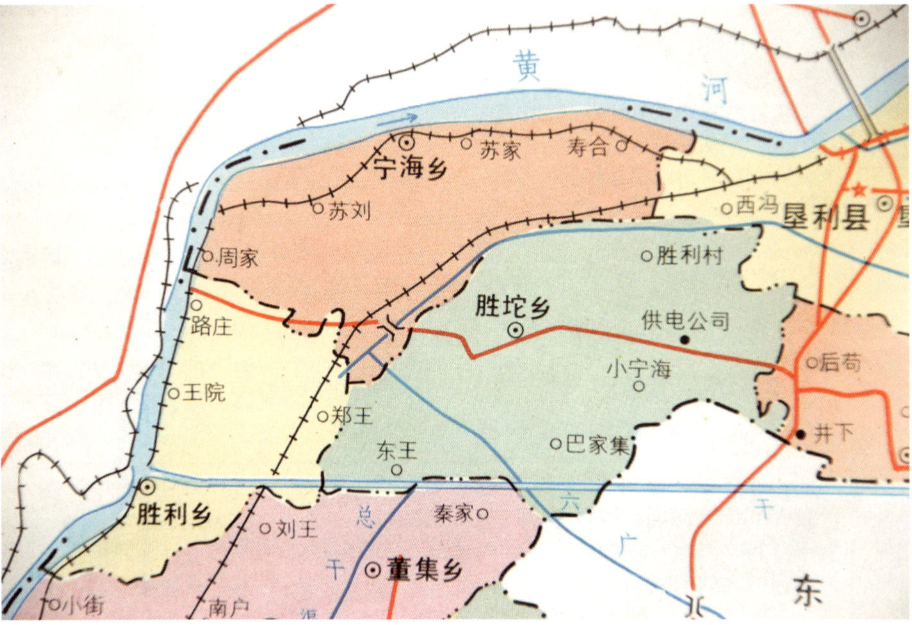

1994年胜利乡、宁海乡、胜坨乡政区图

庄公社，机关分别驻宁海村和辛庄村。1968 年 4 月，胜坨公社迁驻坨庄，1978 年，辛庄公社迁驻胜利引黄闸南侧，1982 年改称胜利公社。1984 年 7 月，撤社设乡，建制未变。1994 年 3 月 29 日，胜坨乡撤乡设镇。2001 年 2 月 10 日，垦利县调整乡镇行政区划，宁海乡、胜利乡并入胜坨镇。至 2014 年，区划未调整。

村庄

明初，朝廷推行“移民就宽乡”民垦政策。官府自山西洪洞、北直隶枣强等县分批迁民来此境定居垦荒，遂形成最早的 43 个村庄。之后，部分住户为方便种地或躲避黄河决溢灾害另立新村，另有周边县部分民户迁至境内定居建立新村。至 2014 年年底，胜坨镇辖 59 个行政村。

胜坨镇各村庄名考略表

表 2

村　名	村名考略	人口数	主要姓氏
坨西村	据《张氏家乘》记载：明洪武二年（1369 年），始祖宽公由北直隶枣强县迁此立村。因地势较高故称“坨坨庄”，后简称“坨庄”。1960 年按所处方位分成坨西、坨南、坨东三个大队。1984 年分别建坨西、坨南、坨东村民委员会。	1857	张、车、王、李、柳、秦、盖、杨、薛、尚、宋、陈、郑、沪、胥、许、宁、周、杜等
坨南村		1609	张、王、于、周、杨、付、庞、孙、范、程、秦、花、蔡、尚、崔、褚、薛、商、李、许等
坨东村		1966	李、张、许、胡、陈、徐、盖、王、巴、田、车、尚、孙、崔、荀、谷、周、刘、薛、高、武、邢、董、秦、吴、宫等
胜利村	1945 年，宋家村宋氏、陈家村陈氏部分村民迁此立村，因新建村故名“新安”。1958 年，以嘉言更名为“胜利村”。1961 年立胜利大队，1984 年建胜利村民委员会。	387	宋、周、陈、刘、崔、李、张、寇、殷、路、胥等
工农村	1947 年，村址在本境北大荒水库处。1952 年，因黄河溢洪搬迁至郑洼地片建村，故得村名“郑洼”。1966 年，因与油田工农关系密切，故更名为“工农村”。是年，立工农大队，1984 年建工农村民委员会。	493	张、王、胡、黄、巴、李、郭、董、刘、陈、高、路、许、宋、盖、魏、朱、周、扈等

续表

<table>
<tr><th>村　名</th><th>村名考略</th><th>人口数</th><th>主要姓氏</th></tr>
<tr><td>海北村</td><td rowspan="3">明洪武二年（1369 年），荀大玄自山西洪洞县、荀福来自北直隶枣强县迁此建村，因倚水靠海，村民为祈求安宁，故以吉祥嘉言命名为“小宁海”。1961 年，按所处方位分成海北、海中、海南三个大队，1984 年分别建海北、海中、海南村民委员会。</td><td>999</td><td>荀、张、王、李、董、孙、郑、牛等</td></tr>
<tr><td>海中村</td><td>1286</td><td>荀、张、王、李、刘、秦、左、盖、董、巴、程、杨、黄、薛、周、傅、邵、尚、曹、宋等</td></tr>
<tr><td>海南村</td><td>1587</td><td>荀、李、张、巴、王、陈、杨、刘、周、梁、唐、董、孙等</td></tr>
<tr><td>小务头村</td><td>明洪武二年（1369 年），刘进从北直隶枣强县迁此倚海立村，此地有一小码头，故名“小码头”。后渐以方言音衍化为“小雾头”又“小务头”。1960 年立小务头大队，1984 年建小务头村民委员会。</td><td>703</td><td>刘、王、孙、荀、盖、赵、尚、周、杨、许、巴、杜、唐、崔等</td></tr>
<tr><td>小巴家村</td><td>明洪武二年（1369 年），巴良岱从北直隶枣强县迁此立村，时因村庄规模较小，故名“小巴家”。1961 年初立小巴家大队，1984 年建小巴家村民委员会。</td><td>668</td><td>巴、王、于、吴、张、李、薛、周、赵、荀等</td></tr>
<tr><td>皇殿村</td><td>明洪武二年（1369 年），王三从东昌府临清县迁此荒洼处，并以嘉言得名“王家庄科”。传说，曾有一皇帝巡海到此，突遇狂风暴雨大作，于该村前寺内躲避风雨。事后，皇帝便赐村名“皇殿”。1958 年立皇殿大队，1984 年建皇殿村民委员会。</td><td>1399</td><td>王姓为主，还有董、薛、刘、李、乔、黄、尚、秦、盖、张、巴等</td></tr>
<tr><td>孙家村</td><td>明洪武二年（1369 年），傅氏从北直隶枣强县迁此建村，因尖氏早已在此居住，故得名“尖傅小庄”。清朝时，孙克威从博兴县王文庄迁入，又更名“孙家”。1958 年立孙家大队，1984 年建孙家村民委员会。</td><td>905</td><td>孙、尖、傅、周、赵、刘、高、董、薛、尚、李、巴、胡、秦、夏、于、荀等</td></tr>
<tr><td>姜家村</td><td>明洪武二年（1369 年），姜保、姜命、姜格、姜佑兄弟四人从北直隶枣强县迁此建村，故得名“姜家庄”。1958 年立姜家大队，1984 年建姜家村民委员会。</td><td>265</td><td>姜、周、李、孙、尚、王、巴、张、董等</td></tr>
<tr><td>杜家村</td><td>明洪武二年（1369 年），杜慎懋自北直隶枣强县迁此建村，故名“杜家”。1958 年立杜家大队，1984 年建杜家村民委员会。</td><td>282</td><td>杜、王、孙、李、刘、荀、尚等</td></tr>
</table>

续表

<table>
<tr><th>村　名</th><th>村名考略</th><th>人口数</th><th>主要姓氏</th></tr>
<tr><td>巴西村</td><td rowspan="2">明洪武二年（1369 年），巴景威、巴景亮、巴景义兄弟三人由北直隶枣强县迁此建村，始称“巴家屋子”。后因村有集市改名“巴家集”。1958 年按所处方位分别立巴西、巴东两个大队。1984 年建巴西、巴东村民委员会。</td><td>1403</td><td>巴、张、王、李、赵、孙、董、薛、宋等</td></tr>
<tr><td>巴东村</td><td>905</td><td>巴、王、刘、孙、李、宋、张、周、杨、陈、赵等</td></tr>
<tr><td>尚庄村</td><td>明洪武二年（1369 年），尚伯岗从山西洪洞县迁此建村，故名“尚家庄”。1958 年立尚庄大队，1984 年建尚庄村民委员会。</td><td>2056</td><td>尚、巴、张、孟、王、周、李、薛、孙、牛等</td></tr>
<tr><td>褚家村</td><td>明洪武二年（1369 年），褚印虎自北直隶枣强县迁此建村，故名“褚家”村。1961 年初立褚家大队，1984 年建褚家村民委员会。</td><td>556</td><td>褚、王、杨、张、樊、陈、邢、苟等</td></tr>
<tr><td>史王村</td><td>最早（时间失考）有史氏、王氏农户在此居住，因系种地屋子，故得名“史王屋子”。到明洪武二年（1369 年），李尚可、李尚印从山西洪洞县迁此居住，渐成村落。1958 年立史王大队，1984 年建史王村民委员会。</td><td>449</td><td>李、高、王、魏等</td></tr>
<tr><td>东王村</td><td>明洪武二年（1369 年），王友然、王友直兄弟二人从山西洪洞县迁至益都青州府后分发至此建村，故得名“王王庄”。后按方位分称“东王庄”“西王庄”。1956 年并村称“王二庄”。1958 年立王二庄大队，1962 年更名为东王大队，1984 年建东王村民委员会。</td><td>971</td><td>王、刘、孙、周、薛、胡、董、崔、高、秦等</td></tr>
<tr><td>花台村</td><td>清光绪年间（1875—1909 年），许祥等村民自宁海迁至其东偏南安居，因系种地屋子，得名“南屋子”。1944 年，又有刘氏、许氏等部分村民从宁海迁此，正式建村。因地势高，生长花树，而得名“花台”。1958 年立花台大队，1984 年建花台村民委员会。</td><td>349</td><td>宁、李、纪、刘、许、齐、陈、杨、张、胡、徐、盖、董等</td></tr>
<tr><td>宁家村</td><td>最早有祁氏、陶氏农户在此居住。明洪武二年（1369 年），宁熙自山西洪洞县迁此形成宁家庄。故有“先有祁家井，后有宁家庄”之说。1958 年立宁家大队，1984 年建宁家村民委员会。</td><td>2679</td><td>宁、周、于、田、丰、薛、杨、苏、宋、吴、赵、任、郑、谢、冯、纪、邢、薄、董、綦、许、高、尚、胡、隆、刘、胥、崔、陈、李、张、王、徐、郭等。</td></tr>
</table>

续表

村　名	村名考略	人口数	主要姓氏
苏家村	清乾隆四十七年（1782 年），苏宝全、苏宝林兄弟二人，自广饶县六户村（今属东营区）迁此南北两处安居，统称“苏家庄”。1958 年立苏家大队，1984 年建苏家村民委员会。	961	王、吴、刘、盖、张、尚等
张东村	清康熙年间（1662—1722 年），张易从寿光县桃尔张迁此居住，晒盐谋生，时因在“张家庄”东，故得名“东张家庄”。1961 年，按方位分立张东大队、张西大队，1984 年分别建张东、张西村民委员会。	1959	张、马、王、冯、闫、朱、刘、李、宋、陈、杨、尚、吴、岳、郭、高、唐、曹、盖、黄、崔、韩、薄、霍、邢、苏、寇、董、宁、庄等。
张西村		1882	张、王、杨、刘、尚、闫、李、马、陈、胡、董、薛、赵、周、冯、谷等
寿合村	1947 年，章丘县一农户在此种地，因住地屋子，故名“章丘屋子”。后又有寿光、博兴和垦利县董集等地的农户迁入，故以寿光迁民为主合为一村之意改名为“寿合”。1958 年立寿合大队，1984 年建寿合村民委员会。	463	张、王、李、赵、刘、盖、薛、岳、宋、陈、尚、巴、薄、崔、宫、隆、高、潘、叶等
义和村	明初，纪兴旺从浙江杭州府仁和县狮子胡同迁此建村，故得名为“纪家庄子”。明洪武二年（1369 年），冯氏自北直隶枣强县迁居纪家庄子西建村，称冯家庄子，因两村相近，故又称纪冯村。1929 年 8 月黄河决口，薛家庄子、新河村、十六户、冯家庄子诸村灾民迁入，以示团结，以嘉言改名为“义和”。1958 年立义和大队，1984 年建义和村民委员会。	969	纪、冯、刘、李、薛、张、王、商、卞、韩、孙、周、唐等
海东村	清康熙四十一年（1702 年），有刘、王、张、许、邢、周、薛诸姓氏，自乐安县刘家、博兴县黄店迁聚于此倚海建村，取名“凝海”，后渐演变为“宁海”。1959 年按方位分为“海东”“海西”两个村，亦统称“宁海”。1966 年立宁海大队，1984 年分别建海东、海西村民委员会。	1071	刘、王、张、许、邢、周、薛等
海西村		1486	张、王、李、刘、周、崔、郑、寇、郭、于、董、成、吴、胡、黄、左、何、薛、季等

续表

村　名	村名考略	人口数	主要姓氏
苏刘村	明永乐年间（1403—1424 年），刘氏从山西洪洞县迁此建村，因规模小而得名“小刘庄”。清光绪二十六年（1900 年），有张氏从乐安县张家屋子迁此立村，规模较小，且村后有一苏庙而得名“小苏庄”。1956 年小苏庄、小刘庄合并命名为“苏刘”。1958 年立苏刘大队，1984 年建苏刘村民委员会。	1131	王、张、刘、胡、吴、高、曹、许、冯、黄、崔、盖、宋、薛等
新张村	1979 年，因黄河南展宽工程大张村搬迁，部分村民暂安置在小张村房台东部。后为管理方便，建村时较大张、小张建村晚规模小，故名“新张”。1984 年建新张村民委员会。	564	马、王、宁、孙、成、李、许、刘、朱、闫、张、吴、宋、陈、呙、周、郑、苗、胥、郭、胡、赵、耿、徐、寇、黄、崔、董、葛、薛等
小张村	清雍正八年（1730 年），张盾从利津县迁居西张家庄的东北建村，时因村小，故得名“小张”。1958 年立小张大队，1984 年建小张村民委员会。	700	张、刘、杨、赵、李、陈、邢、魏、宁、王、唐、苗、徐、许、崔、董等
大张村	明洪武元年（1368 年）前，有邵氏农户居住，故得名“邵家坡”。明洪武二年（1369 年），张端自北直隶枣强县张家楼迁居“邵家坡”，遂后改称“张家庄”。清康熙二年（1663 年），因位于东张家庄西，故更名为“西张家庄”。后又因规模比邻村小张大故更名“大张村”。1958 年立大张大队，1984 年建大张村民委员会。	1078	张、许、王、刘、吴、卜、寇、赵、杨、李、宋、胥、孙、桓、呙等
陈家村	明洪武年间（1368—1398 年），陈友功自山西洪洞县迁此建村，故得名“陈家”。陈姓之前张氏在此居住，故“先有坐地张，后有陈家庄”之说。1958 年立陈家大队，1984 年建陈家村民委员会。	585	陈、宋、刘、闫、孟、寇、李、周等
胥家村	明洪武二年（1369 年），胥时成、胥友成兄弟二人由江南江宁府江宁县迁至利津县城南居住建村，取名“胥家庄”。后胥友成举家转迁潍县，胥时成迁此建村，仍取名“胥家庄”。1958 年立胥家大队，1984 年建胥家村民委员会。	431	胥、闫、周、王、宋、赵、许等
周家村	明洪武二年（1369 年），周英、周雄、周豪、周杰兄弟四人自山西洪洞县迁此建村，故得名“周家”。1958 年立周家大队，1984 年建周家村民委员会。	870	周、许、张、崔、徐、陈、王、宋、李、程等

续表

村　名	村名考略	人口数	主要姓氏
宋家村	明洪武五年（1372 年），宋升、宋焕兄弟二人从河南归德府商丘县虎丘村迁至大清河东岸建村，故得名“宋家滩”。清咸丰五年（1855 年）黄河入大清河冲滩，遂改名“宋家村”。1958 年立宋家大队。1984 年建宋家村民委员会。	1069	宋、陈、刘、崔、张、赵、黄、程、李、武等
崔家村	明永乐十年（1412 年），杨氏、路氏由北直隶枣强县迁此居住，后又有崔、张、吴等姓氏迁此居住，始称“崔家屋子”。1958 年立崔家大队，1984 年建崔家村民委员会。	3114	崔、吴、李、张、王、马、许、尚、宁、胥、刘、杨、董、牛、周、宋、陈、冯、苗、国、路、程、胡、华、纪等
王营村	清道光十四年（1834 年），王振芳、王振元兄弟二人从东王村迁来居住，始称王家屋子，后又有同村王德龙等户为种地便利亦迁此处居住，后渐成村落，后称王家营子。1958 年立王营大队，1984 年建王营村民委员会。	709	王、姜、李、华、张、路、宋、刘等
林子村	明洪武二年（1369 年），张氏农户自北直隶枣强县迁此居住建村，后有刘氏四兄弟相继迁入，时因居地周围树木繁生成林，故名“林子”。1958 年立林子大队，1984 年建林子村民委员会。	1164	刘、张、王、李、杨、尹、曹、崔、孟、盖、董等
吴家村	明洪武二年（1369 年），吴均、吴公兄弟二人自北直隶枣强县迁此建村，故名“吴家”。1958 年立吴家大队，1984 年建吴家村民委员会。	216	张、李、王、刘、吴、蔡等
许家村	明洪武二年（1369 年），许氏农户自北直隶枣强县迁此建村，故名“许家庄”。1958 年立许家大队，1984 年建许家村民委员会。	427	李、王、刘、吴、张、孟、成、董、魏、胡、杨、马、盖等
卞家村	明洪武二年（1369 年），卞孟利从博兴县卞家疙瘩迁此建村，故得名“卞家庄”。1958 年立卞家大队，1984 年建卞家村民委员会。	823	张、卞、王、成、李、范、盖、魏等
梅家村	明洪武二年（1369 年），梅氏农户自北直隶枣强县迁此建村，故名“梅家庄”。1958 年立梅家大队，1984 年建梅家村民委员会。	719	王、梅、姜、张、苟、毛、石、吕、李、卞、牛、崔、刘、胡、车等

续表

村　名	村名考略	人口数	主要姓氏
路家村	明朝末年，路思智、路思信兄弟二人自章丘县水寨镇迁此建村，故名“路家庄”。1958 年立路家大队，1984 年建路家村民委员会。	422	路、胡、董、华、张等
常家村	明洪武二年（1369 年），常氏农户自山西洪洞县迁此建村。永乐年间有王、黄两家从北直隶枣强县移民至此，村庄由小至大，始叫“常长庄”。1958 年立常家大队，1984 年建常家村民委员会。	540	黄、华、王、刘、董、张、陈、许、李等
三佛殿村	明永乐年间（1403—1424 年），李怀金从利津县城小东街迁此居住，当时居地南部有一座寺庙，内有 3 尊佛像而称三佛庙，由此得村名“三佛殿”。1958 年立三佛殿大队，1966 年更名为“立新”大队，1980 年 8 月 31 日复名为三佛殿大队。1984 年建三佛殿村民委员会。	628	张、李、冷、刘、许、王、路等
辛庄村	清咸丰五年（1855 年），黄河改道入大清河扩宽河道，彩家庄西部村民东迁立村，时因新建村庄，故得名“新庄”。后群众渐以谐音称“辛庄”。1958 年立辛庄大队，1984 年建辛庄村民委员会。	382	张、刘、李、万、高、许、陈、王、崔、宋等
前彩村	明洪武二年（1369 年），张文纲自北直隶枣强县迁此居住，因已住有一蔡氏居民，故得名“蔡家庄”。后群众渐称“彩家庄”。清咸丰五年（1855 年），因黄河入大清河而扩河冲滩，一部分农户北迁称“后彩”，剩余村落则相应改名为“前彩”。1958 年分别立前彩、后彩大队，1984 年建前彩村、后彩村民委员会。	348	张、隆、马、刘等
后彩村		565	张、盖、成、刘、李、高、程、牛等
西街村	清咸丰五年（1855 年），因黄河入大清河扩河冲滩，致使居河滩的彩家庄西大街居民迁至村东南立村，由此得名“西街”。1958 年立西街大队，1984 年建西街村民委员会。	279	张、李、姜、刘、宋、魏等
棘刘村	明洪武二年（1369 年），王平江自北直隶枣强县迁此建村，始住地屋子，故名“王家屋子”。明永乐年间（1403—1424 年），刘鸣凤、刘鸣銮从利津县韩家庄迁入，围村繁生一片棘棵子（酸枣树），故更名“棘子刘”。1958 年立棘刘大队，1984 年建棘刘村民委员会。	272	刘、王、张、杨、华等

续表

村　名	村名考略	人口数	主要姓氏
王院村	明洪武二年（1369年），崔朝建自山西洪洞县迁此王氏院落处建村，故得名“王家院”。1958年立王院大队，1984年建王院村民委员会。	607	崔、刘、张、王、牛、高、程等
大白村	明洪武二年（1369年），刘白川自北直隶枣强县迁此大清河河滩上居住，当时已有一白氏住户，故得名“白家庄”。清咸丰五年（1855年），黄河改道入大清河扩河冲滩，部分村民迁出建村，称“小白”，原村落则相应改称“大白”。1958年分别立大白、小白大队，1984年建大白、小白村民委员会。	566	刘、黄、董、纪、李、梁、盖、魏、吴、林等
小白村		444	刘、巴、王、李、张等
佛头寺村	明洪武二年（1369年），李元通、李元成兄弟二人自山西洪洞县迁此一寺庙处建村，故得名“龙头寺”。后群众渐称“窝头寺”。1952年改名“佛头寺”。1958年立佛头寺大队，1967年更名为“新建”大队，1984年建佛头寺村民委员会。	562	李、刘、王、卞、张、周、胡、侯等
徐王村	明洪武二年（1369年），徐明、王怀芳自北直隶枣强县迁此立村，故以双姓命名“徐王庄”。1958年立徐王大队，1984年建徐王村民委员会。	970	徐、王、丰、亓、刘、李、陈、张、胡、秦、崔、黄等
戈武村	相传，古代有一皇帝率兵至此，正值过午（下午），紧接着开兵见仗取得了胜利，从此有了立足之地。明洪武二年（1369年），王林从山西洪洞县迁此立村，据前传说得村名“戈武”，1958年立戈武大队，1984年建戈武村民委员会。	1676	王、李、张、胡、刘、陈、薛、尚、周等
郑王村	明洪武二年（1369年），郑氏均、王邦臣自北直隶枣强县迁此建村，取两姓氏字名“郑王庄”。1958年立郑王大队，1984年建郑王村民委员会	1126	张、王、成、刘、李、杜、裴、苗、胡、秦、董等

自然地理

地质地貌

地质 境域地处华北坳陷之济阳坳陷东部，为第四系积散堆积物覆盖，无基岩出露，第四系以下由“基底型”沉积和“盆地型”沉积所组成。中间为凸起，南北两侧为凹陷。在凹陷内，除沉积有较厚的新生界地层外，尚分布有中生界侏罗—白垩系地层。断裂构造十分发育，表现为断裂多，活动强度大。

地貌 历史上黄河尾闾段常常左右摆动，频繁溃决、漫溢、泛滥，冲积、淤垫，造成典型三角洲地貌。黄河改道或决口后而形成废弃河道和防水堤坝，地形呈现以河床为基础的指状起伏地形，冈、坡、洼相间，但总体地貌平缓。地貌类型主要有两种，即微斜平地和河滩高地缓冈，前者面积占大部分，后者均分布在黄河河道沿岸。

气候

境域地处温带季风气候区，虽濒临渤海，但受大陆性季风影响明显，春季温暖，夏季湿热，秋季凉爽，冬季干冷，四季分明。

日照 1986—2014 年，年平均日照时数 2750.9 小时。年最多日照时数 2913.8 小时，年最少日照时数 2541.4 小时。月最多日照时数 282.8 小时，为每年的 5 月；月最少日照时数 178.5 小时，为每年的 12 月。

气温 1959—2014 年，年平均气温 12℃～13.2℃。极端最高气温为 40.5℃，出现在 2010 年 7 月 24 日；极端最低气温为 −19.1℃，出现在 1967 年 2 月 1 日。

降水 自然降水年际变化较大，季节分配不均匀。1967—2014 年，年平均降水量 500 毫米左右。年最少降水量 302.1 毫米，为 1965 年；年最多降水量 1039.7 毫米，为 1990 年。

地温 地面温度年变化趋势与气温年变化趋势大体一致，年平均地面温度为13.75℃。最高地面温度15.5℃，发生在1968年；最低地面温度12.8℃，发生在1964年。极端最高地面温度64.1℃，发生在1975年7月13日；极端最低地面温度−23℃，发生在1967年2月1日。

霜期 秋霜冻出现概率较大，春霜冻较少。最早初霜日10月20日，最晚初霜日11月25日，最晚终霜日5月3日，年平均无霜日217.5天。

水文

多年平均水面蒸发量是降雨量的3倍，并且降雨绝大部分集中在伏季。降雨除农作物吸收和农村坑塘拦蓄少部分外，大部分消耗于蒸发和排泄入海。自然降雨量随季节变换呈现出明显差异。年平均当地自产径流为1.24亿立方米。降水多发生在伏季，七八月尤为集中，此两月的年均降水为268.47毫米，占年均降雨量的57.7%。春秋两季的年均降雨量为54.81毫米，占年均降雨量的11.7%。春旱、夏涝、晚秋又旱或连旱连涝、旱涝交错是这一地区的显著特点。

地下水属高矿化度盐水，不能作为灌溉、人畜所用。1986—2014年，地下水观测统计资料显示，潜水埋深多在2米～4米之间。地下水位的变化与季节性的自然降水密切相关，7月—9月由于降水集中，补给量大，地下水位升高；3月—6月，地面蒸发量逐渐增加，而其间的自然降水常规偏小，地下水位相对下降，最低水位一般出现在5月、6月。地下水年变幅一般在0.4米～2.5米。

节水灌渠

黄河水是境内主要的淡水资源，相对比较丰富。经常性的断流始于1972年，1987年后几乎连年出现断流，1997年断流时间为226天，为历史上最长断流时间。2001年，小浪底水利枢纽工程全部建成投用，黄河水利委员会加强对黄河水量的统一调度，虽然黄河来水量明显减少，但至 2014 年这段时间内，在严重枯水年份也未出现过断流。

胜利黄河渡口浮桥

土壤

境内土壤属幼年阶段，成土年龄较短。地表之上覆盖的是大量黄河沉积物，生物草甸成土过程时间极短，有的地方甚至没有来得及经历草甸过程，生物作用不够，土壤肥力不高。土壤母质是由黄河水从黄土高原搬运而来，填充渤海洼陷而成陆，故形成一层次生碳酸盐风化壳。土壤为砂、黏间隔，层次复杂，且受矿质化地下水的控制影响，季节性升降，氧化还原反应交替进行，形成隐域性的潮土土类。土体构型大致可分为夹砂构型、夹粘型、均质壤三类。土壤养分比较高，平均含有机质 0.84%，全氮平均含量 0.0509%，平均全磷含量为 0.105%，速效钾平均含量 49.18PPm，属全国土壤养分分类第五级，适宜作物种植。

植被

境域属暖温带落叶阔叶林区，原始木本植物极少，以草甸景观为主体。植物

街头公园植被

冬小麦

区系的特点是植被类型少，结构简单，组成单纯。在天然植被中，植被群落分布为黄须菜群丛、芦苇群丛，沟头堤坡还有蒿草、茅草、节骨草、蒲公英、三棱草、苦菜子、青青菜等杂草。人工植被中以农田植被为主，主要有小麦、玉米、大豆、谷子、地瓜、水稻、棉花、花生、蔬菜等农作物。林木主要分布在沟、渠、路、河两旁和村庄周围及庭院内外，有白杨、刺槐、旱柳、杂交杨、速生杨、榆树、国槐、香椿、冬青、雪松、桃、杏、桑、葡萄、苹果等树种。

自然资源

土地资源 至2014年年底，辖区总面积18100公顷，其中耕地面积5600公顷，林地1705.33公顷，城镇村及工矿用地2674.87公顷，交通运输用地570.33公顷，水域及水利设施用地3403.07公顷，其他用地1885.53公顷，尚未开垦的土地2260.67公顷，主要是荒草地和盐碱地。

矿藏资源 境域地下蕴藏着丰富的油气资源。自20世纪60年代胜利油田在境内开发建设始，累计从境内油区开采原油1.7亿吨，占胜利油田产油总量的五分之一，累计开采天然气80亿立方米。

胜坨油田储油设施——集油罐

水资源 境内可利用地表水资源有两部分，一是自然降水，二是黄河客水。自然降水年平均为 1.24 亿立方米，利用量为 1612 万立方米。黄河流经境域 25.5 千米，入境水量年平均 133.6 亿立方米。地下水埋深一般在 2 米～ 4 米之间，水量丰富，含盐量大，矿化度高，平均矿化度为 24.63 克 / 升，最高可达 167.53 克 / 升，尚不可利用。

人口

人口总量

1964 年，境内人口 20676 人；1990 年，人口 45447 人；2000 年，人口 64903 人。2014 年末，人口 57975 人，其中汉族 57954 人，少数民族有蒙古族、苗族、朝鲜族、布依族、壮族、土家族、满族、彝族、黎族和藏族，分别是 4 人、3 人、3 人、3 人、2 人、2 人、1 人、1 人、1 人和 1 人。

人口源流

宋金时期，境内即有人居住。明朝初期，官府推行“移民就宽乡”民垦政策，人口大量迁入，即自山西洪洞、北直隶枣强等县，分批迁民至此垦荒定居，繁衍生息。从洪武元年（1368 年）至永乐年间（1403—1424 年），有数批移民迁至境内。另有外来的盐民、盐商、灶户、逃荒户，但人数较少。清康熙年间（1662—1722 年）至咸丰五年（1855 年），周边县区迁入 12 个村庄的住户。清咸丰五年（1855 年）黄河改道夺大清河入海后，新淤出大片土地，又有邻近寿光、利津、广饶、章丘等县的贫困户，陆续迁来黄河新淤地上垦荒种地，在此落户久居。

人口分布

境内移民多选择地势相对较高的地方居住，大致形成三条带状较为集中的居住区，一条是自梅家庄村沿黄河堤向北到寿合村一带，25.5 千米内，有 35 个村庄；再一条是自戈武村向东北到崔家村一带，有 4 个较大的村庄；第三条是自东王村向东北到小宁海村一带，有 20 个村庄。

1985 年，境内的原胜坨乡人口密度每平方千米 241 人，宁海乡人口密度每平方千米 329 人，胜利乡人口密度每平方千米 291 人。2001 年 2 月，行政区划调整，胜利乡、宁海乡并入胜坨镇，全镇人口密度为每平方千米 301 人。至 2014 年年底，人口密度为每平方千米 321.24 人。

经济发展

综合实力

1996 年始，胜坨镇确定以市场为导向、以效益为中心、依靠龙头带动和科技进步的发展战略，大力调整农业产业结构，实施农业生产实行区域布局，走专业化生产、一体化经营、社会化服务、企业化管理，形成贸工农一体化之路，搭建产、供、销一条龙的农业产业化格局，形成粮棉、畜牧、水产、蔬菜、桑蚕、林果六大主导产业。2012 年始，进一步探索规模化开发、园区化经营模式，建设集特色种植、养殖、繁育、加工于一体的高标准生态农业示范园区。加大科技兴农推进力度，全力做好农产品质量认证及农产品品牌创建工作，“农业立镇”发展战略初见成效。

胜坨镇立足当地实际，牢牢抓住经济建设这个中心，全面实施“产学研”结合，坚定不移地走“工业强镇”之路。工业发展经历“劳务打基础，工业上台阶，科技促腾飞”三个阶段，实现由劳务型向工业型、由劳动密集型向科技密集型、由传统管理型向现代科学化管理型、由面向油田市场型向国内乃至国际大市场型、由独家经营型向强强联营型的转变，一次次质的嬗变，使全镇经济和社会各项事业得到长足发展。2006 年，全镇综合经济实力跃居全省百强、全国千强行列。2008 年，获“中国乡镇投资潜力 500 强”“中国乡镇综合实力 500 强”称号。2014 年，实现地区生产总值 157.1 亿元，完成全社会固定资产投资 99.7 亿元，公共财政预算收入 2.1 亿元，农民人均纯收入 16999 元。

第一产业

农业在胜坨经济中长期占主导地位。1979 年秋，原胜坨公社尚庄村第一个实行“包产到户”，迈出垦利县农村改革第一步。1983 年始，境内各公社普遍实行家庭联产承包责任制，土地承包到户，农民生产积极性高涨。这一时期，农业生产连年增产增收，养殖业也得到迅速发展。1996 年始，境内各乡镇立足本地实际，借鉴外地经验，以市场为导向，以效益为中心，依靠龙头带动和科技进步，实行区域化布局、专业化生产、一体化经营、社会化服务、企业化管理，形成工农商贸一体化、产供销一条龙的农业产业化发展模式，农业农村经济步入快车道。2002 年始，全镇积极推广农业实用新技术，进一步调整农业产业结构，形成粮棉、畜牧、水产、桑蚕、林果、蔬菜六大产业。大搞农田水利基本建设和土地综合开发，建造扬水站，开挖平原水库，配套沟、渠、路、林、桥、涵、闸，形成路东、路南、胜利、六干渠四大灌溉水系，实现全境农田旱能浇，涝能排。大力发展畜牧业，培植起坨南村等一批畜牧养殖专业村。2012 年始，转方式、调结构，建设集特色种植、养殖、繁育、加工于一体的生态农业示范园区。投资 14 亿元，打造“一库、两基地、三园、五区”的农业园区发展新格局。2013 年起，按照“优势产业区域化、特色产业优质化、基地建设标准化”发展思路，胜坨镇全面实施黄河三角洲高效生态经济区建设国家战略，积极推进乡镇科普工作，提高农业经济、生态和社会效益。2014 年，全镇粮食播种面积 4444.87 公顷，总产 2.78 万吨；瓜菜 55.5 公顷，总产 148.1 吨；棉花 2823.6 公顷，总产 2837.7 吨；造林 4140 公顷，森林覆盖率 23%，林果总产 1950 吨；大牲畜存栏 1612 头，生猪存栏 9.12 万头，活羊存栏 9100 只，家禽存栏 26.5 万只；水产品总量 1.1 万吨。

第二产业

新中国成立初期，境内工业一片空白。20世纪60年代末，社办企业得以发展，主要从事红炉锻打、木器加工、农具制修。至1968年，境内宁海、胜利（辛庄）各公社相继办起铁木厂（农具厂）等企业，主要经营红炉翻砂、木器加工、农具生产、裁剪缝纫等行业，仍处于附属地位。80年代始，随着改革开放深入，商品经济发展，乡镇企业如雨后春笋般迅速崛起，一批有条件的村队及能人，围绕服务油田上项目，一批管道铺设、建筑安装等乡镇企业应运而生，一跃成为境内原胜坨乡、宁海乡的经济支柱，尤其是在胜坨乡，“三分天下有其二”。至20世纪90年代末，随着社会主义市场经济的建立发展，乡镇工业企业实现由劳务输出型向工业加工型、劳动密集型向科技密集型的转变，涌现出万达集团、胜通集团、东辰集团等一批大型企业集团。2000年，胜坨镇创建高科技工业园（胜坨精细化工园前身），随后一批高新技术工业项目落户园区。至2006年年底，全镇工业企业165家，从业人员8713人，实现总产值162.3亿元。工业产品形成化工、机电、食品加工、建材、生物工程、新材料等多个门类。胜坨镇一跃冲进“全国综合实力千强镇”行列。2010年后，胜坨镇坚持实施“工业强镇”战略，率先走出“产学研”结合之路，实现工业由传统型管理向现代科学化管理、由面向油田市场向国内乃至国际大市场、由独家经营型向强强联营型的蜕变，企业市场竞争力明显增强。万达、胜通、东辰集团相继跨入中国制造业企业、中国企业、中国民营企业等行业500强。至2014年，全镇工业企业180家，规模以上企业52家，拥有2个“中国名牌”、4个“中国驰名商标”、20个“山东名牌”、11个“山东省著名商标”，申请专利600余项。实现工业企业总产值1073.3亿元，利税143.9亿元，利润117.5亿元。同年6月，胜坨精细化工园被评为“中国生态发展示范园区”。

第三产业

1978年后，在中共十一届三中全会精神鼓舞感召下，境内各乡实施开放搞活，个体户、联营户迅速发展，各类零售商业网点大量增加，多种经济成分、多种经济形式并存，商业发展呈现出前所未有的繁荣景象。1986 年始，大力发展商品经济，国有商业“一统天下”的局面不复存在，多元化经济成分并存，构成全方位、多层次的商业发展新格局。至 2006 年年底，全镇个体工商户 532 户，饮食业经营网点 50 家，旅馆 8 家，理发美容、洗浴店 38 家，农贸市场 7 处，传统集市 10 处，社会商品零售额 7415 万元。至 2014 年年底，全镇商业网点 1561 家，农贸市场 5 处，传统集市 11 处，年成交额 9712 万元，社会商品零售总额 9781 万元。

社会事业

教育

清光绪二十九年（1903 年），境内设蒙学堂 8 处，其中高等蒙学堂 1 处。1912 年，推行新学，改蒙学堂为初等小学堂，继而改称“初级小学校”(亦称国民小学)。1920 年，利津县政府在本境投资兴办“宁庄女子小学”，此为利津县唯一的

胜坨镇初级中学

胜坨镇实验小学

一所女子学校。至 1935 年年底，境内公立初级小学发展到 30 处。1938—1943 年，为抵制日本侵略者奴化教育，大部分小学停办。1939 年，国民党地方武装保安七团团长张家麟，在其家乡坨家庄创办完全小学一所。1940 年 3 月，进步人士苟祥蔼创办小宁海“抗日小学”。至 1944 年 8 月，全境有小学 13 处。

1955 年始，随着国民经济恢复，各自然村纷纷建立初级小学，条件较好的村庄开办完全小学。1958 年，在“大跃进”形势推动下，部分初级小学解体，以自然村为单位办学改为以行政村为单位办学，完全小学和初级小学调整为 34 处，学龄儿童入学率近 40%。

1965 年，贯彻中央“两种教育制度，两种劳动制度”指示，发展多种形式的半农半读学校，宁海区创办宁家、林子两处农业初级中学，董集区在今胜坨镇境内创办小宁海农业中学，招收当年报考县办中学的落榜生。宁家、林子两处农中即为宁海中学和林子联中的前身。1967 年，学校纷纷停课闹革命，县办初级农业中学停止招生。

1968 年，公办小学全部下放给大队管理，实行民办公助。同时，由于片面强调“上小学不出村、上初中不出片、上高中不出社”，各完小将两届毕业生办成初中班，称小学戴帽初中。1970 年 7 月，垦利第四中学在胜坨公社坨庄建成；1971

年春季，面向胜坨公社和宁海、辛庄、高盖、民丰四公社的部分大队招收高中生。至1972年年底，境内有高中1处（垦利第四中学），完全中学2处（其中宁海社中只招收两届高中生），联中9处，队办中学2处。1976年，又增加队办中学4处。

1977年，恢复教学秩序，小学教学日趋正规，时有中学19处，其中宁海社中、大张联中、崔家队中招收高中班。1979年，垦利县实行高中集中办学，大张、崔家高中班解散，部分学生考入县办中学。辛庄中学高中班停办。1984年，垦利县对普通中学布局进行调整，撤销队中，压缩联中，境内仅保留乡中2处，联中6处。1985年，根据《中共中央关于教育体制改革的决定》文件精神，实行分级办学、分工管理体制，即乡办初中、村办小学。至是年年底，境内有小学57处。1987年，垦利第四中学下放到胜坨乡，改为胜坨中学。

1992年始，各乡陆续进行合班并校布局调整工作，将部分规模小的小学进行撤销合并，高年级适当集中，低年级设立教学点。当年，胜坨乡成为全县第一批普及初等义务教育的乡镇之一。1993年，胜利、宁海两乡通过初等义务教育达标验收。1995年，境内只保留胜坨、宁海、胜利3处乡（镇）中学。

1995年，胜坨、宁海、胜利三乡镇全面转入实施“两基”（基本普及九年义务教育和基本扫除青壮年文盲）工作，加快学校布局调整步伐，当年“两基”工作顺利通过山东省人民政府验收。

2001年，垦利县乡镇区划调整合并后的胜坨镇共有小学18所，胜坨、宁海、胜利3所乡（镇）中学分别改称胜坨镇第一、二、三中学。自是年始，全镇中小学进入现代化教育装备时期，重点加大计算机等设备配备，电化教育快速发展。2004年8月，胜坨镇第三中学并入第一中学。2006年，全镇设完全

胜坨镇中学学生在上技能实验课

胜坨镇中心幼儿园

小学 11 处。2007 年 8 月，第二中学并入第一中学，第一中学并更名为胜坨镇初级中学。2009 年，撤销晓东希望小学和巴东小学，合并到镇实验小学；2010 年，撤销大张、海西和东张 3 处小学，合并到宁海小学；2011 年，撤销尚庄、崔家和三海 3 处小学，合并到镇实验小学。

幼儿课堂小制作

至 2014 年，境内共有幼儿园 12 处，分别是中心幼儿园、海南幼儿园、辛庄社区幼儿园、胜利社区幼儿园、宁海社区幼儿园、巴东幼儿园、崔家社区幼儿园、东张幼儿园、尚庄社区幼儿园、大张社区幼儿园、郑王幼儿园、社区中心幼儿园，其中中心幼儿园、海南幼儿园 2 所为省级示范幼儿园；完全小学 3 处，分别是实验小学、宁海小学、胜利小学。中学 1 处，即胜坨镇初级中学；中小学在校生 5356 人。3 周岁 ~ 6 周岁幼儿入园率、学前一年幼儿入园率、义务教育普及率均为100%。

2012年，胜坨镇按照中共垦利县委、县人民政府部署要求，创建黄河口新型农民学校胜坨分校，设县级培训基地1个，教学点8个，农民夜校59个。

文化

新中国成立前，民间踩高跷、舞狮子、耍龙灯、跑旱船、扭秧歌等娱乐表演活动比较活跃，为民间群众文化活动的主要形式，多为群众自发组织。解放后，中共地方党委和人民政府高度重视文化事业发展，随着广播、电影、新闻、电视等现代媒体的普及进村，农村群众的文化生活日渐丰富。中共十一届三中全会以后，中共地方委员会、人民政府更加注重文化事业发展，逐步建立完善基层文化网，活跃农民群众文化生活，基层文化事业得到长足发展。1983年起，经济条件较好的村先行建起文化大院和文化广场。

2001年，中共胜坨镇委、镇人民政府围绕中央提出的“生产发展、生活富裕、乡风文明、村容整洁、管理民主”20字方针和全县社会主义新农村建设总体

海中村图书阅览室

部署，立足本镇实际，突出油区特色，以文化示范工程为突破口，加快农村文化设施建设。

海北村投资 182 万元，建起集学习、娱乐为一体的高标准村文化大院，设有图书阅览室、棋牌活动室、培训室、微机室等，购进种植、饲养、加工等与群众生产生活密切相关的图书 6700 册；投资 85 万元，修建老年活动中心；投资 40 万元，修建休闲健身广场，占地 1500 平方米，安置健身器材 15 套。

海中村投资 120 万元，新建高标准村文化大院，设有图书阅览室、音像室、健身房等；投资 60 万元，建成健身、休闲、娱乐于一体的多功能文化广场；投资 20 余万元，修建长 80 米的毛泽东诗词墙；成立村秧歌队、文艺宣传队，开展群众文化生活。2004 年，该村被评为第一批市级小康文明村。

坨东村投入 20 余万元，建设文化大院、老年活动中心、门球场和羽毛球场，成立 15 人的“巾帼文艺队”。

海中村文化大院

至 2006 年，全镇共建成文化大院 59 处，建筑总面积 2.823 万平方米，总投资 2.23 亿元。万达、胜通、东辰等企业集团均建起文化活动中心。文化大院、文化活动中心等文化活动设施成为农村群众、企业职工开展文化娱乐活动的主阵地。

2009 年，镇人民政府投资 600 余万元，建成镇综合文化中心 1 处，建筑面积 2940 平方米，设有文化传承室、舞蹈排练室、综合训练室、乒乓球室、图书阅览室、展厅、电子阅览室、多媒体培训室、综合演艺大厅等功能厅室。自是年起，镇财政对村级文化设施建设给予投资支持，提高完善村文化大院功能，在 39 个行政

胜坨镇文化中心

村建成高标准文化书屋，配备农林、科技、法律、经济、卫生、文学、教育等方面的图书24万余册；建成19处文化信息资源共享工程村级基层服务点，配备电脑300台、音像制品6000余张及一批彩电、DVD、投影仪、拉杆音响等设备。全民健身工程村建成22个，安装健身器材120余件。

2011年，垦利县启动“村村唱戏村村舞，群众文化百千万”活动。胜坨镇率先实施，主动推进，全镇群众文化组织迅速发展壮大，年内成立庄户剧团2个、文艺表演队16个、秧歌队17支。佛头寺村成立50人的舞龙队，宁家村成立20人的舞狮队，孙家村成立30人的毛驴、旱船表演队，海中村成立60人的秧歌队。群众自发组织广场舞队伍10支，老年人太极拳剑队伍1支。同时，全镇扎实推进“进千村乐万家”文化惠民活动，组织文化队伍进村演出，覆盖全镇59个行政村。海中、坨南等村的表演队，经常代表胜坨镇参加全县的元宵节秧歌大赛等文化汇演活动，连续多年获得一等奖。镇文化站每年开办多期培训班，坚持每周二、周四定时对群众文艺骨干进行音乐、舞蹈等专业培训。学员们学成结业后，回本单位组织发动文艺爱好者开展文化娱乐活动，活跃丰富群众文化生活。

至2014年，镇人民政府累计投入文化设施建设资金1000余万元。2007—2014年，全镇累计组织企业冠名网络歌手大赛、企业专场演出、群众文艺汇演、消夏广场文艺晚会等广场展演文化活动240余场。2014年，胜坨镇综合文化站被山东省文化厅评估定级为“全国乡镇综合文化站一级文化站”。

卫生

新中国成立前夕，境内有私营药铺1个、诊所24处，从业人员近30人，多是祖传或自学成才的中医。1950年，利津县在本境所在的二区、四区分别成立医务工作者联合分会（简称医联分会）。1953年，境内组建联合诊所3所。同年，国家投资兴建国营性质的县属农村医疗卫生机构四区（宁海区）卫生所，为全利津县2处区卫生所之一；1954年，建二区（徐王区）区卫生所。1956年，私人药铺（店）全部就近加入联合诊所，全境拥有诊所6处，区卫生所2处，医务人员20名，均属集体卫生人员。

1963年，宁海区机关由宁家庄迁至宁海村，区卫生院建在海西村东侧。1966年，辛庄公社从宁海区析出，辛庄公社卫生院建在辛庄村。1966年7月，胜坨公社在小宁海村成立公社卫生院。1970年，胜坨公社卫生院迁至坨庄村，改称胜坨地区卫生院（亦称地段医院、备战医院），1972年1月更名为垦利县人民医院胜坨分院。1978年，宁海、辛庄两公社卫生院（后改称乡卫生院）先后分别搬迁至宁家村、胜利引黄闸处房台上，房屋及医疗设备等医疗条件均有较大改善。

胜坨分院

2001年2月，垦利县进行乡镇区划调整，宁海、胜利两乡卫生院并入垦利县第二人民医院（即垦利县人民医院胜坨分院，简称垦利二院，下同）。至2006年，垦利二院已成为集医疗、预防、康复、保健于一体的综合性医院，占地2.2

万平方米，总建筑面积12800平方米，其中医疗办公用房4000平方米，开设病床100张。院内设有内科、外科、儿科、妇产科、五官科、中医科、手术室、急诊室、特检科、放射科、检验科、药剂科、药械科、防保科。至2014年年底，全镇有综合医院1处，社区卫生服务站23处，私人诊所60处，医务人员223人。垦利二院为全县三家定点接生单位之一，常年与滨州医学院附属医院、胜利油田中心医院、胜北医院、井下肛肠病医院、东营市人民医院、垦利县人民医院建立合作关系，定期或不定期邀请上级医院的专家、教授到院坐诊，并形成制度。同时，坐诊专家、教授指导该院开展大型手术及其他业务工作，使境内群众就近享受到市级医院水平的服务。

2010年5月始，全镇实施城乡环卫一体化工作，统一规划，统一安排，科学有序地开展城乡环境卫生一体化工作，解决农村环卫事业发展滞后、“垃圾围村”、环境脏乱差的问题。2013年，胜坨镇被全国爱国卫生运动委员会表彰为“国家卫生镇”。至2014年年底，省级卫生村5个，市级卫生村15个。

民生保障

低保老人在镇民政办领取低保金

最低生活保障 1998年1月，启动实施农村最低生活保障制度。农村居民最低生活标准为每人每年补足粮食250千克，现金救济120元。2001年，农村低保金增至200元，其中市拨80元。2005年，农村低保标准提高到1300元。2012年1月1日起，农村低保标准提高到2660元。2013年1月1日起，农村低保标准提高到3000元。2013年10月1日起，为80周岁～90周岁、90 周岁～ 99 周岁低保老人分别增发每人每月 100 元、200 元的高龄津贴。

安居工程 2005 年始，胜坨镇实施农村特困群众安居工程，分期分批为农村无房、危房特困家庭新建或维修住房，三年时间完成。是年，胜坨镇承担建设 56 套，其中油田援建 20 套，市县财政为每套拨付 2.2 万元，镇财政补贴 3000 元 / 套。2006 年、2007 年，分别建成 48 套、35 套，镇财政共补贴建房款 31.2 万元。2013 年，建安居房 20 套。2014 年，新建残疾人托服中心及养老助残幸福院 6 处。

老年公寓 1960 年，胜坨和宁海两公社分别建成 1 处福利院。1989 年，胜坨乡集资 22 万元，在胜坨医院西邻新建成全县最高标准乡敬老院。1991 年 1 月，胜坨乡敬老院被山东省民政厅、老龄委表彰为“省级文明敬老院”，1998 年被山东省民政厅评为“模范敬老院”。2001 年，胜坨镇在敬老院旧址征地 1.07 公顷，新建“幸福公寓”，2002 年 11 月启用。之后又进行二期、三期工程扩建，至 2006 年年底，幸福公寓建筑面积 6800 平方米，其中宿舍 126 间，厨房餐厅 380 平方米，还建有办公室、会议室、接待室、值班室、健身房、洗衣房、门球场、影视厅、娱乐室、图书室、医务室、洗浴室、餐厅等功能齐全的设施。

胜坨镇幸福公寓

至 2014 年，全镇以集中、分散两种供养方式供养五保老人 167 人，其中 95 人入住胜坨镇幸福公寓。是年，镇幸福公寓被列为山东省一级五保供养服务机构。2007 年，该公寓被垦利县人事局、民政局授予“民政工作先进单位”称号。2010 年、2011 年连续两年被东营市民政局评为群众满意的“模范敬老幸福院”。2013 年，被评为全国三星级五保供养服务机构。

社会养老保险 1992 年，垦利县被列为全国农村社会养老保险试点县，境内各乡积极推行此项工作。至2006年年底，胜坨镇参保人数8011人，领取农村养老金的261人。2010年10月，垦利县被列为全省新型农村社会养老保险试点，老农保与新农保合并，胜坨镇按照垦利县统一部署要求，如期完成合并工作。2012年，胜坨镇提高社会保险待遇水平，城乡居民基础养老金标准由每人每月60元提高到120元，2014年提高到150元。2014年度，为34316名城乡居民办理养老保险参保手续。全镇发放城乡居民社保卡32277张，采集社保卡信息32306人次，为60岁以上城乡居民缴纳养老保险补贴423万元。

工作人员为院民送生日餐

农村合作医疗保障 1998年，境内启动合作医疗制度改革，依靠集体和农民共同筹资，初步建立起农民获得基本医疗服务的医疗保障制度。2001年起，农村合作医疗参加者医药费补偿资金，实行地方财政、集体、个人三者共同筹集，以个人投入为主。个人部分按每人每年度10元标准缴纳，村集体缴纳部分按上年度全镇农民人均纯收入的0.2%从村提留公益金中提取。镇财政按辖区农业人口年人均不低于1元，列入财政预算。优抚对象和特困户由村集体适当资助缴纳。合作医疗互助金

胜坨镇幸福公寓老人在活动室娱乐

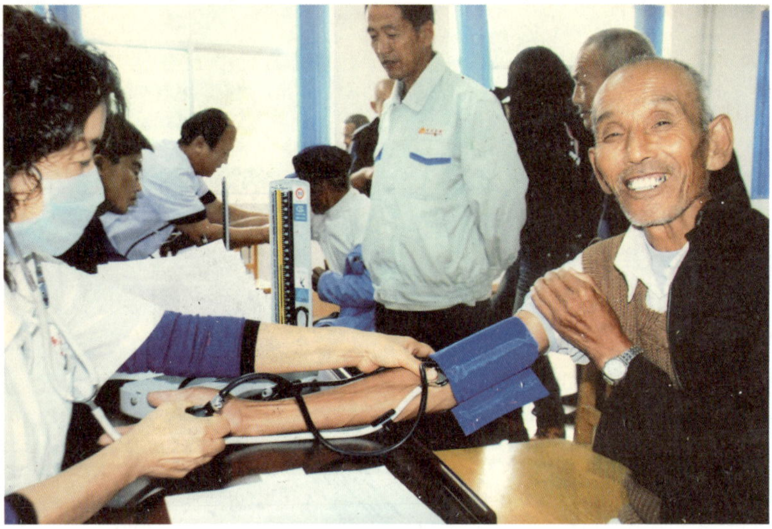

定期为老人体检

中的个人部分以户为单位按年度缴纳，连同村集体缴纳部分统一交镇农村合作医疗管理办公室。医药费补偿标准按门诊费用总额的 20% 补偿；在垦利二院住院的病人，按住院费、治疗费、检查费、药费、吸氧费、手术费、心电监护费总额的 30% 补偿；经批准转诊的病人，按药费 20%、住院费 50% 的额度补偿，其他费用自理；每人每年补偿最高限额为 1200 元。合作医疗互助金专户储存、专款专用。

2003 年 6 月起，胜坨镇推行农民合作医疗保险制度。农民按每人每年 10 元标准缴纳农民合作医疗保险金，镇、村两级为农村五保户和特困户缴纳农民合作医疗保险金。市、县财政分别按农业人口每年人均不低于 10 元、5 元的标准给予资金补贴，设立农民合作医疗保险专项资金，用于门诊、住院医药费 1000 元以上的大病补偿，镇财政按全镇农业人口年人均不低于 5 元的标准实行补助。农民合作医疗保险金设专用账户，专户储存，专户管理。政府补偿部分纳入全镇统筹，个人缴纳部分转入下年使用。镇农民合作医疗管理办公室负责门诊药费和住院药费 1000 元以内部分的补偿结算，按 20% 的比例报销，家庭账户支付剩余部分。门诊医药费和住院医药费超过 1000 元部分由县农村合作医疗管理办公室负责补偿结算。在定点二级医疗机构诊治的，按报销额的 90% 支付，在定点三级医疗机构诊治的，按报销额的 80% 支付。

2004 年 6 月，改称新型农村合作医疗保险。补偿标准规定：家庭账户基金负

送大病补偿金到病人家中

责对参加农村合作医疗的农民在本辖区内定点医疗机构就诊发生的门诊费和住院费用（1000元以下部分）进行补偿。门诊费用的补偿比例为25%，住院费用的补偿比例为30%。镇统筹账户基金用于本年度家庭账户基金超支部分的补偿。依照转诊程序在辖区外医疗机构就诊的医药费用和在本辖区内定点医疗机构就诊发生的住院医药费（1000元以上部分），均由县农村合作医疗管理办公室通过大病统筹基金进行补偿。补偿比例为：1001元～6000元的报销20%，6000元以上部分报销25%，最高报销限额1万元。

2006年11月，胜坨镇调整农民医疗基金缴纳金额和医疗费用报销比例等。农民以家庭为单位参加合作医疗，每人每年缴纳合作医疗基金20元。中央、省财政为参保农民每人每年补助8元，市财政补助20元，县财政补助15元，镇财政补助5元。家庭账户基金、镇统筹账户基金分开核算，单独管理。家庭账户基金负责在本辖区内定点医疗机构就诊发生的住院费用（800元以下部分）进行补偿。门诊费用的补偿比例为25%，住院费用（800元以下部分）的补偿比例为35%。家庭账户基金剩余部分结转下年，但不得抵缴下年度个人应缴纳费用。镇财政账户基金用于本年度家庭账户基金超支部分的补偿。依照转诊程序在辖区外医疗机构就诊的医药费用和在本辖区内定点医疗机构就诊发生的住院医药费（800元以上部分），由县农村合作医疗管理办公室通过大病统筹基金进行补偿。县大病统筹基金的补偿比例为：800 元～ 6000 元的报销 35%，6000 元～ 3 万元以上部分报销 40%。住院医药费用超出 800 元的部分，补偿时的住院医药费用补偿比例及医疗机构补偿率的计算，县内定点医疗机构补偿率为 100%，县外市内定点医疗机构补偿率为 80%，市外定点医疗机构补偿率为 70%。全年累计门诊、住院费用 3 万元以上部分，年底报市享受大病补助。经个人申请、垦利二院鉴定，符合规定的慢性病患者，由院方合作医疗办公室存档，可享受农村合作医疗门诊慢性病医疗费补助，1000 元以上、3 万元以内，于统筹年度末由镇合作医疗管理办公室按住院统筹比例补偿，3 万元以上部分报市解决。2014 年始，大病补偿由中国人民财产保险公司统一管理。

2014 年，全镇合作医疗共补偿 171284 人次，补偿总金额 5556637 元。适龄人员参保率达到 100%。同时，镇合作医疗管理办公室为 705 名外出务工参保居民办理了医疗保险关系的新增、变更、注销等工作。

胜坨镇志

SHENGTUOZHENZHI

近代黄河三角洲顶点

JINDAIHUANGHESANJIAOZHOUDINGDIAN

黄河扣石坝岸

境域为黄河冲积平原，属古代黄河三角洲脱海之地，近代黄河三角洲之顶端。境内人民既享黄河之利，也曾深受河害之苦。解放前，境域地处黄河最下游，非官府河防重点，堤坝低矮单薄，千疮百孔，河口逐年淤积抬高，致使泄洪不畅，经常泛滥决口。仅光绪九年（1883 年）至民国 26 年（1937 年）的 46 年间，就有 11 个年份发生决口，甚至一年内发生 3 次决口，给沿岸人民带来深重灾难。新中国成立后，党和人民政府领导人民兴修堤坝，根治黄河，使其顺利过境、安澜入海。同时，兴修引黄工程，合理利用水沙资源，使千年害河变利河。

黄河三角洲形成与演变

根据形成演化历史过程，黄河三角洲被分为古代黄河三角洲、近代黄河三角洲和现代黄河三角洲。狭义上的古代黄河三角洲是指自东汉王景治河始，以今东营市利津县城为顶点，在黄河"千年安流"时期形成的三角洲，其形成的海岸线大约在今滨州市沾化县西封（秦口河东岸，即古马颊河新河河口）、利国及利津县洋江、垦利县宁海、东营市东营区辛庄至小清河河口（古时水、淄水汇合以后的入海处）一线。

近代三角洲是指黄河自清咸丰五年（1855 年）在河南省兰阳铜瓦厢决口，夺大清河河道入海之后，在古代黄河三角洲基础上继续冲积而成的以境内宁海为顶点的扇面，面积约 6000 平方千米，其中滩涂面积 1154 平方千米。海岸线北起徒骇河口，南至支脉沟口，中经垦利县建林、下镇以东一带，长度 370 千米，其中东营市辖 350 千米。

现代黄河三角洲是指 1947 年国民政府堵复花园口，黄河回归故道，至今仍在继续成长的以垦利县渔洼为顶点的扇面，面积约 2800 平方千米。海岸线北起挑河河口，南至宋春荣沟口，长度约 80 千米。

古代黄河三角洲及胜坨域地塑造

胜坨境域位于古千乘河口东北处。千乘河口，即广义的古代黄河三角洲形成起始点。早在周秦至西汉时期，境域所在的东营市绝大部分域地尚处在渤海之中，时利津县城老城区的西部、南部为凸入海中陆地。海岸线东南起自今支脉河河口，沿广利河北岸向西经东营区辛镇（今东营区辛店村附近）和史口、垦利县董集，再向西北经利津县城、明集、南望参古窑址入沾化县境一线。在今史口镇与利津县城之间，时有一条由渤海伸向西南的海湾，东西长 40 千米，南北宽 15 千米，古名马常坑，俗名“海袖子”。海湾南侧，古济水自西南而来，在东营区辛镇西北入于渤海；而另一条自西北而来名叫漯水的河流则在海湾的西北部流入。济水与漯水均是黄河较大的支流，其泥沙多淤积在上游湖泊洼地中，对下游造陆影响不大，因此有“清济浊河”之说。而漯水则是“河盛则通津委海，水耗则微涓绝流”。济、漯入海之地古属齐地。秦始皇统一六国后，实行郡县制，该境域属临淄郡千乘县地，因济、漯二水在此入海，古称千乘海口，后漯水成为黄河正流，遂称之为千乘河口。

王莽始建国三年（11 年），“河决魏郡，泛清河以东数郡”。以东数郡即指千乘郡在内的清河、平原、济南、渤海等郡县。王莽任凭黄河决口，水流向东北流去，“漭漾广溢，莫测圻岸”。河道主次不分，未有新堤束水，乱流数十年。直至东汉永平十三年（70 年），王景治河功成，漯水成为黄河正流，千里大堤修至千乘河口，黄河才得以“名正言顺”地在今利津县城南附近向东、向北入海，开始塑造古代黄河三角洲的进程。

至汉献帝建安二十年（215 年），黄河比较“安稳”地流淌 140 多年，千乘河口已向东北延伸数十里，原蓼城（原址为今利津县北宋镇刘城村）东南的大海湾已淤成陆地，三角洲已见雏形，人口逐步增加，今董集镇境内出现河口重镇甲下邑。魏元帝景元二年（261 年），黄河主流仍在利津县城以东甲下邑以北入渤海。时黄河尾闾有一枝津自蓼城北向东南流，过甲下邑南，与济水汇合入海，有“河水注济”之说。

隋文帝开皇十六年（596 年），置蒲台县，辖永利镇。永利镇原址在今利津县城东黄河河道内，是利津县的前身。时离王景治河 526 年。黄河自西北而来，经滨州绕今利津县城东折向北，在今利津县盐窝镇一带入海。这一时期，今利津县的盐窝、北岭、垦利县的董集、胜坨镇域地完全托出海面。

宋仁宗庆历八年（1048 年），黄河在今河南濮阳东北的商胡埽决溢，决开一个“五百五十七步”的大口子，北流经今河北大名、深县南，至青县走卫河，再次自天津附近入海，后人归为黄河第三次大迁徙。12 年后又在河北大名附近决出一支，循今马颊河一线在今滨州市无棣北部入海，史称二股河。至此，黄河正流在古代黄河三角洲上完成第一时段造陆。时海岸线已扩展到今沾化县的马家庄，向东经利津县虎滩乡小牟里，再向东偏南经利津县汀河、陈庄、垦利县寿合村东，至东营区沙营、广利河河口一线。

黄河北流之后，而自西南而来的济水，北宋时称北清河，依旧在今东营区辛镇附近入海，执著地或多或少地拓疆扩土。约在金代初期，济水入黄河故道，经利津县城东折向北，过盐窝镇，在今虎滩乡小牟里附近入海，仍称北清河。后宋室南迁，刘豫称齐（1130—1137 年），在泺水入济处筑堰分水，堰南为小清河，堰北改北清河为大清河。明刘翊《大清河记略》云：“济清之区有河曰大清，济水渠也，自东阿之张秋东北抵利津丰国盐场达于海。”因而在历代文人笔下，大清河又多称济水。

至明弘治八年（1495 年），刘大夏主修太行堤遏制北流，黄河全部入淮归注黄海为止，在 400 多年的时间里，曾多次承载着黄河决溢东浸的分流任务的济水，时断时续地将利津一带海岸线向大海推进，至黄河全部入淮时已延伸到今东营市河口区老爷庙一带。至金代，大清河入海口又比北宋时有所下延，在今利津县虎滩乡大牟里东入于渤海。入海处盛产牡蛎，又称牡蛎嘴。金朝在河东岸置铁门关，控河锁海，集兵关、税关、盐关、海关于一体，成兵家必争之地。至明代末年，大清河在其尾闾改道，自今利津县汀河向东北在二河盖入海。入海口向东，称朝阳沟。至清初，海岸线已向北、东北推进到今东营市河口区太平镇北老鸹嘴、老爷庙、二河盖、垦利县建林、丝网口至支脉河口一线。此时的利津县城“正北至海120里，东北至海120里”，今河口区义和、六合，利津县付窝，垦利县西宋、永安等地相继脱海成陆。光绪《利津县志》记载：“大清河始末与泛滥之年，有明以前，征之难矣。今按旧志、郡志所载，嘉靖三十一年（1552年）五月，三十二年（1553年）七月，隆庆三年（1569年）七月，俱河水溢。国朝顺治七年（1650年），黄河决溢至大清河，乾隆四年、十二年、十六年、三十一年，嘉庆八年、二十四年，俱河水溢。……是则黄水为菑，非自咸丰乙卯始矣。”据此记载，自明弘治八年刘大夏遏黄南流始，黄河仍时常客串胜坨境域一带，但造陆速度大大减缓，黄河入海口海岸线相对稳定。

古代黄河三角洲形成的第二个时段，历经宋、金、元、明、清等朝代，时间长达800多年。这一时期黄河时有侵扰，但相对来说洲面环境安定，人口逐渐稠密。自北宋至金代，先后增置招安县（今沾化县），升永利镇为利津县，建丰国镇（今属利津县汀罗镇）、永阜镇（今利津县陈庄镇南）、宁海镇（今属胜坨镇）、博昌镇（今东营区史口镇）、辛镇、王家镇（今东营区王家岗村附近）。元代盐业迅速发展，黄河三角洲环海地带建有丰国、永阜、宁海等大盐场。明清时大清河河槽刷深，水流平缓，内接大运河、会通河，北达天津，东到朝鲜，南通闽粤，成为天然的盐运、漕运通道，南粮北运的水路多从利津铁门关出海。盐业资源丰厚，新淤地宽广肥沃，一度成为明清两朝移民开发的“宽乡”。

近代黄河三角洲形成

清咸丰五年（1855年），黄河夺大清河河道后，以宁海为顶点的近代黄河三角洲朝东北方向呈扇形展开。黄河顺大清河河道，从利津县铁门关北肖神庙以下二河盖之牡蛎嘴入海，初为地下河。清光绪年间，上游两岸堤防渐趋完固，进入下游的泥沙渐多，河床迅速淤高。至光绪十五年 (1889 年) 三月，韩家垣子 (今属利津县陈庄镇) 决口改道，此条河道历时 34 年，实际行水 19 年 (其余年份为上游决溢、改道而河竭，以下同)，被称为铁门关流路。之后，改道东流，经老鸹岭、四段、杨家嘴，由毛丝坨 (垦利建林村东) 以下入海。此为毛丝坨流路，河道历时 8 年，实际行水 5 年零 10 个月。光绪二十二年 (1896 年)，山东巡抚李秉衡奏称：“昔之

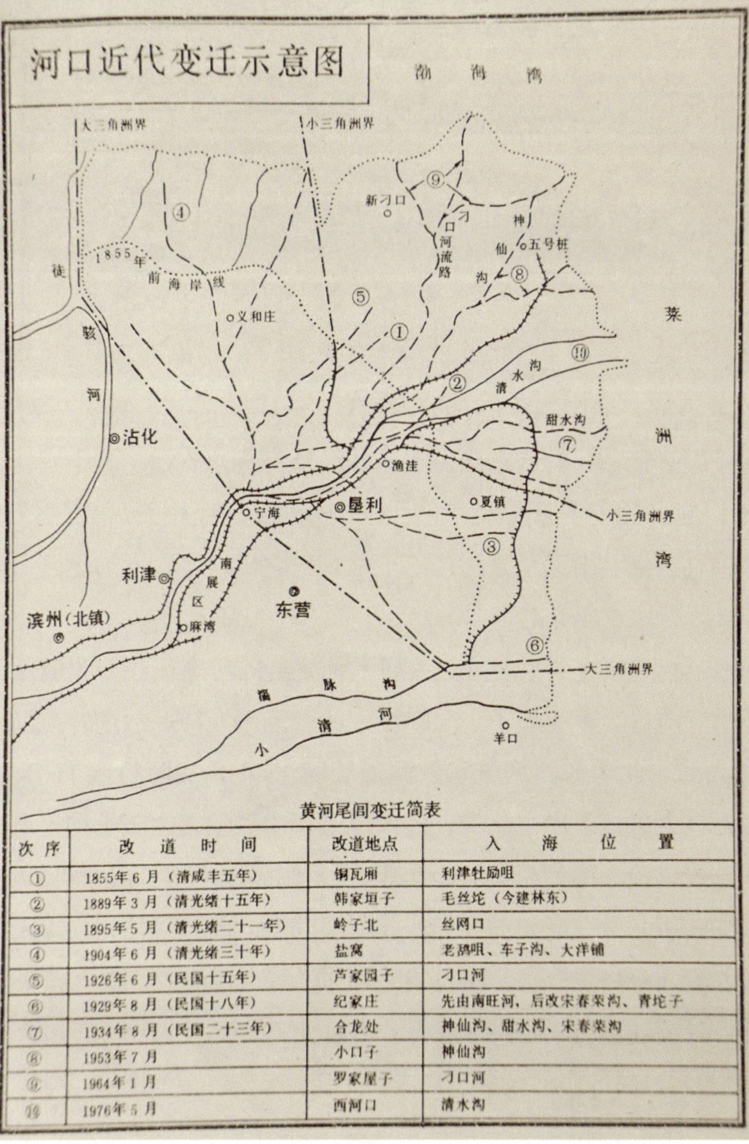

黄河尾闾变迁简表

次序	改道时间	改道地点	入海位置
①	1855年6月（清咸丰五年）	铜瓦厢	利津牡蛎咀
②	1889年3月（清光绪十五年）	韩家垣子	毛丝坨（今建林东）
③	1895年5月（清光绪二十一年）	岭子北	丝网口
④	1904年6月（清光绪三十年）	盐窝	老鸹咀、车子沟、大洋铺
⑤	1926年6月（民国十五年）	芦家园子	刁口河
⑥	1929年8月（民国十八年）	纪家庄	先由南旺河，后改宋春荣沟、青坨子
⑦	1934年8月（民国二十三年）	合龙处	神仙沟、甜水沟、宋春荣沟
⑧	1953年7月	小口子	神仙沟
⑨	1964年1月	罗家屋子	刁口河
⑩	1976年5月	西河口	清水沟

黄河入海流路变迁图

黄河入海口“黄蓝”交汇处

水行地中者，今已水行地上，现在河底高于平地，俯视堤外则形如釜底”，至此新河道已成为地上河。光绪二十三年 (1897 年) 五月，黄河于北岭子决口改道东流，由利津县薄庄南过集贤，转向东南左家庄，经垦利县永安镇、老十五村，由丝网口 (今宋坨子) 以东、团坨子以北入海。另有一股支汊在乱井子 (清河村旧址) 西北分流，又在今垦利县垦利街道南羊村与三十八户村之间合一。此为丝网口流路，河道历时 7 年，实际行水 5 年又 9 个月。

清光绪三十年 (1904 年) 六月，黄河于利津县的薄家庄决口改道西北流，经青边岭、虎滩嘴、流口、薄家屋子、义和庄入徒骇河下游绛河故道，在河口区太平镇以北老鸹嘴入海。此为徒骇河流路，河道历时 13 年，实际行水 11 年。又于 1917 年农历七月，在太平镇改道东北流，经大洋铺、中和堂，由车子沟入海；另由虎滩嘴东南分出一股支流，经大牟里、小牟里、四扣，在刘家坨子以北的面条沟 (今挑河) 入海。1925 年，又在虎滩嘴分出一股支汊向西北流，经沾化县入无棣县套儿河入海。此次北流入海路线散乱，前后共历时 22 年，实际行水 17 年零 9 个月。

1926 年 6 月，黄河在利津县的八里庄以北 (吕家洼) 决口东北流，经丰国镇 (今属汀罗镇) 北，由刁口河入海，形成旧刁口河流路。历时仅 3 年。

1929 年，山东北部沿海一带土匪猖獗，地方动荡不安，国民政府山东省主席陈调元抽调小股部队帮助当地民团剿匪。是年 6 月初，匪首刘国贞、张和源率匪兵数百人袭扰利津十六户村，纵火数十处，烧死平民50余人，烧毁房屋两千多间。8月中旬，黄河秋汛来临，土匪孙振友（外号“二大头”）探知官兵来剿，率匪兵到宁海北边的纪家庄扒开大坝。纪家庄处河道行水多年，高于堤外平地丈

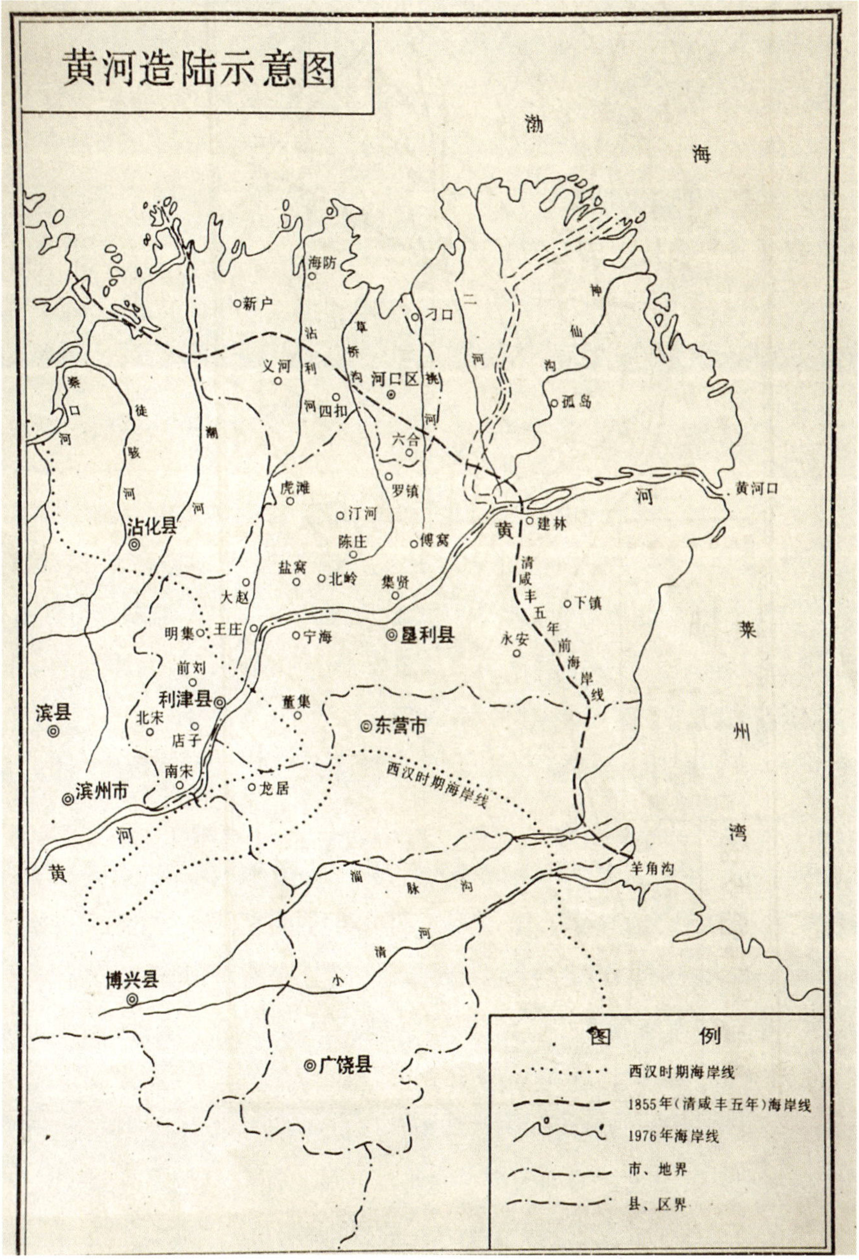

黄河造陆示意图

余，庄以东为三十年前的老河道，地势低凹。土匪在此决堤以阻官兵，不到两天即掘开七八丈宽的大口子，顿时洪水滔天，上百村庄遭受灭顶之灾。大河东去，流路散乱，北侧因"顺兴坝"阻挡，幸免被淹；南侧从无埝坝，洪水漫过坨家庄、尚家庄、茶坡，再向南淹到辛店等处。洪水先后由南旺河(今支脉河)、丝网口、宋春荣沟、青坨子等海口入海，此为支脉沟流路，历时5年。《续修广饶县志》记载："自利津纪家庄决口，浊流汇灌三千七百余平方里，统计淤出良田约二万顷，均坐落现区第七区内"。这次改道，河水漫及小清河下游，最终使扇形的近代黄河三角洲全面展开。

1934年8月，合龙处(今涯东村附近)决口，河水东向漫流，先由毛丝坨以北老神仙沟入海，后又形成神仙沟、甜水沟、宋春荣沟三股入海形势。1938年6月9日，南京国民党政府下令扒开郑州花园口大堤，以期阻止日军西进，河水入淮河故道，山东河竭。

现代黄河三角洲成长

1947年3月，南京国民党政府为水淹解放区，将山东、豫东、苏北等解放区与华北解放区分隔开，下令堵复花园口。黄河归山东故道，仍循原河道三股入海。此为甜水沟流路，历时19年，实际行水9年零2个月。

1953年6月—8月，经黄河水利委员会批准，垦利县人民政府在垦利县小口子附近，神仙沟与甜水沟相向坐弯处，人工开挖引河119米，引甜水沟水直入神仙沟，截去神仙沟上游（四段河）一段弯道，称"小口子裁弯改道"。甜水沟淤闭，由神仙沟独股入海，行水7年。1959年汛期，四号桩以下，神仙沟河道泄洪不畅，四号桩以上1千米处右岸河弯急挫洪水漫滩，部分水流漫过滩唇，由老神仙沟入海。至1960年，右岸滩唇塌尽，形成汊河。同年秋后，主溜夺此汊河。1961年6月，即为入海主道，两次共行水10年零5个月。

1964年1月，发生凌汛，利津县罗家屋子以下河道卡冰壅水漫滩，于罗家屋子破民埝，水经草桥沟由刁口河入海。是年5月后，新河道过流达六成以上。河无主槽，漫流入海，后又分股入海。1966—1967年，两股先后淤闭，东股独流入海，共行水12年零5个月。

1976 年 5 月 27 日，于罗家屋子处实施人工截流成功，黄河入海由西河口改道清水沟。这是一次有计划、有准备、有科学理论依据的人工控制改道实践，从此开始了对黄河尾闾摆动治理的探索之路。

1988 年，“政府出政策、油田出资金、河务部门出方案”的黄河口治理模式出台。实施“截支强干，工程导流，疏浚破门，巧用潮汐，定向入海”的治理方案，黄河口疏浚整治工程试验取得成功。

1996 年，在清八断面人工出汊造陆采油工程实施，此举缩短河道，改善防洪形势，为造陆采油创造了条件。黄河入海由清八断面上游 950 米处沿引河在垦东油区上首入海行水至今。

河段

黄河入山东省东营市后，穿越利津县和垦利县之间，从垦利县东部入海。黄河胜坨段位于黄河右岸，上起梅家村南，下至寿合村，流经胜坨境内 35 个村庄，流程 25.5 千米。

清咸丰五年（1855 年）黄河在河南兰阳铜瓦厢（今河南省兰考县境）决口，主流东行，穿过大运河，至张秋镇入大清河。黄河夺大清河河道向东北流（史称“穿运夺济”或“黄河夺清”），复由利津铁门关东北入海。至民国 27 年（1938 年）6 月 9 日，国民党军队炸开郑州花园口大堤，河水南流入淮，山东河竭，境内断流。

民国 35 年（1946 年），国民政府下令堵筑花园口，引黄河水复归故道，欲水淹刚刚解放区的渤海区等。民国 36 年（1937 年）3 月 15 日，花园口堵口工程合龙，水头于 23 日进入胜坨镇境内河段，经今之流路入海。

河道

黄河胜坨段系清咸丰五年（1855 年）河南铜瓦厢决口夺大清河道由利津入海而形成。宁海以上河道走向基本和大清河走向一致，但主槽已全部脱离大清河道。

宁海以下经过 100 多年的拓宽和多次摆动形成现行河道。境内河道两岸全靠大堤作为屏障，河道滩面一般高出两岸地面 2 米～ 5 米，有的甚至高达 10 米，成“悬河”之势。原大清河道宽仅 30 余米，过水断面狭小，黄河水入注后，水深流急，河岸剧烈坍塌，主槽逐渐展宽。清同治十二年（1873 年），河道刷宽至 250 余米。1947 年黄河归故时，主槽已展宽至 300 米～ 500 米。新中国建立后，沿河设置滩地测量标桩，借以观测河岸坍塌变化。据测量记录，河道东张一带，1964—1974 年，展宽 210 米。1983 年汛期测量，塌值最小 1.5 米，最大 60 米。

1986 年后，改建、新建多处河势控导工程，河道走势变化不大，主要变化为河床淤高，河面展宽。

今河段宋家村以下，河床较宽，属二级河床，两岸堤距 1500 米～ 5500 米，主槽宽 600 米～ 800 米，纵比降约万分之一，槽深平均 2 米左右。梅家村至宋家村河床相对较狭窄，两岸堤距仅千米左右，最窄处大白对小李险工 23 号坝，两岸堤距仅 460 米，为黄河下游著名“窄胡同”，此段河势全凭险工、控导工程维持。

河道在淤高展宽过程中，曾发生横向较大摆动，俗称“滚河”。东张以上河段

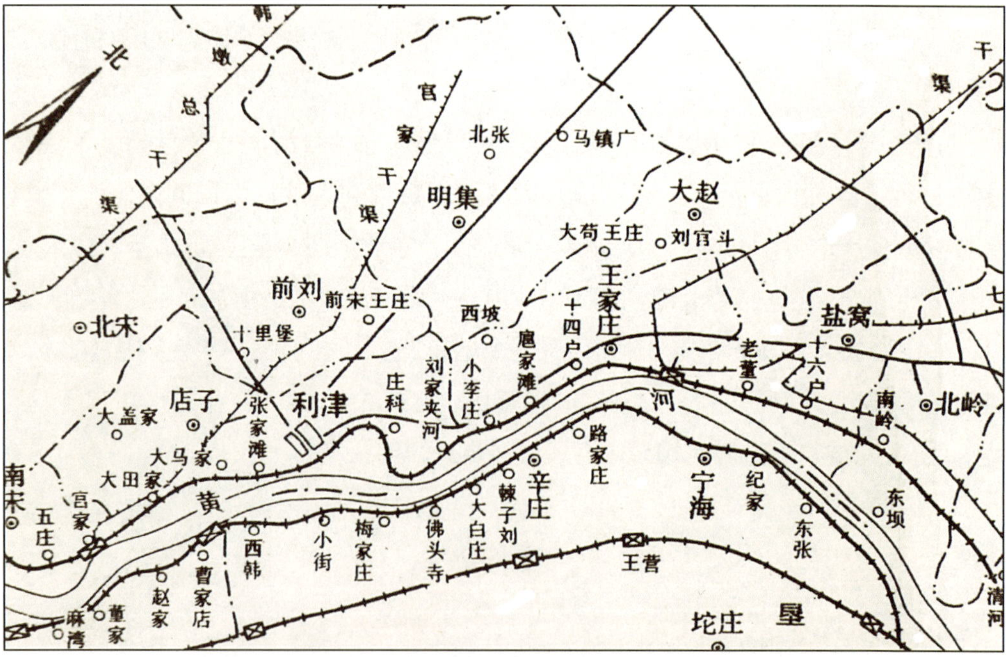

胜坨境内黄河段全图

摆动较大。对岸张家滩至綦家嘴段，原河道自张家滩向东冲向对岸小街，再折向西直冲利津城东南角，沿利津县东关、安家庄、梁家庄、庄科、大夹河等村至綦家嘴。清光绪三十二年（1906 年）汛期，大溜冲决小街民埝直趋綦家嘴，一夜间崔家庄、毕家庄由河东成为河西，原河道淤塞。后彩村对岸扈家滩至王庄段，原河道紧靠利津县扈家滩、姜家庄、十四户庄东。清光绪三十年（1904 年）凌汛决口后，在滩地建筑新堤，河道右移靠近右岸后彩村。

宋家村对岸王庄至盐窝段，黄河夺清之初，原河道向利津县王庄东流，经境内西张、宁海折向西北，再经利津县老董、杨柳至盐窝。境内纪冯以上段河道在清光绪二十四年（1898 年）以前连续四次左滚，摆距达 4 千米。利津县老董以下段河道在清光绪二十九年（1903 年），由利津县十六户村西滚至村东。1929 年，纪冯决口，黄河改道东流。

滩区

黄河大堤与行水河道之间的河床地为滩区。滩区随河道摆动、尾闾变迁、大堤兴废而迭次变动。1956 年前，境内左右两岸滩区均属利津管辖。1956 年 3 月—1961 年 12 月，右岸划属广饶县；1961 年 12 月—1964 年 11 月，复归利津县；之后，划属垦利县管辖至今。境内滩区，上起梅家，下止寿合，总面积约 972.6 公顷，耕地 964.2 公顷。

大清河时期及黄河夺清之初，水深岸高，两岸无束水工程，没有固定滩区。至光绪初年，河底渐高，漫溢增多，两岸民埝相继连接培高，已起到束水行洪的作用，滩区初步形成。光绪十年（1884 年）前后，两岸临黄大堤修成，行洪滩区始定，每遇大风水涨，滩区村民皆遭河水围困。

清光绪十八年（1892 年），山东巡抚张曜奏请迁移滩区村民。此后，村民不断有迁出迁入者。1938 年，黄河南流入淮之后，境内大量人口进滩定居。1947 年，国民政府堵复花园口，令黄河归故，部分滩区居民搬出。

新中国成立后，继续动员滩区内居民外迁。1955 年，山东防汛指挥部规定，以群众自迁为主，结合人民政府帮助。迁民均须由干部带领，保证群众有住房，有饭吃，能生产。救济标准是倒房每间 15 元，每人每天口粮 250 克，10 岁以下儿童每天 500 克。

1974—1978 年，国务院批示“废除生产堤”，地方人民政府动员滩区人民“滩内生产，滩外定居”。迁移时，河务部门给予每人 15 元～ 20 元补助，人民政府适当补贴，安置村址、宅基地。

生产堤

自清末以来，治河群众顺河唇高地修筑民埝，用以保护滩内农田及作物，维持农业生产。这种民埝后称生产堤。生产堤与险工相接，一般高 1 米～ 2 米，宽 2 米～ 3 米不等。滩区群众对生产堤极为重视。

新中国建立后，确定“宽河固堤”的下游河道治理方针，人民政府再三明令废除生产堤。但滩区土地肥沃，水浇便利，是沿黄群众的粮仓，行洪与生产矛盾始终难以解决。直到 20 世纪 60 年代末，生产堤仍连接不断，无破除。后实行一水一麦，一季留足全年口粮的政策，既保护滩区农业生产，又保障黄河行洪畅通，两者间的矛盾得以缓解。

河患

境内河患主要是黄河决口和漫溢。清咸丰五年（1855 年），黄河夺大清河入海初时，河道通畅，来沙量较小，泄洪能力较强，少有决溢发生。后河道不断淤积，泄洪能力每况愈下。至民国时期，加之军阀割据混战，政治腐败，财政困难，工程失修，黄河处于“三年两决口”的局面。加之境域又地处黄河尾闾，堤防单薄，质量低劣，决溢灾害更加频繁。自 1855 年起，境内决溢 19 次，其中清朝 9 次，民国 8 次，人民治黄初期 2 次，均造成巨大损失。新中国成立后，党和人民政府领导人民加强黄河治理，黄河安澜入海，境内大提再无决溢发生。

卞家庄凌汛决口 清光绪九年（1883 年）十月中旬，正河（黄河主河道）铁门关及十四户决口处（当年五月十八日漫决未堵复）封冻，上流陡涨，水泄不畅，右岸卞家庄，左岸小李庄民埝漫决。至翌年四月初，十四户、小李庄一并堵筑合龙，卞家庄决口至五月中旬合龙堵复。

张家庄、宁海庄伏汛决口 清光绪十年（1884年）闰五月中旬，河水迭涨，右岸宁海庄于十一日漫决。至二十四日，宁海庄因近海无料，堵口未能迅速兴工。伏汛期内，右岸张家庄民埝决口，因与宁海毗连，后大溜改移专注宁海1处，张家庄民埝决口遂于七月初十堵合。宁海口门亦于是年堵合，并建筑黄坝。

路家庄伏汛决口 清光绪十七年（1891年）六月，右岸路家庄决口，溜势直趋正东，由南旺河入海。后因左岸王庄决口，全河夺溜，路庄遂成旱口。十月，民众自行筑堤，翌年改归官修。

彩家庄伏汛决口 清光绪十八年（1892年）闰六月，右岸彩家庄、左岸张家屋子先后决口，后惠民县茅坟民埝漫溢，彩家庄与张家屋子两决口淤干，遂于八月堵合旱口。

冯家庄秋汛决口 清光绪二十八年（1902年）农历八月八日午时，右岸冯家庄民埝因水势异常汹涌，漫溢决口，十日堵合。

宁海庄伏汛决口 清光绪二十九年（1903年）八月初，右岸宁海庄汛段，堤身纯沙质，大溜冲刷，两次生险，十三日卯时遂漫溢成口，后于十二月堵合。

新冯家秋汛决口 清宣统二年（1910年）九月初五，右岸尾工以下新冯家庄堤埝，因溜势顶冲，大溜侧注，将该处冲成决口，口宽30余米。

棘刘、王院凌汛决口 民国17年（1928年）年农历二月初二，王庄河段壅冰阻水，河水陡涨，迫岸盈堤，时刮起10级西北风，冰借风势，风助冰威，冰水齐压右岸。王院、棘刘、西街、后彩、二棚约2千米堤段，先出漏洞后即6处决溢，淹没70余村，河东一带尽成泽国。时任山东黄河河务局长王炳燇自请处分，省令降为代理。灾民公推李煜俊、胡枚勋、纪鹗元、任道远、李汝祯赴省请求堵口，晋谒省长，历陈灾情。国民党山东省政府即派王炳燇督工修筑。王院口门宽约150米，水深5～6米，于同年三月二十一日兴工堵筑。该口门虽未与大河断流，但浅水漫流，堵筑较易，复经3日即行合龙。棘刘口门宽约200米，水深7米～8米，主溜倾注，水大浪急，堵筑艰难。四月二十一日，口门下坝开始进占。五月三日正进行第三占时，突遇西南风大作，溜势陡变，水面抬高3尺有余。晚6时提龙缆，各缆相继坏断，未及换缆，埽已走失，捆厢各船顺流而下。庆幸第二占未被牵动，本可商酌办法继续进工，因时局变化，王炳燇携款潜逃，堵工被迫中止。六月十日，山东省政府应灾民请求，令河务局妥筹办理，旋即堵合。七月一日起，始加修戗堤及埽工，八月十六日全部告竣。

纪冯民埝秋汛决口 1929年农历八月，纪冯民埝盗掘成口，匪患频仍，时局骚动，官民悉不暇顾。经汛水淘刷，口门走溜约占八成。东洼及左家一带遭沉沦，河流直向东泄，正河涸出。河务局派员勘查，因堵口工大款巨，且河水由此入海较近，报经国民党山东省政府核准，其饬令利津、广饶两县沿河自行修埝，政府酌予补助，决口遂不堵。自此，大溜改由陡崖头入海。

【延伸阅读】

我身历的棘刘决口

胜坨镇工农村教师　刘曰良

"棘子刘，王家院，黄河决了口，百姓要了饭……"那首唱了几十年的民谣，就是从棘刘决口开始的……

民国十七年（1928年），我刚9岁，已进私塾读书。农历二月二日这天，上午刮起了西北风，午后风势更大，尘沙飞扬，呜呜作响，天地间一片黄色。我按捺不住好奇心，偷偷地到大门外张望，被老师发现，一笤帚疙瘩打在了我的头上，我赶快溜回教室。大约下午4点左右，我父亲匆忙走进教室，和老师嘀咕了一阵，老师脸上立刻露出了紧张的神色，并马上放了学。我刚入家门，见二姐把蒸熟的干粮从锅里往外拾。这时，忽听街上响起了"当当"地敲锣声，紧接着听到有人高喊："上坝了，赶快上坝呀！"我慌忙跑到街上，看到村后边土围墙上站着不少人，我也凑上去，随着众人的视线向西北眺望，只见河面的冰块像一群白羊在蠕动，呼啸声，撞击声，冰块的折断声，不绝于耳，大家脸色惊慌，纷纷议论着，冰水上涨这么快，大坝难免要出事了……

薄暮的阳光黄淡淡的。这时风势减弱了，但寒流却袭来了。人们不敢住家里了，纷纷奔赴坝顶。我和二姐背上干粮和被子，随父亲慌慌张张出了庄，向后彩村道口跑去。这时天已昏黑，我心里怕得要命，紧抓着父亲的衣襟，跌跌撞撞爬上大坝。

坝上人声鼎沸，河里巨冰上下翻腾咆哮，犹如阵前战马嘶鸣。面对此情，惊慌的人们，你挤我，我撞你，胡乱跑动。这时，忽听有人喊："北面已出了大漏洞了，赶快往南逃啊！"拥挤的人群立刻顺坝往南拥挤。跑了一阵，河务营（当时官府管理黄河的单位）的院墙挡住了去路，慌乱、焦急的人群不顾生死往前挤，就听"轰隆"一声，那墙被人们推倒了，人群一窝蜂地往前奔。忽然又从前边传来惊人地消息：前面的大坝也开了。大家闻讯如惊弓之鸟，又扭头往回跑，人们心里只有一个念头，赶快逃命。跑着跑着，又听见背后"轰隆"一声，大坝又有一处塌陷了。

夜里，星斗昏暗，寒风刺骨，大坝上到处是一堆堆遇难的乡亲。在柳仙庙以北，黑压压地坐满了人。面对这骤然而降的劫难，人们像痴呆了似的，低着头一言不发。我和二姐围着一床被子，也坐在人群中间。这时，有几位老人提着一盏玻璃灯，到坝坡察看水情，有人说：到明天大坝塌不到柳仙庙，咱们这些人才有活路，如果这里也塌了，那我们只好去喂鱼虾了。

大约半夜时分，四周漆黑一团，阵阵寒风刺入骨髓，死神随时威胁着人们，大家心里沉甸甸的，象坠着千斤巨石；有的人连冻带怕，浑身发抖；有的人跪在地上，不断祈求苍天保佑。人们发现常家与三佛殿两村之间，有几点灯光，在寒夜里不时闪动。人们估计可能是没来得及逃出的村民打出的信号，爬上了高处等待救援。过了一会儿，东边的三点灯光只有两点了，熄灭的灯光再也没有亮起来，说不定又有什么人遇难了。这时，就听见坝下激流中传来微弱的呼救声："救命啊！"人群中忽然冲出一个男青年哭着说："水里是俺娘！"他一边说着，顾不得脱衣，"扑通"一声跳进水里，在乡亲们的帮助下，把他母亲从水里救上了岸。原来，他母亲因困在水中的冰上，不幸跌落水中，顺着坝壕漂流，正巧冲到我们面前才侥幸拣了一条命。事后得知，救母的人是后彩的盖汝山。

逃难的人们在焦急、恐惧中熬了一夜，终于盼到了东方发白。这时，一片从未见过的凄惨景象映入眼帘：站在坝顶向东一望，天连水、水连天，一片汪洋，波浪滔天，奔腾咆哮，巨大的冰块互相撞击，奔涌东去，碗口粗的大树，经不住冰块的撞击、切锉，只听"咔嚓"一声，立即断为两截。在起伏的波浪中，家具、衣物、柴草随水漂动，牲畜、家禽、野兽被水淹得哀号挣扎。又听得轰隆、轰隆声不断传来，那是附近村里墙倒屋塌的声音。这场浩劫，从王院至二棚的黄河大坝共开了七道口子。沿黄农民辛勤劳动一年的成果，尽付流水，房屋田园洗劫一空。十数年间，村里是破墙断壁，瓦砾成堆，到处沙丘耸立，一刮风就黄沙飞扬，遮天蔽日。灾后，遭难的人们走投无路，只有流浪他乡，讨饭度日。还有的卖儿卖女，妻离子散。

堤防

演变

临黄大堤是在民埝（民坝）的基础上逐年培修而成，清末称为缕堤，民国期间改称官堤，解放后称公坝或大堤，20 世纪 60 年代始称临黄堤。境内堤防段，上起梅家村，下至寿合村，起止桩号为 207^{+250} ~ 232^{+750}，总长约 25.5 千米。

清咸丰五年（1855 年），黄河夺大清河之初，两岸并无堤防，每至涨水，沿河村庄筑埝自卫，后渐连接。光绪九年（1883 年），山东巡抚陈士杰创修两岸大堤，翌年告竣。新堤沿原有民埝加培而成，堤尾延至罗家。境内梅家村至王家院堤防段，系垦利河段堤防的基础，长 5 千米，始修于清同治年间，堤高 5 尺，顶宽 1 丈。清光绪三年至十二年（1877—1886 年），逐年加培，使堤高 1 丈，顶宽 2 丈。至民国初年，民坝由乡村自修自守。1923 年，山东省政府核准河务局制定民埝修守章程，规定沿河各县设立民埝工局，办理民埝修守事宜，修守费用由民埝圈护之地亩加捐征收，另有政府补助培修费用的十分之三左右。由于河床逐年淤垫抬高，1928 年又加修一次。之后，河务荒废衰败，河工经费大量积欠，两岸堤防、埽坝工程多年失修，任凭风雨剥蚀，千疮百孔，残破不堪，一遇洪水便四处冲决。1938 年 6 月 9 日，国民党军队炸开花园口黄河大堤后，黄河南行入淮，境内黄河断流，堤坝便遭废弃，破坏严重。1946 年始，民坝修守的劳务投资改由渤海区行政公署统一安排，但修筑标准远远低于临黄堤。

1946 年，国民政府决定堵复花园口，引黄归故，以期水淹解放区。时胜坨境归利津县所辖，临黄大堤已弃守多年，残破不全，急需加高补修。中共渤海区党委、渤海区行政公署号召全区人民，一手拿枪，一手拿锨，反蒋治黄，图存自救。是年5月，利津县建立治黄工程指挥部，县长王雪亭任指挥，动员万名民工上堤将南岭以上两岸大堤普遍加高1米～2米。至1949年，完成土方总量231.08万立方米，投入人工374.36万工日，耗资113.07万元（民工工资按每市斤小米0.15元折算）。

培堤

新中国成立后，人民政府对包括胜坨段在内的临黄大堤共进行过四次大培堤。

第一次大培堤 1952年开工，1956年完工。对临黄堤201^{+300}～252^{+500}段帮宽加高。时利津辖右岸临黄堤34千米，左岸45.35千米，共用土方239.86万立方米，总投资134.58万元。初期，设计标准按照山东黄河河务局规定，按洛口流量9000立方米/秒水面线计算，堤顶超高1.5米，平工顶宽7米，险工顶宽10米。1955年11月后，按照黄河水利委员会规定，堤顶超高2.1米。

第二次大培堤 1962年开工，1969年完工。对临黄堤201^{+300}～252^{+500}段加宽加高，以防御洛口1.3万立方米/秒流量设为计基准，施工建设。

第三次大培堤 1975年开工，1984年完工。对临黄堤201^{+300}～255^{+700}段和南防洪堤0^{+000}～27^{+003}段帮宽加高，共完成土方1356.93万立方米，人工工日436.35万个，投资1636.48万元。临黄堤断面设计标准堤顶超高2.1米。险工堤段、卞家险工上首至胜利闸段顶宽7.5米，临、背边坡均为1：2.5；路庄虹吸管处至周家段顶宽8米，临坡1：2.5，背坡1：3；其余顶宽9米，临坡1：2.5，背坡1：3，以防御花园口站流量2.2万立方米/秒洪水流量为设计基准。

第四次大培堤 2012年开工，2014年完工。对临黄堤207^{+250}～232^{+750}段进行帮宽。顶宽10米，临坡1：3，背坡1：3，共计完成土方63.7万立方米，投资1593.75万元，设计标准临黄堤段面标准堤顶超高2.1米，设计高程19.01米～16.08米，以防御花园口站流量2.2万立方米/秒洪水流量为设计基准，经东平湖分洪，控制艾山站下泄流量不超过1万立方米/秒。新植美化树木2.55万株。

加固

境内临黄大堤，多系在旧堤基础上加培起来的。旧堤多是用松土堆积而成，结构松弛，堤身单薄，隐患密布，抗洪能力低。新中国成立后，执行“宽河固堤”方针，一方面对大堤加宽加高，另一方面采取多种措施，加固堤身，提高防洪性能。固堤方法主要有锥探灌浆、抽槽换土、戗工、淤背固堤、填塘固堤、翻修隐患、抽水洇堤等。

钻探灌浆 1951 年，首采用钢锥探测堤内隐患，即用 6 毫米粗钢筋制锥，以木板夹持，压入堤身，并辅以向锥孔中吹烟、注水等法，发现堤身内空穴、松散夹层及裂缝等隐患。1952 年，改用 16 毫米圆钢制锥，长度为 6 米、10 米两种，锥尖锻为四楞尖头，楞间有凹槽，四人操锥呼号进锥。每组日进锥数由数十眼到 200 多眼。施工组韩星三小组用 6 米锥，曾创日进锥 600 眼纪录。在堤顶与两坡布锥 8 行～10 行，行距 0.5 米～1 米，孔距 0.2 米，进行锥探。对发现的各种较大隐患，组织人力开挖翻修。普通锥孔，用手工向孔眼内舀灌泥浆或填塞泥丸，消除孤立隐患，充实大范围的松散夹层和裂缝。至 1957 年，除新修大堤外，大堤普遍锥灌一遍，重点堤段复锥复灌，累计锥灌大堤 10 万米，打眼 174.7 万眼。

1958 年，采用静压力灌浆技术，把灌浆机架在 5 米高的支架上，用手摇水车把泥浆提升到蓄浆盆内，通过输浆管道，靠液体静压力把泥浆压入锥孔内。

1968 年，采用动压力灌浆技术，即用 10 千瓦电动机分别带动拌浆机和灌浆机进行灌浆，效率较高，但此法受电源限制，使用范围小。1971 年后，改用一部 195 型柴油机做动力，同时带动拌浆桶和泥浆泵，操作简单，挪动方便，堤段、险工、涵闸、翼墙等皆可使用。泥浆在有洞穴、裂缝、松散土层的堤段，扩散能力强，在较严密的地段，锥孔周围的渗透半径也达 0.25 米～0.35 米，平均每米大堤进土 0.54 立方米，土层密度可达每立方米 1.45 吨～1.6 吨。1969—1974 年春，对境内临黄堤 214^{+900} ～ 227^{+800} 段以及纪冯闸等堤段实施灌浆加固施工。

抽槽换土 1955 年和 1956 年，对土质不良、结构松散、缝隙贯通的堤段，沿临河面堤脚，抽挖深槽，槽底挖至红土层，至少低于背河地面，底宽 2 米～2.5 米，用粘土回填夯实，槽顶上接修粘土斜墙，贴于临河面堤坡上，厚 2.2

简易吸泥船淤背沉淤固堤作业

米～2.5米，高于防洪水位0.5米，借以增强大堤的截渗性能。1956年，对桩号 217^{+680}～217^{+900} 之间堤段修做抽槽换土施工，底宽6.5米，底部高程8.81米，顶部高程12.81米。

戗工 在浸润线不足1：8～1：10的堤段，帮宽堤脚，延长渗流径程，提高防渗能力。修在临河面称前戗，修在背河面称后戗。从20世纪60年代初期至70年代初期，大量修做后戗加固工程。

淤背固堤 20世纪70年代中期始，利用简易吸泥船机泵扬泥水沉淤固堤。吸泥船配备6160A型135马力柴油机做动力，带动1235型铁笼泵或16丰产35型泵。1977年4月，第一只吸泥船在路家庄投用。至1980年，垦利段发展到6只，其中路家庄段2只。1978年，改用8PSJ型衬胶泵或16丰产24型泵，由拖轮拽到河道内合适沙场作业。水泵活动笼头上装有高压水枪，刺起河底泥沙，使水中含沙量提高到200千克/立方米～500千克/立方米，由机、泵、管道将泥浆输送到背河面或临河面淤区内。截至1985年年底，完成前后彩、路庄台、路庄段、虹吸沟、宋庄村、宁海村、纪冯村、苏家村、寿合村、章丘屋子泄洪闸西等处的工程机淤任务。此后，由淤区内险工堤段逐步扩展到平堤段。落淤主要是沙土，易成风沙，不仅易造成严重的沙土流失，而且严重影响堤顶交通和附近村民的生产生活，后进行

黄河大堤淤背作业吸沙船及输送管道

红土盖顶试验成功，风沙问题得以基本解决。

1986年始，每年在洪峰期，集中机械，对达到标准的淤区抽红盖沙，淤红厚度0.3米～0.5米，并组织人工包边修坡，植树种草。2014年，对王院淤区（桩号212^{+000}～212^{+982}段大堤背河面）进行机淤固堤，完成土方26.01万立方米，投资249.64万元。对宋庄淤区（桩号217^{+430}～219^{+050}段大堤背河面）进行机淤固堤，完成土方48.7万立方米，投资450.4万元，并在达到标准的淤区植树种草。

填塘除患 新中国成立初，堤身两侧存有若干坑塘，系历史上黄河决口时跌水造成，单个面积数千平方米至万余平方米不等，多数长年积水，深达数米，大水漫滩偎堤时，易致临背之水渗透通连，危及堤身安全。1955年，开始人工填垫，陆续至1972年完工，填高至地面以上0.5米。路庄段内先后填塘4处。

翻修隐患 獾、狐、鼠三类动物，喜在堤身挖洞钻穴，易成堤身隐患。至民国，一直用签试法探查洞穴，破堤填塞，并用猎犬、火熏、猎枪、套夹等手段捕捉害堤野兽。解放后，发动沿黄群众捕除害堤野兽。1950年起，执行山东黄河防汛指挥部规定，凡举报堤上民房内重大隐患经查属实者，每次奖励小米25千克—50千克，对因挖填而损坏的房屋给予拆迁补助；在堤上捕到一只大獾奖励小米17.5千克，小獾奖励10千克，地猴（黄鼬）、地鼠等小动物奖励1千克。1953年后，改以人民币计发，捕捉范围由堤身扩大至堤身外 1 千米～ 2.5 千米。

1950 年，同时开始消灭堤身兽洞鼠穴隐患工程，组织河工和沿黄群众，进行钻探翻修。翻修中发现獾洞 172 个，洞口大者人能容身，深则横穿大堤。在翻修路庄险工时，其大堤内，穴洞密布，层层连通。近代黄河一年数决，兽洞鼠穴堤身隐患是一主要因素。

部分堤段曾为险工或堵复口门，埋有大量秸料或乱石，属于堤基异常状态。大水偎堤时间长时，背河面易发生渗水或管涌而出险。新中国成立后，1951 年和 1955 年，利津县王庄、五庄的两次凌汛决口均是由旧口门存有隐患造成。1957 年始，河务部门多次组织人员调查摸清堤基异常状态，为大堤管护和防汛时采取适当措施而提供了基础资料。

日军侵占利津县城时期，在宋家庄原村址北，今临黄大堤桩号 217^{+715} ～ 217^{+850} 处堤坝下部，修筑碉堡一座，并在其周围挖掘宽 8 米、深 6 米的封锁沟 2 条，封锁沟横穿大堤。在新张村大堤桩号 221^{+500} 处、221^{+985} 处，海西村大堤桩号 222^{+330} 处、222^{+470} 处，宁家村大堤桩号 225^{+820} ～ 225^{+930} 处，苏家村大堤桩号 227^{+200} 和 227^{+728} ～ 227^{+733} 处的大堤下部，开挖军沟多处。至 2014 年，对发现的洞穴、碉堡、军沟等堤防隐患，均采取开挖、翻修措施进行修复。

抽水洇堤　20 世纪 60 年代，兴起抽水洇堤加固堤防的新措施，大大提高大坝抗洪强度。此法特点是能够明确找出隐患位置、范围大小，便于采取相应措施。堤身吃水后，大堤不同程度蛰陷，密实度增加，对处理堤内空隙、松散土层尤为有利。

1962—1965 年抽水洇堤情况统计表

表 3

日　期		起止桩号及地点		长（米）	工日（个）	投资（元）
年 份	月 份	起	止			
1962	5	佛头寺（今胜利）险工 26 号坝 209^{+900}	佛头寺险工 13 号坝 210^{+100}	200		
1963	4—5	二棚（今常庄）险工上首 215^{+600}	路庄险工 6 号坝 216^{+000}	400		
	10—11	后彩 214^{+490}	常庄险工 215^{+600}	1110		

续表

日　期		起止桩号及地点		长（米）	工日（个）	投资（元）
年 份	月 份	起	止			
1964	4—6	路庄险工 6 号坝 216^{+000}	宋家庄道口北 217^{+600}	1600		
	10—11	小街村北头 205^{+400}	小街碉堡 205^{+800}	400		
	10—11	棘子刘 213^{+100}	213^{+360}	260		
	10—11	宋家北 217^{+600}	胥家道口 218^{+845}	1245		
1965	4—6	胥家道口 219^{+630}	西张村道口东 220^{+250}	620		
	9—11	苏刘 221^{+250}	纪冯坝头 224^{+750}	3500		
合计				9335	12356	9168

标准化堤防建设　2010 年，黄河水利委员会依据国务院批复的《黄河流域防洪规划》和《黄河流域综合规划》，启动《可研报告》编制工作，统筹黄河下游防洪工程建设实际需要和国家投资力度，框定工程建设规模。境内，主要是对临河大堤梅家至寿合段进行帮宽，全长 24.9 千米，宽 10 米；对王院淤区和宋家淤区实施加固及险工改建工程，工程由上级河务部门组织实施。2012 年 11 月，胜坨镇成立防洪工程指挥部，配合河务部门搞好迁占等工作。计划至 2015 年年底，工程施工及各项迁占工作全部完成。

护堤

清代，设专职官兵守护，对大堤定有四防（昼防、夜防、风防、雨防）、二守（官守、民守）、春修、冬巡等制度。每千米设一堡房，每堡设驻守民夫 2 人，平时搜寻獾洞鼠穴，植树积土，修补堤身；汛时巡堤查险，鸣锣报警。民国沿袭清制，除上述堡房外，每年汛期，民夫上防时还要搭建窝棚，称防汛庵，供防汛民夫使用。

新中国成立后，采取专业队伍管理与群众管理相结合的办法护堤，县、乡、村三级均建立黄河护堤委员会，领导负责辖区堤防管护事宜，黄河河务部门委派专人负责护堤工作。在临黄大堤上，每 0.5 千米建筑防汛屋 1 座。每座两间（8 平方米～ 10 平方米），土木结构。1960 年后，渐次改为砖瓦结构，每座 3 间（45 平方米～ 50 平方米），屋山外墙上写有醒目的顺序编号，供汛期防汛人员居住，平时由专职护堤员驻守。护堤员由沿黄村选择合适的村民担任，护堤报酬，由生产大队承担，按同等劳力记工分。农村实行生产责任制后，采取对柳荫地、树林、堤防管理统一承包的形式解决护堤员问题，报酬形式多样化。护堤员管理范围为大堤和临背堤脚柳荫地和淤背区。人民政府多次发布文告，阐明堤防管理意义，确认堤防管理人员正当权利，严禁损害堤防行为。1976 年，境内修防段制定 13 项护堤守则。1981 年，垦利县人民政府重新颁发《关于加强黄河堤防管理的布告》，进一步规范堤防管理工作。

1948 年前，村民在临黄大堤堤身两侧居住。房屋、地窖、棚圈、水井等建在堤坡或堤脚上，妨碍堤身加培，并易造成隐患。1948 年起，人民政府采取说服动员、自愿拆迁政策，动员村民将自建设施搬离大堤，有碍修工的则指令拆迁，堤上村民陆续搬离。对迁移下堤村民，河务部门给予补助。1950 年 8 月，执行山东省黄河防汛指挥部规定，拆迁住房每间补助小米 75 千克～ 125 千克，敞棚每间 50 千克。其后，随着物价上涨，补偿标准渐次提高。至 1975 年，村民全部迁移下堤。1974 年，机淤固堤开始后，民房拆迁范围延至背河堤脚 80 米一线。随着淤背工程进展，近堤村民分期迁入新址。

堤坝绿化

河堤植树绿化，既为保护堤坝，又为河工提供物料。1952 年，山东省人民政府规定，临河堤脚以外 10 米，背河堤脚以下 7 米，为柳荫地，归国家所有。

1970 年以前，以植柳树为主。1976 年，黄河水利委员会规定，按临河防浪、背河取材的原则，临河面加植丛柳，形成乔、灌结合，形成外低内高的阶梯形防浪林。背河面栽植槐树等用材树。堤顶两肩下种植两行优质速生树木。堤坡栽植防冲的铁板牙、葛芭草。执行国有村管的堤防绿化政策，以护堤村及护堤员自育自采为主，国家给予少量补贴，并发动机关、学校援助，日常管护由护堤员负责。

1982年始，河务部门职工在驻地及险工、涵闸两侧栽植美化树木。2006年，围绕“维持黄河健康生命”的终极目标，按照黄河大堤《植树绿化规划》全面展开堤坝绿化，本着能种则种、植满植严的原则，在境内黄河大堤上植树13.575万株。

附属设施

在堤防建设过程中，同时修备若干附属设施，以便于大堤管理、料物运输和防汛人员车辆通行，方便群众生产生活。

辅道 每次大堤培高，均同时帮修辅道，建于大道、公路上堤路口。20世纪60年代前，所修辅道多与大堤垂直相交，70年代始，提倡修做顺堤辅道。一般辅道路面宽5米～6米，纵坡1∶12～1∶15；重要路口路面宽6米～8米，纵坡1∶16～1∶20。

堆土 堆积土料于背河堤坡上，以备防汛修工紧急时使用，俗称“土牛”。每个土牛50立方米，按平工大堤每米1立方米，险工每米2立方米的土方量堆置，不占压堤顶，跨在堤坡的上部，按修堤质量夯实，高出堤顶1.5米。

险工与控导工程

险工

因黄河河道不断展宽摆动，溜势游荡不定，堤身临水易被大溜冲刷，常有塌入河中之险。河务部门为保障堤坝安全，采用临堤抛石或用秸料下埽的办法，修做抗御水流、导溜离岸工程，称为“险工”。险工大部分形成在清末民初，由于河势的上提下延或不断上下伸展，埽坝也不断新建、改建或脱险。1946年始，险工由秸埽逐步发展到石埽。1986—2002年，对险工坝岸按设防标准加高和改进，共完成土方8.47万立方米，投用石方6.23立方米，实用工日10.68万个，投资699.68万

路庄险工

胜利险工

元，使境内 6 处险工全部达到石化标准，抗洪能力大幅提高，成为稳定两岸河势的重要工程。

路庄险工 清光绪十年（1884 年）始建，位于临黄堤桩号 215^{+790} ～ 217^{+604} 之间，工程长度 1814 米，护砌长度 1725 米。今 5 号～ 11 号坝为原秸埽坝旧址。1948—1953 年，新建埽坝 28 段，改建 1 段。1957—1964 年，新修和改建乱石坝 15 段，改建扣石坝 13 段。1965 年，改建扣石坝 3 段，改建乱石坝 2 段。1972 年，按先主后次将秸、砖埽改为石埽。1986—1990 年，7 号～ 8 号、12 号～ 13 号、56 号～ 57 号坝拆改为粗排坝。

胜利险工 清光绪二十四年（1898 年）始，至光绪二十九年（1903 年）修建，2 号、4 号、8 号～ 18 号坝修有秸埽。其后，因年久失修腐烂不堪。1947 年，黄河归故，在原有基础上改建、新建秸、柳、砖埽 21 段。1987 年，27 号～ 28 号坝由乱石坝拆改为粗排坝。2012 年始，改建 1 号～ 28 号坝，至 2014 年完成，设计高程 17.53 米，完成石方 2.6 万立方米，投资 385.8 万元。

卞家险工 光绪二十四年（1898 年）始，建 1 号～ 3 号、5 号、7 号～ 9 号坝秸埽。1923 年，修建 11 号～ 18 号坝秸埽。1935 年，修建 4 号坝秸埽。1948 年，修建 6 号、10 号坝秸埽，改建 8 号坝秸埽为砖埽。1949 年，改建 4 号、5 号坝秸埽坝为砖埽坝。1955 年春，改建 1 号～ 13 号坝为乱石埽。1958 年 6 月，改建 14 号～ 18 号坝为扣石埽。1964 年 5 月，加高改建 5 号～ 8 号坝，10 号坝改为乱石坝。1965 年 10 月，加高改建 1 号～ 4 号坝为乱石埽。1966 年 4 月，加高改建 9 号、11 号、13 号坝。1979 年，改建加高 1 号～ 18 号坝为扣石坝。1981 年春，加高 1 号～ 18 号坝。2012 年始，至 2014 年完成，改建 1 号～ 18 号坝，设计高程 17.55 米，完成石方 8496 立方米，投资 108.6 万元。

常家险工 清光绪二十四年（1898 年）始建，又称二棚险工，位于临黄堤桩号 214^{+170} ～ 215^{+790} 之间，工程长度 1490 米，护砌长度 1620 米。1947 年，黄河归故，进行加固加修。1978 年后，对险工坝基、坝身相应加高加固。1988 年，后彩控导工程 1 号、2 号坝脱险，3、4 号坝合并于常家险工，编为新 1 号、新 2 号坝。1986—1990 年，1 号～ 14 号坝由乱石坝改建为粗排坝。1993—1995 年，24 号～ 33 号坝拆改为扣石坝。1999 年，新 1 号、新 2 号，10 号～ 14 号，27 号～ 29 号坝改建加固。

常家险工

王院险工

王院险工 清宣统二年（1910 年）始建。1967 年前，由秸、柳、砖埽坝组成。1967—1985 年，全部达到石化标准。1986—1987 年，45 号～ 47 号坝由乱石坝拆改为粗排坝。1988 年，大白控导工程共有坝垛 5 段。其中 3 段淤积脱险，另 2 段合并于王院险工，编为新 1 号、新 2 号坝。1992 年，30 号～ 31 号坝由粗排坝拆改为扣石坝。2012 年始，随着第四次大培堤，拆除新 1 号、新 2 号、1 号、3 号、5 号坝。2014 年，在王院险工 7 号坝上新建险工 1 段，与 7 号坝相连接，长 342 米，设计高程 17.33 米；改建 46 号、47 号坝，共长 213 米，设计高程 17.17 米，完成石方 1.16 万立方米，投资 488.19 万元。

纪冯险工 1949 年始建，位于临黄堤桩号 128^{+550} ～ 128^{+940} 之间，修做乱石坝 3 段，工程长度 390 米，护砌长度 410 米，今有老 1 号～ 3 号坝岸 6 段。1979 年，该险工加高改建。是年，经山东黄河河务局批准，并将原纪冯控导工程改为险工修守。1989 年 5 月，改建 1 号坝乱石坝为扣石坝。1999 年 11 月，加高改建新 2 号、新 3 号坝。

控导工程

1950 年 6 月，山东黄河河务局在章历县姜庄（今属章丘市）试办护滩工程，亦称控导工程。此后，按照统一规划的治导线在沿河逐步修建，用以保护滩岸，并与险工配合，束水导流，限制河道横向摆动，将河槽固定于河道中位。

1954 年始，在境内河段建大白、后彩两处控导工程。随着河道溜势变化，又先后修建宋家、宁海、纪冯、寿合 4 处控导工程，后寿合控导脱险。至 2002 年，又先后新建、改建宋家、宁海控导工程，并将大白、后彩、纪冯 3 处控导工程与险工合并，至此基本控制住河道的变化。2006 年，对宁海控导实施维修养护工程。

2012 年始，胜坨镇实施防洪工程，重点对辖区内黄河滩区生产堤进行治理。先后对梅家滩、棘刘前彩滩、苏刘海西滩、张西苏家寿合滩 4 个滩区的险工段生产堤进行加固。2014 年，胜坨镇新建埽头 6 座，用建筑垃圾护坡 600 米，加固堤岸 2000 米，投资 310 万元。

境内河段控导工程修建情况表

表 4

护滩名称	始建年份	坝岸垛段数				工程长度（米）	护砌长度（米）	1983 年防洪水位（米）	坝顶高程（米）	根石顶高程（米）	备注
		计	坝	岸	垛						
合计		36	6	5	25	3000	1870				
大白	1954	4	4	1		320	150	17.26	14.89 ~ 16.70		8 号坝已脱险
后彩	1954	9		2	2	300	190	17.04	16.54 ~ 16.65		1、2 号坝脱险
宋庄	1955	18		2	16	1620	890	16.78	13.08 ~ 16.16	11.60 ~ 11.86	
宁海	1957	6	1		5	490	380	16.78	12.63 ~ 15.16	11.38	
纪冯	1957	3	1		2	270	260	16.10	12.43 ~ 13.69	10.44 ~ 11.11	

防洪防凌

汛情

凌汛 每年 12 月至翌年 2 月，时值冬季，黄河有一个淌凌—封冻—开河（解冻）的过程，这时期易发生冰块拥堵、泄水不畅的情况，称为凌汛。

桃汛 3、4 月份，气温回升，黄河上游冰雪融化，河水渐增，一般年份可达 2000 立方米 / 秒，时值桃花盛开，故称桃汛。

伏汛 7、8 月份，黄河中、上游出现暴雨，雨水汇入黄河，聚成较大或特大洪峰，并挟带大量泥沙而下，时值三伏季节，故称伏汛。

秋汛 9、10 月份，秋雨连绵，所聚洪水较大，持续时间较长，含沙量较小，冲刷能力强，严重威胁下游堤防工程，时值秋季，故称秋汛。

伏秋大汛 伏汛和秋汛时间衔接，又是主要洪水期，故称伏秋大汛。

民工在黄河防汛期打桩固埽

防洪

清末与民国年间，黄河防汛仅以守卫大堤不决口为要务，受技术条件限制，没有明确的防洪指标。解放后，党和人民政府把黄河防洪列为重要的政治任务，以保证

民工在装填黄河防汛沙土袋

不决口为基本目的，并采用现代化科学技术，依据黄河水位和河道变化情况，确定防洪指标。根据历史特大洪水情况，黄河水利委员会确定黄河防汛任务，以防御花园口站 2.2 万立方米 / 秒洪水为目标，防御洪水设计基准年为 1983 年。1983 年，1 万立方米 / 秒洪水到达境内，主要险工水位：胜利 15.80 米，路庄 15.15 米，纪冯 14.17 米。

2006 年 7 月 11—14 日，宁海控导新 3 号坝 ~ 老 1 号坝陆续出现根石塌陷、坝身掉蛰险情。黄河流量 560 立方米 / 秒 ~ 710 立方米 / 秒。根据险情，采取抛散石、抛铅丝笼、抛柳石枕等抢险措施，人机配合、机机配合的方法，连续作业，抢险修复，险情得到控制，并恢复工程原貌。

防凌

黄河有十年八封河之说。封河时间多数发生在 12 月中下旬，封河速度有时可达 100 千米 / 天。有的年份一次性封河，有的年份则几封几开。黄河开河一般发生在 2 月中下旬，有的年份早至 1 月中旬，晚至 3 月中旬。有“文开河”和“武开河”两种类型，以“武开河”危害最大。

1973 年防凌抢险 1972 年 12 月 16 日，境内河段封河，是月 25 日一度开河，冰凌局部滑动，26 日开至西宋公社（今属垦利街道办事处）十八户闸，插塞壅成冰坝。临黄大堤偎水，堤前水深 1 米 ~ 1.5 米。至翌年 1 月 2 日二次封河，向上至惠民县，总长 137 千米。17 日起气温回升，三门峡库区融冰下泄，凌峰流量 872 立方米 / 秒。至 19 日 4 时，冰凌开至纪冯插塞，壅成高达 7 米的冰坝，河水陡涨，从纪冯坝头至义和险工冰水漫溢，580.5 公顷滩地被淹，12 千米长的临黄大堤偎水，堤前水深 1.5 米 ~ 2 米，小苏庄（1956 年与小刘村合并为苏刘大队）处于冰水包围之中，路庄以下河段水位超过 1958 年洪水水位 0.3 米 ~ 0.83 米。19 日 9 时，宁海民埝被冲开 3 个宽 30 米 ~ 50 米、深 3 米 ~ 4 米的口子，冰水直冲临黄大堤，致其严重坍塌。民埝上的 74 户群众陷于冰水之中，房屋大部进水，其中 24 户民房倒塌 84 间。纪冯以上宁海、辛庄公社滩地全部被淹没。垦利县、惠民军分区、胜利油田等有关负责人赶赴现场指挥抢险，并调动部队参加抢险。抢护堤脚的装土麻袋投放下去旋即被急流冲走，情况十分危急。解放军战士首先跳入 1 米多深的冰水中，数十名基干民兵、胜利油田职工也相继而下，用身体阻挡激流，抢护坍塌堤脚。同时，调来解放军炮兵部队和爆破队，集中轰炸和爆破冰坝冰堆，开通溜道，洪水下泄，黄河转危为安。至23日，全部冰凌开通入海，凌汛安全度过。

通讯

明万历二年（1574年）始，即照“飞报边情”的办法，设置塘马驿站，每15千米为一节，一日夜驰送250千米，传递黄河汛情，其行速快于洪水流速。清沿用明制。光绪二十八年（1902年），山东巡抚周馥于济南设立官办电局一所，黄河两岸重要险工设立分局，使用电话传递汛情。时经6年，山东省沿河架设通讯电线路750千米，右岸通至宁海，左岸通至盐窝。

民国初期，战事迭连，电话线路屡遭破坏，屡坏屡修。至1938年6月，右岸修复至小街险工，左岸修至王庄险工。右岸小街险工为南四分段第三防汛驻地，分段长室与汛长室内各设单机一部，为瑞典产AB128型话机。通讯线路为杂木杆，单线条，采用单点定时通话的办法。线路架设及维修等，均由总段办理。总段以下无专门通讯机构。

解放初，分段的电话只能通到县段，线路仍是杂木杆，单线条。1952—1953年，县段装设总机和单机，线路更换为杉木杆，双线条。1968年起，逐步完善全县河防系统的通讯网络，通讯质量提高，并用混凝土线杆代替木杆，用钢质线担代替木质线担。1985年，境内黄河河防通讯线路总长119.5杆千米，支线12杆千米，线条392.5对千米。县段设100门总机1台，胜利分段，路家分段分别设总机1台，施工或上防紧急期间可临时搭挂话机，直接接上级修防处。1976年起，县段在防汛防凌中增设无线电通讯联络设备，备有A350型电台2部，对讲机4部。

河防通讯设施为专线专用，归河务部门直接管辖。清末，山东河务局设电局一所于济南，民国期间改称河工公电局，电讯及机线业务均由省局统一管理。解放后，设局、处、段三级电话站，分级管理。

1985年，在1号河段铺设河底电缆，内含16对，长4.5千米。1998年，黄河通讯新设 450 兆固定台系统，包括胜坨境内的各河务段普及通讯设施。至 2014 年，河防通讯设备均用现代化移动通讯设备。

水沙利用

黄河水质好，含盐量少，含有机质多，氢离子浓度在 8 ～ 8.3 之间，属弱性碱水；总硬度每升 3 毫克～ 6 毫克当量，属弱硬水，矿化度每升小于 1 克，为境内工农业生产和居民生活用水的主要水源。

泥沙含量

黄河水含有大量泥沙。利津水文站实测，1950—1982 年，平均年来沙量 11.79 亿吨，最大年来沙量 21 亿吨（1958 年），最少年来沙量为 2.42 亿吨（1960 年）。年内沙量分配以 8 月份为最多，1 月份最少。平均每立方水中含沙量 25.66 千克，洪水最大含沙量为每立方米 222 千克（1973 年）。来沙大部分属于颗粒较细的悬移质泥沙，粒径在 0.025 毫米以下。每立方米泥沙一般含氮 0.55 千克，含磷 1.05 千克，含钾 2.14 千克，极适宜于农田灌溉和淤地改土。

1986—2002 年，年均输沙量为 3.38 亿吨。最大输沙量年为 1988 年，8.12 亿吨；最小输沙量年为 1997 年，0.15 亿吨。含沙量平均为每立方米 22.2 千克。最大平均含沙量年为 1988 年，每立方米 41.9 千克；最小平均含沙量年为 2001 年，每立方米 4.2 千克。

黄河泥沙多集中于汛期，水多沙多。据 1987 年以来的资料统计，汛期多年平均值 3.537 亿吨，非汛期来沙量年平均 0.5 亿吨。1986—2006 年，黄河利津水文站年平均径流量 179.33 亿立方米，年平均输沙量 2.26 亿吨。2007—2014 年，黄河利津水文站年平均径流量 114.28 亿立方米，年平均输沙量 0.83 亿吨。

引水设施

新中国成立初，境内以兴建虹吸管为主要引水方式，规模较小。自 1964 年始，在临黄大堤上相继兴建和改建一批引黄淤灌和提水工程，在淤地改碱、农田灌溉和工业生产、城镇绿化及人畜等方面用水起到主要作用。

佛头寺虹吸管 位于胜利险工，1953 年兴建，1962 年拆除。山东省水利厅设计施工，铺设管径 0.77 米的虹吸管 2 条，供广饶县六户试验站灌溉用水。同处，又于 1956 年兴建管径 0.9 米的虹吸管 2 条，惠民专署设计，广饶县水利局组织施工，供广饶县宁海、董集、辛店三区及五一农场、广北农场用水。1966 年建胜利闸时，虹吸管被拆除。

路家庄虹吸管 位于临黄堤桩号 216^{+060} ~ 216^{+100} 处。1955 年，惠民地区水利指挥部设计，利津县组织施工，铺设管径 0.77 米的虹吸管 1 条，供宁海区农田灌溉及人畜用水。1956 年，惠民地区水利指挥部设计，广饶县组织施工，增建管径 0.9 米的虹吸管 2 条，供宁海、民丰、永安等区乡部分农田灌溉及人畜用水。工程均于当年建成放水，至 1959 年运行正常。后因排水系统不健全，灌区内的耕地盐碱化面积逐步扩大，加之渠首渠道淤积严重，高处的农田不能自流灌溉，于 1960 年后停止使用，1963 年全部拆除。1964 年 4 月，在该处新建管径 0.9 米的虹吸管 2 条，山东黄河河务局设计，利津黄河第二修防段组织施工，同年 11 月竣工，解决了宁海区农田灌溉及稻改用水。1965 年，再增建管径 0.9 米的虹吸管 3 条，山东黄河河务局设计，垦利黄河修防段组织施工。以上 5 条虹吸管，设计引水流量 5 立方米 / 秒，设计水位 9.40 米，防洪水位 14.54 米。实用钢材 64.7 吨，水泥 250 吨，投资 7.86 万元。经过近 20 年的运行，管道锈蚀严重，最后有 4 条管道不能引水。1984 年 4 月开工，至 1985 年 9 月竣工，胜利油田投资，山东黄河河务局规划设计室设计，垦利县水利局组织施工，将其改建成管径 0.9 米的虹吸管 4 根。设计引水流量 4 立方米 / 秒，临河水位 9.5 米，背河水位 8.8 米。搬动土方 8.7 万立方米、石方 2513 立方米、混凝土 150 立方米，实用人工 11.5 万工日，投资 113 万元。

胜利引黄闸 位于胜利险工 18 号 ~ 19 号之间。1966 年 2 月 16 日开工，4 月

胜利引黄闸

30 日竣工，5 月 1 日正式放水启用。山东黄河河务局设计，垦利县建闸指挥部施工，设计引水流量 15 立方米 / 秒。为 I 级建筑物，厢式涵洞，3 孔 1 联，孔口高宽各 2 米，灌溉面积 6667 公顷。设计水位 15.10 米，防洪水位 15.10 米，底板高程 8.05 米，堤顶高程 18.59 米，启闭能力 20 吨。1988 年，因设计标准低拆除重建，山东黄河河务局设计院设计，胜利油田投资 566.12 万元，东营市胜利闸建设指挥部施工。2012 年 10 月 22 日开工，2013 年 3 月 31 日竣工，建成东营市胜利引黄闸前泵站工程，东营市水利局灌溉管理处建设。泵站由连接段、自流闸、泵室、出水池、变配电设施、管理站等部分组成，总投资约 2301 万元。该工程主要解决胜利油田及垦利县胜坨、董集、郝家等乡镇的工农业生产和城镇生活用水。

王院活动虹吸管 位于王院村临黄堤桩号 213^{+960} 处，1968 年 5 月兴建，铺设管径 0.7 米的活动虹吸管 1 条，解决王院、棘刘村背河口门低洼渗水、淤背固堤等问题。该虹吸管设计引水流量 0.8 立方米 / 秒。1977 年拆除。

纪冯扬水站 位于纪冯险工 2 号坝上，1982 年建成，与纪冯闸组成配套工程，解决黄河南展宽区尾部农业及群众生活用水。该扬水站由垦利县水利局设计并组织施工，设计流量 4.0 立方米 / 秒，规划灌溉面积 4000 公顷，投资 53.39 万元。

纪冯引黄闸 位于临黄堤桩号 224^{+450} 处，于 1983 年 3 月动工建设，是与纪冯扬水站相配套的引水工程。为 I 级建筑物，一孔一联钢筋砼厢式涵洞，钢筋砼平板式闸门。设计引水流量 4 立方米 / 秒。山东黄河河务局设计院按 30 年防洪标准设计，惠民黄河安装队垦利水建队施工，设计防洪水位 18.50 米，规划灌溉面积 2667 公顷。国家投资 21 万元。该闸主要用于黄河南展宽区内农业及人畜用水。

宋庄扬水站 位于宋庄控导 15 号坝上，1988 年建成，解决宋庄至纪冯滩内土地灌溉和黄河南展宽区群众生活用水。垦利县水利局规划设计，宁海乡组织施工管理，设计流量 0.8 立方米 / 秒，灌溉面积 2567 公顷。投资 24.3 万元，国家、地方各占 50%。

路庄引黄闸 位于路庄险工 6 ～ 8 号坝上，临黄堤桩号 216^{+181} 处，于 1996 年修建，为 I 级建筑物，三孔一联钢筋砼厢式涵洞，钢筋砼平板式闸门，解决垦利县城、黄河南展宽区内工农业生产和城镇生活用水。山东黄河河务局设计院设计，东营市路庄引黄闸工程建设指挥部施工，设计流量 30 立方米 / 秒，防洪水位 18.10 米，灌溉面积 2667 公顷。垦利县投资 735.96 万元。

路庄引黄闸

海东扬水站 位于宁海控导新 3 坝与新 4 坝坝裆，2000 年建成，解决纪冯滩区和海东、海西及苏刘等村农田灌溉用水。垦利县水利局设计并组织施工，设计流量 0.6 立方米 / 秒，灌溉面积 200 公顷。垦利县投资 16 万元。

胜利社区抗旱应急泵站 2014年3月修建，设计提水流量2479立方米/小时，灌溉面积453.33公顷，保障区内棉花、玉米、小麦等作物灌溉用水。灌溉范围西起胜北一支渠，东至胜北一支排，南起胜利干渠，北至胜利路。在严重或特大干旱情形下，可提供农田灌溉用水20.4万立方米，一般情况下可提供农田灌溉水211.8万立方米。胜坨镇人民政府投资535万元。

淤地改土

境内土地为黄河泥沙淤积退海之地，土壤盐碱化程度高，土地贫瘠，未改造前农作物产量低下。随着引黄设施的建成，境内有计划地引放黄河泥沙淤地改碱，造就出大片良田。

胜利罐区放淤 1966年5月胜利引黄闸竣工放水，至2006年累计引水量21.48亿立方米。控制面积8913.33公顷，有效灌溉面积5766.67公顷，灌区上游先后建沉沙水库5座，沉沙面积1666.67公顷，沉沙量630万立方米，淤改土地1266.67公顷。

林子沉沙水库积淤 1966年修建，东西长2500米，南北宽1500米，蓄水沉沙面积250公顷。至1968年，该水库淤平还田。

郑王沉沙水库积淤 1974年修建，蓄水沉沙面积490公顷。至1975年，该水库淤平还田。

黄河南展宽区放淤 1979年7月30日，曹店引黄闸首次启用放淤，历时27天，引水总量6.26亿立方米，最大引水流量570立方米/秒，总落淤沙3660万立方米。1980年夏，第二次放淤，时黄河水量较小，放水时间短，淤地效果不理想。经两次放淤，境内耕地面积增加1993余公顷。1980年，辛庄公社粮食总产量为1010吨；1981年，全公社粮食总产量达到4545吨。

南展宽工程

黄河下游河道从博兴县麻湾至境内东张村段长30多千米，具有窄、弯、险及易决口的特点。两岸堤距一般在1000米左右，最窄处大白对小李险工23号坝仅

460米。麻湾、王庄险工坐弯几乎成90度，一旦冰凌卡塞，水无泄路，水位陡涨极易成险。

1970年5月，水电部副部长钱正英会同黄河水利委员会、山东省革命委员会及胜利油田的负责人查看黄河口，商定河口治理措施，最终形成“南展、北分、东大堤”（即南岸建设展宽区、北岸发生洪水时进行分洪、新修黄河东岸大堤）的意见。1971年9月，水电部批准兴建黄河南展宽工程。1971年10月动工兴建，至1978年年底完成主体工程。

从博兴老于家皇坝至垦利西冯新修一条展宽堤，堤长38.65千米，最宽处距临黄堤3.5千米，与临黄大堤围成123.3平方千米的展宽区，滞洪库容3.27亿立方米。新展宽堤土方工程于1971年10月开始施工，至1972年竣工。新堤完成后，植树12.04万株，绿化面积141万平方米；新建防汛屋76座，守险房两处，共1060平方米；备石3000立方米，新架设电话线路38.6千米。其后在新展宽堤上修建排灌闸5座，以解决展宽区内的排水及灌溉和油田用水。境内的排涝和放淤积水排泄分4片进行。请户干渠以南至展宽区最上端片区，面积29.68平方千米，排涝流量10立方米/秒，由请户闸排入老广蒲沟，由大孙闸排入新广蒲沟；请户干渠以北至胜利干渠以南片区，面积35平方千米，排涝流量12立方米/秒，由胜利干渠闸排入请户沟；胜利干渠以北至路东干渠以南片区，面积44平方千米，排涝流量14立方米/秒，由王营闸排入广利河；路东干渠以北至展宽区末端片区，面积22.6平方千米，排涝流量8立方米/秒，由路东干渠闸排入溢洪河。排涝标准按1964年雨型设计，排涝模数为每平方千米0.32立方米/秒。

在临黄大堤上修建分洪、泄水闸3座。曹店分洪放淤闸位于临黄堤打渔张险工段，于1971年10月26日开工，1973年6月竣工，为桩基开敞式钢筋混凝土5孔结构，每孔净宽12米，设计防洪水位15.7米，分洪流量1090立方米/秒，设计放淤流量800立方米/秒，灌溉引水50立方米/秒。因防洪标准低，在闸前修筑围埝屯堵，待必要时破埝分洪。麻湾分洪闸位于展宽区上端，于1972年10月开工，1974年10月竣工。1975年9月，经充水试验证明各项指标达到设计要求。该分洪闸为桩基开敞式6孔闸型，每孔净宽30米，设计防洪水位17米，分凌洪流量1640立方米/秒。章丘屋子泄洪闸位于展宽区最下端，于1973年10月开工，1976年竣工。竣工当年经充水试验，各项技术指标符合设计要求。在展宽区防洪防凌启用时，可将展宽区蓄水排回黄河，另外也承担排除展宽区放淤造滩尾水。该泄洪闸为桩基开敞式16孔闸型，每孔净宽8米，设计防洪水位16.0米，展宽区分凌水位13.0米时，分泄流量1530立方米/秒。

1971—1973年，修建胜利干渠、路东干渠、请户排灌闸及大孙、王营排水闸。1974—1978年又扩建胜利干渠、王营排水闸。以上7座排灌闸，设计排水总能力159立方米/秒，灌溉引水85立方米/秒。其间，对展宽区内总长83.2千米的17条灌排渠系进行调整，并建设相应建筑物。1979年7月，建成麻湾电力扬水站，设计流量5立方米/秒，主要解决龙居公社（今属东营区）展宽区内土地灌溉提水问题。1979年11月底，建成垦利县一号电力扬水站，设计流量5立方米/秒，补充垦利县的展宽区内外7个乡镇用水不足。1980年，开挖垦利请户至刘王的截渗沟9.9千米，疏浚请户沟8千米。1981年，完成一号电力扬水站两处穿堤涵洞和章丘屋子泄洪闸倒灌淤改工程。1982年，建成罗家电力扬水站。1983年，建成纪冯扬水站及其穿堤涵洞等。1984年12月，建成曹店引黄闸，设计引水流量30立方米/秒，解决油田用水。1996年，在展宽区末端修建东张水库（即胜利水库）。

东张水库

展宽区内时有博兴县、垦利县的80个自然村，耕地6826.67公顷，居民48976人。为保证分洪安全，确定在展宽区内外修筑村台建房安置。考虑到人口的自然增长和在外职工退休后需要安置等因素，共建村台38处，总面积328万平方米，其中展宽区内31处，288万平方米，展宽区外7处，40万平方米。村台高度，展宽区内按展宽堤设计水位超高 0.6 米，展宽区外高于附近地面 1 米～ 1.5 米，边坡 1∶2。展宽堤外村台坡脚外的可耕地一律征购 30 米，作为埝台，归村台居住者使用。展宽区内房屋，1973 年统计共 58143 间，其中公房 915 间，1980 年为 80142 间。房屋迁建国家补助 1079.8 万元。自 1975 年开始，博兴、垦利两县及有关公社均成立迁建组，负责所辖范围的群众迁移建房工作。自 1977 年开始搬迁，至 1979 年年底搬迁全部完成。1980 年年底，补助资金等由指挥部会同两县全面核实结清。1981 年 8 月，山东省人民政府批转山东黄河河务局《关于齐河、垦利展宽区群众生产、生活问题的处理意见》，对于展宽区内的村台加固、群众吃水、展宽区土地放淤改土还耕以及化肥补助等问题均做了适当安排。

展宽区村台工程启用后，随着人口的增长，群众住房紧张矛盾日渐凸显。至 2014 年年底，境内 35 个房台村，其中有 11 个村搬入新建的胜利社区，住进新楼房，有 5 个村实施新农村建设，其余村庄对原来房台进行淤背扩展，住房压力得以缓解。

水土开发

胜坨镇宜农宜开发荒碱地近 5333 余公顷，农业开发潜力巨大。20 世纪 90 年代末，21 世纪初，胜坨累计投资 6000 万元，开发镇村大中型水库 50 座，总蓄水能力 5500 万立方米，对改变农业发展受制于水的被动局面发挥了重大作用。同时，建成以胜利干渠、路东干渠、路南干渠和广利河、溢洪河、六干排为框架的“三灌三排”农田水系网络。2005 年，实施国土资源部在山东省乡镇级投资最大的农业项目胜坨镇 2000 公顷农业开发项目，投资 5237 万元，将其建成精品工程、利民工程、特色工程。全镇农田沟、渠、路、林、桥、涵、闸完善配套，达到旱能浇、涝能排的目标，农业生产条件显著改善。

农田水利基本建设

新中国成立前，境内没有系统的排水体系，依靠自然形成的河沟排水，“大雨大灾，小雨小灾，无雨旱灾”。新中国成立后，大搞农田水利基本建设，除修筑黄河堤坝外，先后开挖出广利河、溢洪河、六干排等排水河道，基本解决排涝问题，有效改善工农业生产条件。20 世纪 50 年代起，境内因地制宜，展开以治水改土为中心的农田水利基本建设，开挖和疏浚排涝治碱沟河，疏通地面排水和地下排碱通道，有效控制地下水位上升，同时利用黄河水沙资源，修建引水渠道建设灌区，放淤改土，治沙治碱。至 1986 年，兴修成一大批引水、灌溉和蓄水等工程。1986—1993 年，重点实施引黄灌溉、农业综合开发和内河治理等工程，改变了境内旱作农业传统模式。1994—1999 年，在水利基础设施建设上，以蓄水工程、农村饮水工程建设为重点，实施大规模的农田水利基本建设，建成一批骨干水利工程。1999—2002 年，胜坨镇借助黄河三角洲国家农业综合开发机遇，解决黄河断流后的缺水问题，掀起新一轮的水利开发热潮，开始由工程水利向资源水利转变，重点进行蓄水工程建设，开挖水库 40 座，总蓄水能力 5000 万立方米。2003 年，南展宽大堤宁海排灌闸的建成投用，胜坨镇以北的土地浇灌得以彻底解决，农业生产用水得到可靠保障。至 2014 年，境内建成镇属扬水站 10 余座，其中较大型的有褚家支、巴东支、巴西支、胜干渠、广利河、胜南、胜北二支等扬水站，总提水能力 20 立方米 / 秒。市属、县属引水干渠有胜利干渠、路南干渠、路东干渠，排水骨干河道有广利河、溢洪河、六干排。

广利河 自境内王营闸始，沿王营村北向东，从皇殿村和尚庄村之间穿过，至六干秦家渡槽拐向东南，出垦利县境，境内长 11.7 千米，主要承担黄河南展宽区内的农业排水。该河原为自然河沟，属季节性排水河道，后经人工多次疏浚，扩建延伸至今之河道。1951 年，自崔家村始，沿王营、皇殿等村一线，顺自然流势进行人工开挖，接入支脉沟，全长 40 千米，完成土方 72.79 万立方米，泄水能力为 3 立方米 / 秒～ 85 立方米 / 秒。1962 年，从王营村向上疏浚，延长该河道 4 千米，完成土方 6 万立方米，控制面积 1333.3 公顷，建桥 2 座。1963 年 11 月—1964 年 4 月，从南顺堤向下疏浚 38.35 千米，完成土方 29.12 万立方米，投资 11.2 万元，补助粮食 7.05 万千克。1968 年，对广利河进行治理，工程起点王营村，止点入海处的防潮坝东侧，全长 47 千米，完成土方 700 万立方米，动用工日 300 万个，建建筑物 11 座，投资 240 万元。1978 年，自王营闸到溢洪河入口以下 1000 米处开始进行疏浚，全长 47 千米，设计河底宽 15 米～ 25 米，边坡 1 : 3，完成土方 350 万立

广利河备战大桥

广利河皇殿拦河闸

皇殿大渡槽

方米，动用工日 170 万个，投资 322.6 万元。1997 年 4 月，对境内河段进行疏浚治理，长度 8.22 千米，疏浚治理按五年一遇除涝标准设计，首端设计河底高程为 3.9 米，末端设计河底高程 2.73 米，水深 2.5 米，河底宽 8.5 米～ 25 米，比降 1∶7000，最大排水量 47 立方米 / 秒。是年，在广利河河桩 3^{+600} 处，修建广利河皇殿拦河闸。该闸为闸带桥开敞式胸墙三孔口闸，闸室底部为三排直径 800 毫米，共 18 根钢筋砼灌注桩，闸孔尺寸为 5.0 米，设计正常流量 47 立方米 / 秒，蓄水能力 40 万立方米。

溢洪河 1951 年，于董集镇小街村向东沿黄河溃决故道开挖出一条防洪、防凌及兼做雨季排涝河道，称溢洪河，用以解除缓解黄河凌汛、伏汛威胁。尾部流入广利河，原长 67 千米，流域排水面积 312 平方千米。起初，境内修建小街溢洪堰及南北顺堤和护庄坝，开辟为溢洪区，时主要目的为防洪、防凌。1967 年春，对王营村至广利河段疏浚，增其排涝能力，长 47 千米。河道按除涝标准为五年一遇设计，底宽 2 米～ 4 米，边坡 1∶3，最大流量 110 立方米 / 秒，除涝面积 66.7 平方千米。完成土方 300 万立方米，动用工日 130 万个，建建筑物 8 座，投资 90 万元，补助粮食 277.87 万千克。

1982 年，分二期对溢洪河进行治理。第一期工期 3 月 25 日—6 月 10 日，崔家村至六干排入口段，长26.8千米，并对彩家庄屋子以上3千米段进行裁弯改道。第二期工程是年12月25日至翌年春，六干排入口至广利河段，长度21.2千米，同时对两侧15条支排入口段进行治理。两期工程共计完成主河道土方121.4万立方米，动用工日90.45万个；完成支排土方3.2万立方米，动用工日1.7万个；建生产桥4座、渡槽1座。该次治理工程总投资283.97万元，实际除涝面积77平方千米。

1995年3月，第三次对溢洪河中上游段进行疏浚治理。一是对中上游段河道疏浚，该段西起胜坨镇北砌石墩桥，东至六干排入口，全长24.3千米；二是对段内两侧支排口治理，每个支排口开挖100米长。此次疏浚治理工程设计标准为五年一遇，比降1∶10000和1∶7000，河底高程首端4.80米，末端2.18米，河底宽8米～13米，边坡1∶2.5。

六干渠 位于境内广利河和溢洪河之间，东西走向。西起胜利引黄闸，东至高盖公社（今属垦利街道办事处），占地为原辛庄、胜坨两公社的土地。干渠设计引水能力15立方米/秒，总控制面积为5.07万公顷，其中耕地面积1.02万公顷。1966年1月，惠民地区佛头寺工程指挥部建立，对原六干渠工程改建扩建，新修建15立方米/秒引黄闸1座，沉沙条渠2条，总长3千米，为胜利灌区主干渠，

六干渠

并修支渠22条，长32.8千米。1967年，在皇殿村以北，沿南顺堤北侧向东，修建三分干1条，长20千米，完成土方16万立方米，输水能力3立方米/秒，承担北顺堤至溢洪河之间2万公顷的耕地灌溉。1979年，对六干渠再行扩建，渠底增宽至9米，比降调整为1∶7000，边坡1∶3，全长39千米，最大输水能力提高到30立方米/秒，正常输水23立方米/秒。

六干排 始于史王村南胜干闸，向东经东王村南，沿六干渠北侧东行，于官庄屋子西穿过东辛公路，经垦利街道高盖村南穿南顺堤，于垦利街道成寨村北入溢洪河，全长25.5千米，流域面积93平方千米。原为六干渠截渗沟，1966年冬动工兴建，1973年、1996年两次对其疏浚治理，为油区、胜利灌区及胜坨镇、垦利街道等区域的骨干排水河道。设计排涝标准为3年一遇，排涝流量为36立方米/秒。

巴东水库 1994年11月—1995年1月，原胜坨镇投资150万元，修建巴东水库，占地26.67公顷，水面20公顷，库容40万立方米，可浇地200余公顷。该水库的建成，完善了巴东村附近荒碱地水系配套。

胜利水库 位于黄河南展宽区东部末端，因其在东张村东南1华里处，始称东张水库。1996年3月开工建设，利用的山东省黄河三角洲农业综合开发等资金，实施一期筑坝工程，库容1500万立方米，总计投资3500万元。2002年始，利用日元协力基金贷款4410万元，实施二期衬砌扩建工程，库容增至2500万立方米，改称“胜利水库”。该水库围坝轴线长9.26千米，坝体平均高度为7.2米，可年供工农业生产用水1600万立方米，居民生活及其他用水1300万立方米，同时能灌溉周边耕地5900公顷，其中稻田2500公顷，鱼池700公顷。

胜坨镇小型平原水库统计表

表5

名称	库容量（万m²）	建设年份	备注	名称	库容量（万m²）	建设年份	备注
宁家水库	65	1984		海南水库	20	1997	
三坨水库	80	1996		海中北水库	20	1997	
工农水库	30	1996		小巴家水库	20	1997	2010年复为耕地
三佛水库	35	1996	2010年复为耕地	坨东水库	50	1997	2013年复为耕地

续表

名称	库容量（万m²）	建设年份	备注	名称	库容量（万m²）	建设年份	备注
褚家北水库	10	1997		郑王水库	55	1997	
海北干北水库	10	1997	2010年复为耕地	海西水库	60	1997	
杜家水库	12	1997		坨东三分干水库	20	1998	2010年复为耕地
海中干北水库	15	1997	2010年复为耕地	工农北大荒水库	50	1999	
褚家干南水库	15	1997		尚庄水库	60	1999	
海北水库	16	1997	2010年复整为耕地	坨南水库	12	2000	

农业开发

胜坨境域自2002年开始大规模实施国家级或省、市、县级中低产田改造等系列农业开发项目，对区内土地进行系统改造开发建设。至2014年，全镇共实施较大型农业开发项目21项。

戈武片土地开发项目 四至南起胜利干渠，北至六斗渠，西起胜北四支，东到南展大堤排水沟，涉及戈武村集体土地53余公顷。2002年3月开工，同年12月竣工。搬动土方4.94万立方米，新建各类水工建筑物15座，总投资120万元，新增耕地面积32公顷，年增产值32.84万元。

皇殿片土地开发整理项目 四至北起胜利干渠，南到广利河，东起巴西支渠，西至东营市西外环路，涉及巴西、小务头、尚庄、皇殿、孙家等5个村的土地，属省级投资示范项目。2002年9月开工，同年12月竣工，开发面积404公顷，整平土地搬动土方量42.67万立方米，新建田间道路9.67千米，生产路20.94千米；挖农沟12.3千米，斗沟9.620千米；建斗渠10.750千米，农渠13.370千米，衬砌斗渠8.490千米，修现浇混凝土U型农渠11.570千米。建沟渠涵36座，农渠进水闸32座，节制闸3座，斗渠控制闸3座；植树2.055万株。该项目总投资815万元，其中省投资70%，地方自筹投资30%。

农业开发项目修建水工建筑物

徐王村土地开发项目 位于境域西部，四至北起新型建材厂，南到胜利干渠，西起胜北二支，东到胜北二支排。2003 年 6 月开工，同年 12 月竣工，开发面积 75 公顷。项目区内建斗渠 3 条，农渠 14 条，总长 6.940 千米，搬动土方 3.9 万立方米；建斗排 3 条、农排 14 条，总长 6.640 千米，搬动土方 4.83 万立方米；建斗渠进水闸共 3 个，生产路 17 条长 6.94 千米，搬动土方 5700 立方米，新增耕地 25 公顷，总投资 383.6 万元。

巴东片土地开发项目 位于巴东村以东，六干渠以北，巴东支两侧。2003 年 8 月开工，同年 11 月竣工，开发面积 114.13 公顷。其中，开挖沟渠 51 条长 24.09 千米，搬动土方 20.15 万立方米；新修生产路 43 条，搬动土方 2.4 万立方米；平整土地 90.33 公顷，搬动土方量 11.74 万立方米；蓄淡压碱和施用有机肥均为 90.33 公顷。项目总投资 110.12 万元项目。建成后，新增耕地 73.6 公顷。

胜坨镇国家级土地开发项目 位于镇直机关驻地以北和以西区域，系 2004 年度胜坨镇启动实施的第一批国家投资建设的重点项目，设计总建设规模 1902.47 公顷，总批复资金 4915 万元。2005 年 4 月开工，同年 12 月底竣工。该项目由镇人民政府组织发包，东营水利工程公司等 7 家企业施工，东营开元建设监理有限公司监

农业开发项目新修水渠

理。项目建设平整土地1524.8公顷；开挖沟渠127.05千米，其中衬砌斗渠48.787千米，农渠83.517千米；修筑田间道路44.48千米，其中铺设砂砾石田间道9千米；新建各类水工建筑物520座，其中新建泵站9座；建农田防护林植树31810株；实现项目区内沟、渠、路、林、桥、涵、闸全部配套。项目建成后，净增耕地1263.6公顷，年新增产值2500万元，利润1375万元。

万亩中低产田改造项目 位于镇直机关驻地西部，四至西起胜北二支渠，东至胜北三支排，北起胜利路，南至六干渠，涉及大白、林子、徐王、小白、常家、路家、佛头寺、棘刘、王院、前彩、西街、后彩、辛庄、三佛殿、戈武、周家和宋家村共17个行政村的土地，总人口1.06万人，设计土地开发面积1万亩。2009年10月开工，2010年3月底竣工。该项目投入资金711万元，其中申请中央财政资金280万元，省、市、县财政资金分别是196万元、28万元、64万元。该项目为胜坨镇人民政府组织发包，山东大宇建设工程有限公司等2家企业施工，东营新汇建设监理有限公司监理。项目实施中疏挖沟渠275条长122.6千米，搬动土方55.39万立方米；新建各类水工建筑物182座，衬砌砼渠道4.566千米；沟渠路旁植树4.16万株。项目建成后，年新增产值582.6万元，利润233.04万元。

胥家片土地开发项目 位于境域西部，四至南起胜利路，北至油田生产路，东起周家新村油田生产路，西至周家新村进村路。涉及常家、陈家、路家、宋家、胥家、周家村6个村的集体土地。2010年开发建设，县财政投资122.4万元。项目开发面积82.13公顷，其中平整土地20公顷；开挖斗渠2.529千米，农渠5.549千米，斗沟1.731千米，农沟6.003千米，衬砌水渠165米，搬动土方12万立方米；修建农田水利建筑物66座；修筑田间道5.281千米，生产路8.988千米；防护林网植树0.6万株。项目建成后，净增耕地30.07公顷，年产值67.86万元，利润18.74万元。

黄河滩区片土地开发项目 2013年3月，由镇投资建设，设计总建设规模60.68公顷，新增耕地53.17公顷。分三个区块建设。其一，修筑田间道2条长2100.51米；生产路13条长1844.86米；修建固定排涝站、泵房、变电室各1座；开挖排水斗沟1条长3035.27米，排水沟15条长2375米；建板涵2座，管涵15座；铺设高压线1103.44米，低压线150米。其二，修筑田间道1条长168.49米，生产路3条长520.18米；修建排水斗沟1条长845.06米，排水沟4条长669.63米；新建板涵、移动泵站各1座。其三，修筑田间道2条长2201.03米，生产路2条长235.25米；修建排水斗沟3212.14米，排水沟21条，总长2076.99米；新建板涵2座、管涵21座。

胜坨镇高标准农田基本建设项目 四至北起胜利路，南至董集界，东起南展大堤，西至临黄堤，2013年11月建设，主要修建生产路4条长8.4千米，清淤沟渠29.6千米，新建扬水站2座，维修1座，修建水工建筑物58座，镇投资620万元。

长河落日

胜坨镇志

SHENGTUOZHENZHI

胜利油田发祥地

SHENGLIYOUTIANFAXIANGDI

胜利油田开发会战一角

胜坨镇是胜利油田在山东地区进行整装油田开发最早的地区和主战场，境内有胜坨和宁海两个油田。胜利油田因在境内胜利村附近打出全国第一口日产千吨油井而得名。油田在境内建成一批油地两利、资源共享的水、电、路等基础设施，拉动地方商贸服务业及工业兴起发展，促进地方打破传统农业经济结构，带来先进技术、人才、资金，传播先进文化生活理念，加快了胜坨镇现代化建设进程。全镇树立“地上服从地下，农田服从油田”的大局观念，在油区治安工作中率先探索出“三包四定”治安防范措施，继而探索出工农共建“六联”新路子，又创出“六抓”促“六联”新经验，使胜坨镇成功创建为全国安全文明油区的典范。

油田会战开发

胜坨油田

1955 年，国家决定对华北平原地区展开区域性石油普查。1960 年 11 月，地质部、石油工业部在山东省商河县打华 7 井，发现济阳坳陷第三系地层中有良好的生油层和储油层。1961 年 4 月 16 日，石油工业部华北勘探处 32120 钻井队在今东营市东营区辛店街道东营村附近钻探华 8 井，首次获日产 8.1 吨工业油流，从而发现胜利油田。这是华北平原和渤海湾石油勘探的重大突破，也是继 1956 年发现克拉玛依油田、1959 年发现大庆油田后的中国石油地质勘探的第三次重大突破，实践证明不仅陆相盆地能形成大油田，陆相小湖盆地也能形成多种类型的高产大油田。

1962 年 9 月 23 日，在华 8 井东北 3 千米处打营 2 井，获日产 555 吨的高产油流。这是当时全国日产量最高的油井。为纪念这一日子，石油部华北勘探处对外称九二三厂，即胜利油田的前身。

1964 年 4 月 14 日，石油工业部副部长康世恩宣布胜坨会战开始

1963 年 10 月，在境内坨庄—胜利村构造上打坨 7 井，获日产 36 吨工业油流，发现胜坨油田，为山东省境内实施开发的第一个油田。1964 年 1 月 25 日，中共中央批转同意石油工业部党组《关于组织华北石油勘探会战的报告》，这是继松辽油田大会战之后的又一次重要会战，标志着胜利油田在以胜坨为主阵地的东营地区的勘探会战和开发建设正式启动。是月，中共中央主席、中央军委主席毛泽东同志亲自圈阅了党中央批准华北石油会战的报告文件。石油工业部迅速从大庆、玉门、青海、新疆、四川等石油企业调来精兵强将 2.6 万人，汇集到黄河三角洲上，同山东境内原有的石油队伍会师，组建油田建设指挥部。首先集中力量勘探开发胜坨油田，展开声势浩大的大会战。胜利油田石油勘探开发大军 1 万余人进驻胜坨。顿时胜坨境内变得人来人往，车水马龙，熙熙攘攘，群情沸腾。各生产大队（村）凡是能够腾出来的公房全部住满石油工人。地方领导通过做工作，把无处安身的职工分散到老百姓家里住。当时胜坨一带老百姓住房本来就很窄狭，一家三代挤在三间土坯房的人家比比皆是。为支持国家多产石油，老百姓深明大义，柴门洞开，欢迎这些素不相识的新中国建设者。农村房子多是两明一暗，当地老百姓便把里屋让给油田领导干部和工程技术人员家属住，而自己一家老小挤在两

石油工人钻台作业

明的外间里。有的农户家里住多家油田工人家庭，在屋里扯上铁丝，挂上布帘，一边一家。

1964 年 5 月始，九二三厂集中 12 个钻井队在这一地区展开钻井会战，钻探含油面积和石油储量。时值雨季，平地水深没膝，给会战带来巨大困难。百余吨重的钻机部件，上万吨重的器材，靠广大钻井职工人拉肩扛，趟着泥水，搬运进井场，使会战得以正常进行。3293 钻井队打的一口重点探井发生井涌现象，需迅速采取压井措施。但由于大雨冲坏道路，压井所需的重晶石粉无法用汽车运输到现场。钻井队职工和机关后勤人员靠人背肩扛，趟着没膝深的积水，硬是把 100 多吨重晶石粉送进井场，来回一趟走几千米，从傍晚 7 点干到翌日天亮，井涌及时排除。3205 钻井队打的坨 7 井，位于坨庄—胜利村构造顶部，也是一口重点探井。为抢时间，优质快速拿下这口井，全队职工就近在一个土坝处挖地窝子居住。住上没几天，一场大雨将所有地屋子都灌进水，地屋子里就更加潮湿闷热，居住条件异常艰苦。会战紧张时，钻井工人三五天不脱工服，几天几夜加班加点连轴转。经过钻井工人的艰苦奋战，至 1965 年一季度，完成 24 口探井的钻探任务，为迅速探明胜坨油田奠定了坚实基础。

1965 年 2 月 18 日，全国第一口日产千吨井坨 11 井喷油景象

在坨庄——胜利村构造带石油勘探战役中，1964 年 5 月完钻的坨 1 井首先进行试油工作。同年 6 月 6 日—30 日，对沙二段油层进行射开测试，用 15 毫米油嘴获日

胜坨油区人民帮助油田建设情景

产396吨高产油流。根据这一新情况，会战总部决定以坨1井为中心，按“十”字剖面部署4口探井（坨2井、坨3井、坨4井和坨5井），集中4台钻机，历时两个月，基本探明坨庄构造的含油面积，还复查了会战前完钻的位于胜利村构造上的坨7井（老营5井）。经复查发现油层23层82米，射开24.2米，用15毫米油嘴测试，获日产361吨高产油流。接着，在胜利村构造长轴方向上部署三条剖面共24口井，集中12台钻机，展开勘探胜利村含油构造的会战。1965年2月18日，32120钻井队打的坨11井射开沙二段31层共85.9米油层，用35毫米油嘴测试，获日产1134吨高产油流。这是中国首次见到的千吨级油井。1965年2月，中共华北石油勘探会战指挥部在坨11井现场召开祝捷大会，原石油工业部副部长张文彬到会讲话。1965年3月2日，打的坨9井射开沙二段37层88.9米油层，获日产1036吨高产油流。从1964年5月到1965年1月，仅用9个月时间，基本探明山东境内最大的油田胜坨油田。1971年6月11日，为纪念胜坨石油会战的伟大胜利，经中共山东省委批准，将九二三厂正式更名为胜利油田。

1964年11月—1965年12月，相继建成坨一、坨二、坨三集油站等油气生产设施。1966年，胜坨油田完成建安工作量2120万元，建成各类井口157套、各类站库29座、各种管线293.84千米，架设输电线路203.55千米，在施工质量和建设速度上都体现出高水平高速度。

1967—1970年，油田建设排除“文化大革命”干扰，稳步推进。1970年，胜坨油田年生产能力250万吨，是年生产原油333万吨。1971年始，根据燃料化学工业部“关于高速和稳定开发沿海石油资源”的方针，对胜坨油田进行全面调整，围绕工艺流程进行改造。至1975年，胜坨油田已累计建成500万吨生产能力。1976—1980年，胜坨油田再次进行调整，进一步提高采油速度。1978年总井数达

坨一联合站

到 830 口，生产原油 637 万吨。1980—1990 年，胜坨油田进行全面综合调整。在区域内进行大量的流程改造和油站扩建等工作。至 1990 年年底，胜坨油田共安装各类井口 1265 套、各类管线 1430 千米，建成各类站库 352 座，架设输电线路 460 千米。

1991 年始，胜坨油田产油进入特高含水期，实施以“控水稳油”为重点的系统工程建设，先后综合调整胜 2 区沙三段等 7 个产能区块。1993 年，陆续在坨三站、坨四站、坨五站、坨六站、坨一站安装大罐抽气装置。1994 年，采用玻璃钢管材，对坨三站污水系统进行改造，取得良好效果。原油外输线采用阴性保护技术，防腐效果明显。1995 年，胜坨油田产油 385 万吨。2002 年，产油 289.68 万吨。

胜坨油田生产矿区一角

2006 年，胜坨油田勘探工作锁定深层以及砂砾岩体作为有利勘探目标。全年部署探井、滚动井 14 口，新井日增产油能力 110 吨。2008 年，勘探开发重点以区带综合地质研究为基础，加大新技术、新理论应用力度，总结砂砾岩体分布规律，在胜坨北带中浅层砂砾岩体上钻探取得新突破。全年共实施各类措施 517 井次，累计增油 23.14 吨。2010 年，胜坨南部浊积岩勘探取得新进展，全年完钻 98 口新井，投产 89 口，平均单井日产油能力达 4.2 吨。实施整体注采调整单元 10 个，覆盖地质储量 1.74 亿吨。2011 年，实施“退覆式沉积”模式，深化坨 128-10 块成藏规律认识，部署东扩滚动方案，扩大有利含油面积。

2014 年，按照“横向到边、纵向到底、逐层梳理”的理念，胜坨油田持续深化北带砂砾岩沉积成藏规律认识和精细储层描述技术攻关，优化部署探井 3 口，滚动及油藏评价井 8 口。

胜坨油田开发建设 50 年，累计探明含油面积 81 平方千米，探明地质储量 48407 万吨，累计生产原油 15309.2 万吨，约占胜利油田累计生产原油数量的 19.9%。

宁海油田

1965 年，在境内宁海地区发现断块构造——宁海构造，纳入开发计划，命名

星罗棋布的油气井

为宁海油田，归胜利采油厂管辖。

1982 年 9 月起，对宁海油田进行滚动勘探开发，仅一年时间就探明含油面积，配套建成年产原油 40 万吨的生产能力。1983 年，生产原油 50 万吨。是年，宁海油田油气集输密闭流程试验工程开始做方案，1984 年 4 月，完成设计，全部预算投资 1420 万元。1985 年，该工程由胜利油田油建一公司四大队负责施工。1986 年 6 月，流程投产，投产后相继安装和调试自动化仪表，并根据油田变化作相应整改。1987 年 5 月 1 日，宁海油田密闭流程全部投产。

2006 年，胜利油田地质所勘探室技术人员根据宁海地区复杂的地质构造特点，以钻井资料为基础，对宁海地区坨 94 断层下降盘的复杂断块进行整体研究、评价，先后部署 4 口新井，均取得较好钻探效果。宁海地区坨 166 块完钻的第三口新井坨 166-3 井也取得较好钻探效果。该井电测解释沙二 7 油层 3 层 9.2 米，初期获得日产原油 24 吨的高产油流，探明新增石油地质储量 40 万吨左右。

2008 年，通过对老井资料重新认识评价，利用高精度三维地震资料，成功部署坨 166—斜 1 滚动井，获得日产油 8.6 吨的工业油流，宁海复杂小断块油藏又有新发现，勘探研究进入新阶段。2011 年，实施“退覆式沉积”模式，深化坨 128-10 块成藏规律认识，部署东扩滚动方案，扩大有利含油面积。2014 年，在宁海北带部署坨 193 井，宁海北带砂砾岩勘探取得突破。

驻境油田机构

胜利采油厂

1964 年 3 月 6 日，九二三厂将试油区队更名为试采指挥部，是油田所属从事石油天然气勘探开发的二级骨干生产企业。1965 年 11 月 21 日，九二三厂试采指挥部析出井下作业指挥部，试采指挥部更名为采油指挥部；1972 年 7 月 26 日，采油指挥部更名为胜利采油指挥部；1989 年 8 月 1 日，更名为胜利采油厂；2000 年 10 月 11 日，更名为中国石化胜利油田有限公司采油厂。2014 年，采油厂有三级单位

胜利采油厂一矿办公楼

14 个，基层单位 156 个，用工总量 7646 人。作业范围为垦利县的胜坨镇、垦利街道办事处区域及东营市东营区北部区域，面积 230 平方千米，辖胜坨、宁海 2 个油田。2014 年，生产原油 201 万吨，天然气 7891 万立方米。

一矿 1987 年 6 月 5 日成立。地处境内中部，南靠永莘路，西邻王营河务段，北倚南展大坝。管理着胜一区、宁海油田和王庄油田，下设 17 个基层队，辖区面积约 48.57 平方千米，涉 44 个自然村。

二矿 1964 年 3 月成立，前身是九二三厂试采大队，位于胜坨镇直机关驻地东南 7 千米，永莘路以南，海北、海中、海南三村地界交汇处。1969 年 12 月，该矿更名为胜利采油指挥部一大队，并将大队机关驻地由老试采迁往现址。1987 年 7 月，该大队更名为胜利采油厂二矿，下设 20 个基层单位，管理着胜坨油田二区 1162 口油、水井，107 座计量站、配水间。

作业大队 1969 年 12 月组建，位于胜坨镇直机关驻地东 7 千米处，永莘路北侧，占地 30 公顷。1979 年 7 月，拆分为作业一大队和二大队。1984 年 4 月，成立作业三大队。1986 年 1 月，作业二大队、三大队分别归现河、东辛指挥部管辖，作业一大队更名为作业大队。下辖 34 个基层单位，主要负责着胜坨、宁海两大油田 2300 多口油、水井的井下作业施工任务。

井下作业公司

1965 年 11 月成立，属胜利油田二级单位，主要承担油田海陆勘探试油、油水井大修、套管内侧钻探、地层测试、稠油试采、压裂酸化及疑难区块开发等任务。至 2014 年年底，公司拥有员工 4071 人，各类生产设备 1090 台套。

井下集油站 1997 年 11 月始建，1998 年 8 月投产，位于镇直机关驻地东南 6 千米，坨六站东侧，占地 4 公顷，是集卸油、处理、输油于一体的综合油站，管输进站液量 1300 立方米 / 日，储油能力 1.2 万立方米，日卸液量、处理量 6000 立方米，平均每天外输液量 3000 立方米，年处理规模 45 万吨。

电力管理总公司

1983 年前，胜利油田的电力管理由油田水电指挥部负责。1983 年 9 月，胜利油田成立供电公司。1992 年 12 月，供电公司与油田电力处合并，成立电力管理总公司。公司位于镇直机关驻地东 5 千米处。主要负责胜利油田生产、生活供电保障任务。下设机关科室 16 个，直属科级及科级单位 14 个，三级单位 12 个，用工总量 4836 人。管辖 35 千伏 ~ 220 千伏变电站 182 座，6 千伏 ~ 220 千伏电力线路 685 条 5841.44 千米，电网覆盖东营、滨州、淄博、潍坊 4 个市的 12 个县区 80 多个乡镇，工作区域面积 3.2 万平方千米。2014 年，公司完成转供电量 69.62 亿千瓦 / 小时。

油区共建

油区工作机构

胜坨油田开发初期，华北油田勘探会战总指挥部（简称会战总指挥部）为加

胜坨镇土地油区工作办公楼

强工农工作，成立亦工亦农工作部。中共华北勘探会战总指挥部工作委员会（简称会战工委）副书记焦万海兼任中共垦利县委书记，副指挥李雨轩兼任中共垦利县委副书记并主持垦利县委全面工作，2 名处级干部被派遣到油田重点开发区胜坨公社任职。

1982 年，境内胜坨、宁海和胜利三公社相继设立工农工作办公室，后改称油区工作办公室。工作任务是宣传、支持和保卫油田开发建设；帮助油田解决实际困难和问题；加强工农联盟，搞好工农关系；整顿油区秩序，加强对油、气、水、电等设施和油田物资器材的保卫管理，确保油田各项工作的顺利进行。2001 年 2 月，随乡镇区划调整，胜利和宁海乡的油区工作办公室随之并入胜坨镇油区工作办公室。2002 年 10 月，土地工作并入，更名为胜坨镇土地油区工作站。2005 年 8 月，土地工作析出，复称胜坨镇油区工作办公室。

落地原油回收管理

20 世纪 60 年代中期，胜坨油田开发生产产生的落地原油成为当地农民做饭和取暖的主要原料，一度缓解居民燃料紧缺问题。

60 年代末至 70 年代初，油田生产能力不断扩大，落地原油量也相应增加，油区群众开始尝试利用落地原油烧砖瓦窑。至 70 年代中期，境内的砖瓦窑厂大部分用落地原油作燃料。后期，当地个人或生产队把落地原油收起来装进大铁罐，用土法炼油赚钱。境内出现过土法炼油热，最高年份土法炼油一年可耗掉 6 万吨落地原油，造成国家资源大量浪费，还易引发爆炸、伤亡、污染事故，危及人民群众生命财产安全，成为油区治安不稳定的主要因素，地方人民政府为此做了大量治理工作。

70 年代末，作为对当地人民群众支持油田做出巨大贡献的一种补偿，国家将落地原油交由地方回收。宁海、胜西、海中、海北、胜利等 5 个落地原油回收队成立，队员 60 余人，12 马力拖拉机 15 部。80 年代初，经得山东省经委批复同意，胜利油田会战指挥部提出由地方人民政府组织回收、看管落地原油，并提出将落地原油用于省内的小炼油厂、钢铁厂、玻璃厂做原料、燃料，解决山东省重点企业原料、燃料紧张问题。1986 年，针对落地原油含沙、含水、含杂质严重，油质太差的状况，建立宁海、胜西、海中、海北 4 处落地原油净化站，修建锅炉 4 台，净化池 12 个，对落地原油作净化处理。1991 年，建立胜利村、海南村落地原油净化站，修建锅炉 2 台，净化池 5 个，占地 0.2 公顷，投资 14 万元，管理人员 5 人。1996 年 5 月 6 日，垦利县根据山东省人民政府“加强落地原油的管理，对于处理好工农关系，确保油田生产顺利进行，发展地方经济，具有重要作用，落地原油利益留地方”指示精神，下发关于加强原油管理、禁止私收落地原油紧急通知，加强政策宣传力度，提高群众遵纪守法的自觉性；加强对落地原油回收工作的组织领导，保证原油点滴回收；进一步做好落地原油回收和原油管理工作。1999 年 12 月 1 日始，按照规定，境内原油回收队员正式使用新的“回收证”和回收车辆“标志牌”，原“回收证”和“标志牌”作废。

2002 年 4 月 10 日，垦利县人民政府与胜利石油管理局油地工作处共同签署搞好油区共建工作协议，关闭所有净化站点，解散收油队伍，取消所有回收车辆，收回所有证照。落地原油由油田组织回收，地方维护好回收秩序。

油区治安综合治理

20 世纪 70 年代中期，垦利县地方能源办公室与胜利油田工农处联合设站卡进

油区安全综合治理专项行动动员大会

行检查，对私拉外运原油和物资车辆进行严厉打击，胜坨油区是检查重点区块。80年代初，针对部分收购者非法收购油田废金属，扰乱油区生产生活秩序的情况，胜坨公社油区工作领导小组办公室采取设卡建站、守候检查等措施，堵截非法外运的油田专用物资。

80年代末—90年代初，原胜坨乡（镇）在维护油区生产秩序上探索总结出“乡包矿、村包队、人包井”和“定井位、定人员、定职责、定奖惩”的“三包四定”治安防范措施。1992年，垦利县在原胜坨乡、宁海乡油区推行“三包四定”做法，继而在全县各油区推行，取得明显成效。

1996年初，原胜坨镇修订《油区办综治办工作职责》《综治办工作人员职责》《稽查队职责》《检查人员约法五章》等7项工作制度。胜坨镇强化“油区治安无小事”责任意识，本着“地方出人，油地共同出资”原则，组织成立50余人的8支专职巡逻队和36支192人的义务巡逻队、20支200人的护井队，实施镇、村与辖区内油田二、三级单位“结对子”的联防联治措施，并签订“共建责任书”，进一步搞好油区治安综合治理工作。同时，建立严格的案件查处档案和罚没收缴资金台账管理制度；乡镇与公安部门紧密配合，加强油区治安；坚持流动检查与连续夜查相结合的办法，强力打击违规违法行为，扩大治理深度和广度，强力遏制不法分子违法行为。

1997年年初，胜坨镇制定《1997年油区综治工作规定》《清理取缔非法“三小一点”活动方案》，与油田公安机关协同作战，采取拉网式方式对所辖油区秩序进行集中治理整顿，取缔非法“三小一点”（小化工、小轧钢、小炼油和废旧物资收购点）。对农村供电、供水等管网进行改造，从根本上解决偷水偷电等问题，使油田生产成本明显降低。同年10月29日，垦利县创建全国文明油区现场会在胜坨镇召开。1998年，胜坨镇被中共东营市委、市人民政府及胜利石油管理局授予“创建全国安全文明油区先进乡镇”，被省、市、县授予“省级文明单位”或“社会治安综合治理先进单位”“安全文明乡镇”等称号。

1999年4月14日，全省“维护油区治安稳定，开展油地共建活动”会议在东营市召开，推进油区治理活动开展，使境内全民参与油区综合治理的良好氛围更加浓厚。至年底，原胜坨镇油区治安稽查队共修订制定各项制度、职责及规定24项60条。同年7月，全国企地共建安全社区工作现场会在东营市召开，原胜坨镇及海北村定为现场观摩点，时任镇党委书记王秀华代表中共胜坨镇委、镇人民政府在大会上作典型发言。会议期间，时任中共山东省委书记吴官正、省长李春亭及中央政法委有关领导同志到胜坨镇实地考察油区治安等工作。

1999年7月，全国企地共建现场会与会人员参观胜坨现场点

1999年7月，全国企地共建安全社区现场会

2005—2008年，胜坨镇坚

持“油区治安重中之重”方针，“打防结合、预防为主”工作思路，以创建“平安油区”为目的，与驻境油田单位联合开展集中整治，严厉打击涉油违法犯罪。

2010 年，胜坨镇油区、公安、安监、工商与油田综治等部门联合，对私接乱接油田天然气、私收油田废旧物资器材与原油等问题进行集中治理和专项整治，共计行动 15 次。开展油区治安秩序“百日整治”行动，出动整治车辆 800 余车次，参加人员 1200 余人次。

2014 年，全镇在油区开展以“打团伙、挖窝点”为主题内容的集中整治“百日行动”。对各类涉油违法犯罪线索和非法生产经营窝点开展全面深入细致的排查摸底。在镇综治办统一协调调度下，镇派出所、油区办、工商所、法院、检察院等部门密切配合，对非法“三小一点”、超范围经营化工企业及非法用气户予以取缔，共查处非法运输原油行为 4 次，非法用气点 5 处，涉油物资回收点 2 处。

油地共驻共建

自胜利油田勘探开发建设之始，地方在生活物资供应方面，克服困难优先保障，主动解决好油田职工生活所需；在勘探开发建设用地所需方面，坚持地上服从地下原则，支持油田开发建设。油田在开发建设的同时，坚持基础设施建设兼顾地方利益，带动地方发展，支援地方建设，振兴地方经济，油地双方共同创立共驻共建、共兴共荣格局，形成互助互爱、齐心协力、共同发展的优良传统。

当年胜坨油区人民群众支援油田建设场景

地方服从油田开发

石油勘探开发初期，正值中国三年国民经济困难时期，境内群众生活异常困难。当地农民以地瓜干面为主食，时常吃不饱，常以采野菜、草籽、草根、树皮等充饥。在这种情况下，地方对油田

当地农民投入到石油开发建设中

职工的粮食供应定量千方百计予以保证。大部分供应细粮，少部分供应杂粮粗粮。尤其是胜坨油田开发初期，地方人民政府组织粮油、百货、食品、水产、书店、银行、邮电、公安等部门服务到油田生产工地。在商品紧缺、物资匮乏的情况下，对油田单列计划，本着“紧地方，不紧油田”的原则，将商品及时送到油田单位。

在政策允许的范围内，对于油田打井用地，地方尽最大努力予以支持，实行“先用后征”和“先撤井后结算”方式，保障油田生产不受影响。对辖区内油田所上项目，地方环保部门根据权限，主动审查、勘验，做到把关适度，手续简便，对可上项目，一律从快办理；对油田单位委托监测的项目，做到行动公正、及时、迅速，数据准确无误。地方积极扶持油田第三产业，给予大力支持，做好服务；放宽、放活经营方式，多方面为油田企业提供方便。积极为油田部门提供商品生产信息，使油田三产企业取得更多的直接或间接效益。

20 世纪 80 年代始，胜坨镇按照垦利县的统一部署，积极开展“热爱垦利，热爱油田，工农一家，共兴共荣”的宣传教育活动，宣传中央“统一思想，齐心协力，奋发进取，讲求实效”和中共山东省委“团结、开发、建设”的指示精神，宣传中共东营市委、市人民政府“两个满意，一个放心”的工作目标和“顾全大局向前看，讲团结，求发展”的方针，动员干部群众高举团结旗帜，统筹规划，搞好油地结合，发展油地经济，工农共建富裕文明油区，走兴油富民、共同发展的路子。

1981 年始，胜利油田在境内进行打井作业，试行由地方人民政府包干做群众工作的办法，改变以往油田建设单位逐村逐户做工作易发生工农矛盾纠纷多、施工工程上得慢、生产受影响等状况。地方油区工作办公室为油田代办土地征占手续，组织设置油田施工范围标志，调集、配置油田临时所用民工，保质保量按时完成合同中议定的各项任务。负责协调、衔接油田各工种之间土地占用范围和期限，负责安排井场内物资保卫工作值勤人员，检查值勤人员工作情况。值勤人员根据守则，主动处理好施工过程中出现的工农之间的矛盾，以及损害赔偿等问题，协助油田做好对施工队伍和附近村庄群众的宣传教育工作。

1983—2014 年，境内乡镇油区工作办公室每年都组织一两次大型集中宣传教育活动，出动宣传车，印发宣传材料，张贴宣传标语，开展教育宣传活动，使工农关系日益密切，“地上服从地下，地下兼顾地上，共同开发建设黄河三角洲”的思想意识逐步被广大群众所接受，由被动变主动。油区工作人员，自觉当好油区义务环保队、服务队、巡逻队，义务为油田修理井场、通井路，清理污染土地、污水沟、污油池，帮助油田作业单位处理生产中出现的重大事故，保证油田开发建设畅通无阻。2008 年始，受周边地区不良社会经济发展形式影响，境内也一度出现违法招投标等问题，原有模式及平衡逐步被打破。胜坨镇积极应对，想方设法化解来自多方面的利益群体的诉求，准确定位、不等不靠，充分担当起“一手托两家”的重担，维护保持油区经济形势稳定和繁荣。

油田支持地方建设 胜利油田在境内的规划建设，始终坚持“工农两利，油田与地方共同发展”的方针，做到发展工业和发展农业相结合，工业用水和农业用水相结合，油田防护工程和农田排涝治碱相结合。凡油田建设需要的水、电、路等大型骨干工程，都切实兼顾地方利益，立足带动当地经济发展。1982—1992 年，胜利油田先后支援当地支农资金 700 万元。1996 年，油田单位为地方经济建设投入机械 200 台班，化肥 12 吨，油料 12 吨，管材 1500 米，资金 100 万元。至 2000 年，胜利油田千方百计帮助地方群众开发荒地碱地种植水稻、莲藕，使 1267 公顷旱田具备灌溉条件。

境域在历史上也是一个多水灾、旱灾地区，时常发生大的灾情，给百姓生产生活造成很大损失和困难。胜利油田便帮助地方修筑排涝、抗洪和抗旱工程，提高油区群众抗御自然灾害的能力，最大限度地减少损失。

1985 年初，黄河发生凌汛，水流受阻漫滩，境内滩区耕地被淹。胜利油田广大干部职工心系灾区群众，在积极帮助灾区群众做好恢复生产的同时，捐款捐物支援灾区。

1999 年，为帮助农村加快脱贫步伐，油田单位组织开展包扶乡镇、村工作。胜利采油厂与胜利乡结成帮扶对子，无偿为胜利乡发展经济提供价值 96 万元的物资、机械等。

“六抓”促“六联”机制探索实践 2006年始，中共胜坨镇委、镇人民政府在推进油地双方发展上探索出“工农联心、治安联防、设施联建、生产联营、资金联股、人才联用”的工农共建“六联”路子，深入开展创建“全国安全文明油区”活动，并把这一活动列为“一把手工程”，建立“领导责任制”“目标管理责任制”“一票否决制”等责任制度，完善严格的督查、考核、奖惩、监督等约束机制，保证创建目标全面落实。在创建“全国安全油区”活动过程中，又总结出“六抓”促“六联”的新经验，即观念上抓共识、组织上抓落实、队伍上抓网络、管理上抓规范、治理上抓联动、共建上抓实效，以此来促进“六联”落实。胜坨镇在油区共建工作上，以“服务油田、促进油地结合”为宗旨，树立油区工作无小事的意识，凡涉及油企生产、生活的事，坚持做到急事急办，特事特办，做好超前服务、跟踪服务、善后服务。2014年，胜坨镇与油田结成帮扶对子7个，新建油地工农共建路2条，协调处理工农纠纷50余起，挽回油田损失300万元。同时，镇人民政府坚持教育广大油区群众树立大局意识，正确处理国家、集体和个人三者之间的利益关系，形成油田关心群众利益，群众支持油田建设的良好局面。

“大庆加大寨”试点 胜坨油田开发建设初期，华北石油勘探会战指挥部规划

黄河滩区的“油洲加绿洲”

把油田建设成像大庆一样，油区农村建设成像大寨一样，胜坨油区工农业生产建设成全国的两个先进。

1965年春天，石油部副部长康世恩到胜坨视察，发现群众生活十分贫困，百感交集，便召开有关方面负责人参加的会议，号召在油井最集中的胜坨公社走“大庆加大寨”之路，并作出以海北、海南、海中（合称三海）和郑洼（后改称工农村）四个大队为首批试点村的决定。随后，康世恩带领焦力人、焦万海等油田负责人到郑洼村（今工农村）现场办公，规划村庄建设，安排援建项目，将规划建设的一条南北大道叫工农路，东西方向的村前主街道叫大庆路，村后主街道叫“大寨路”，其他街道依次叫团结路、丰收路、富强路等。计划给村里配套全水、电设施，还要建设大队办公室、商店、阅览室、卫生室等公共服务设施。康世恩将郑洼村改称工农村，以展示工农共建、工农一家亲的欣欣向荣的局面。

是年12月，华北石油勘探会战指挥部开始在胜坨油区抓“大庆加大赛”建设落实工作，指派油田相关各二级单位8000名干部到胜坨公社小宁海一带包村，实行“三同四带”帮扶，即与农民同吃、同住、同劳动，带领农民学政治、学文化、学技术、学科学种田。包村干部住在村生产队办公室，一个月轮换一批。焦万海、焦力人、张慎三等油田负责人，身先士卒，经常把裤腿挽到膝盖，脚穿麻绳凉鞋，到户到田间检查农村生产生活进展情况。发现试点村缺少畜力、肥料、灌溉设备等，亲自调度组织油田有关单位帮助协调解决。从大庆协调调来几十头牛，每个生产队分到3头；从有关部门单位求援协调来大批尿素、氨水、磷肥等肥料，保证了肥料供应；调来安装上油田用的大马力的提水灌溉设备，保证了农业灌溉用水。试点村的水稻开发生产实现当年开发当年见效，并获得大丰收。

1966年1月12日，时任全国人大常委会委员长朱德到胜坨油田视察工农工作，当场作诗予以赞扬：“工农联盟更相亲，亦工亦农结合新，油业旺盛农亦好，社会主义见雏型”，给当地干部群众以极大鼓舞。

同年夏天，石油开发会战需占用大片土地，油区人民心甘情愿地弃小家顾大家，全心全意投入到支援油田的开发建设中。庄稼地，油田也可随时使用，绿灯常开。虽然是有偿使用，但每亩耕地的赔偿费仅28元～33元，未种土地和碾压损坏的土地无赔偿。麦苗，每亩赔偿3元～5元种子钱；成熟小麦，每亩赔偿15元。至2014年的50年内，全镇为油田奉献土地2666余公顷，先后有十几个村成为

1966 年 1 月 12 日，朱德委员长视察胜坨油田

“无地村”，为油田开发建设做出巨大贡献。

正当“大庆加大寨”搞得红红火火的时候，“文化大革命”开始，“大庆加大寨”工作被当成“复辟资本主义”的黑样板遭受批判而停止。1972 年 11 月，恢复“大庆加大寨”试点工作，胜利油田会战指挥部抽调 300 名干部继续深入到胜坨公社的村队实行“三同四带”帮扶一年。1973 年 10 月，又派出第二批 200 人继续抓试点工作，取得显著成效。

【延伸阅读】

一、《余秋里回忆录》节选

集中力量，迅速拿下胜坨油田

华北石油勘探会战，初期是分两个作战地区进行的：一个是山东境内济阳坳陷，主要是其中的东营凹陷（广饶县境内）；一个是天津市、河北省境内黄骅坳陷，主要是北大港构造带和羊三木构造带（黄骅县境内）。华北石油勘探总指挥部统一指挥这两个作战地区的勘探工作，下辖东营指挥部和河北指挥部。经党组讨论，并征得有关省市和中央主管部门同意，决定由康世恩副部长兼任华北石油勘探会战指挥部工委书记、总指挥，吴星峰、张文彬同志兼任工委副书记，唐克、杨文彬等同志任副总指挥。总指挥部领导机关设在东营，主要抓东营地区的勘探。总指挥部其他领导干部和东营指挥部领导班子，以大庆抽调的干部为主，加上华东石油管理局原有领导成员和从其他老油田抽调的干部组成；河北指挥部领导班子，以大庆油田勘探指挥部领导成员为主组成。这样安排既可以保证新区会战从一开始就有坚强有力的领导，又可以结合实际推广、应用大庆会战的成功经验，还有利于新干部的锻炼、成长。

为了准备会战，到1963年年底，东营地区的勘探队伍已经发展到5500多人。1964年初，又从大庆和其他老油田调去了一批干部及专业队伍、配套队伍，特别是从部机关和石油科学研究院等单位，调去了数百名科研、设计和工程、地质干部，还调集了数百台套钻探、运输、机修设备。到年底，会战职工总数达到两万余人，其中打深井的钻井队达到16个，地震队达17个，在东营地区1000平方千米的面积上，多兵种联合作战，进行全面的区域勘探和重点构成的集中钻探。

1964年3月13日，我离京去东营，在现场蹲了1个多月，深入进行调查研究，组织布置会战工作。

……

在东营，我看到工作条件十分艰苦。没有正规的房屋，干部、工人住的是窝棚、茅舍。没有正规的道路，除了一些满是坑洼的车马道路，就是一片片白茫茫的盐碱滩涂。吃的粮食，地方上很照顾，供应了部分面粉，地瓜、地瓜面为主的杂粮也占有一定比例。

关于东营地区的勘探方针和要求，我提出从东营地区的有利条件和复杂情况出发，要采取“区域展开，重点突破，各个歼灭”的方针。区域展开，就是在整个东营凹陷内，根据地质条件铺开找油的侦察工作，全面了解地层、构造和含油气的情况。只有在了解全局情况的基础上，才能准确地选择有利地区，为下一步钻探准备阵地。在东营凹陷5500多平方千米范围内，我们以往仅仅是在北部的370平方千米范围内钻探，现在要在全区域展开，主要是甩到南部和西部去，在广饶县小清河以北的南斜坡部署一些探井，打一个剖面，并在广饶县纯化镇（今属博兴县，编者注）以西新发现的通滨高点和东营构造西南方向的滨南构造高点上部署探井。这样就可以进一步了解凹陷各个部分的内在联系，弄清沉积来源，进而找到更多的新含油气地区。如果我们不采取区域展开的办法，而把几十部钻机挤在一块不大的地方，3000多米深的井，一打就是几个月，力量全被它牵制住了。没有全面情况做对照，局部也难以搞清楚，更发现不了新的阵地。所谓重点突破、各个歼灭，就是选择条件有利的地区，集中兵力打歼灭战，一块一块地解剖清楚，一块一块地拿下来。从当前东营的勘探全局来看，首先应当抓住不放的，就是东营2、4、6号井高产油层带和坨庄构造。对于坨庄构造，要集中力量围攻，先打一个十字剖面，了解它的含油情况。采取重点突破、各个歼灭的办法，可以避免分散兵力，打消耗战的偏向，使我们能在很短的时间内见到实效。这是一个把争取时间，全面了解情况，准备新的钻探阵地，同迅速地、有重点地拿下油田相结合的方针。经过实践的检验证明，这个方针是正确的，在以后的石油勘探中得到贯彻，并有所发展，发挥了重要的指导作用。

……

东营地区的勘探，很快在胜利村——坨庄构造上取得了新的突破。继1963年7月坨7井（即营5井）喷油后，坨1井又获得了高产油流。会战总指挥部决定，从1964年6月开始，集中20多个钻井队详探胜利村——坨庄构造，力求迅速探明含油面积和储量。当时正值雨季，给勘探工作带来了很大困难。会战职工以“铁人”王进喜为榜样，冒着大雨，踩着泥水，靠人抬肩拉，把钻机部件搬进了井场，把器材送到了工地，大大加快了勘探步伐。

井一口一口打出来，试油中都获得几十吨到几百吨的高产量。地质专家都说胜坨构造好、油层好。我想能不能打出一个千吨井呢？坨11井是我在东营时定的井位，1964年年底完钻。地质专家根据录井、地质资料，说坨11井有80多米厚的油层。我让他们将全部油层一次射开，看看能不能出1口特高产井。1965年1月25日，春节前夕，传来了好消息：坨11井试油，通过30毫米油嘴放喷，24小时出油1134吨，日产量果然超过了千吨！我们都很高兴，特地请翟光明等一些地质技术干部吃了一顿涮羊肉，庆贺了一番。这口井日产千吨，连续出油1个多月，大大振奋了人心。到1965年5月，仅用了11个月时间，就基本探明了胜坨油田的含油面积和地质储量。同时还发现了河庄、郝家、广利、纯化、永安、滨南、尚店、八面河等9个油田。

从1966年起，在东营—辛镇和坨庄—胜利村一带发现的油田，正式命名为胜利油田。

继承、发扬艰苦创业的精神

山东地区的勘探工作，一直得到地方上的大力支持。华东局、山东省和上海、南京、苏州市等地方，从设备、人员、生活和物资运输、建筑施工等方面给予了大力支援。特别使人感动的是，山东省除动员地方人力物力，大力支援勘探外，在受灾严重、生活困难的条件下，多方照顾石油勘探职工的生活。勘探主战场所在的广饶等县是老区，也是贫困地区，自然条件很差，交通极其不便。虽然已度过了三年国民经济最困难时期，但那里农民生活仍然非常贫困，以地瓜干、地瓜面为主食，很多人吃不饱，只能以野菜、草籽补充。而地方上对勘探职工的粮食定量，千方百计予以保证，供应的粮食，大部分是细粮，少部分是杂粮。党和人民群众的关心和支持，令人十分感动！

会战一开始，我们就号召石油职工学习、发扬当地人民艰苦奋斗的革命传统，学习、发扬大庆会战的艰苦创业精神。广大职工学习大庆，学习老区人民，积极克服困难搞会战。没有公路自己修，没有吊车和运输工具就人拉肩扛，没有水就自己挖井、积雨水，喝泥塘里的咸水，没有房子就自己搭帐篷、挖地窝子住，口粮不足就吃草籽，自己开荒种地。他们意气风发，斗志昂扬，指到哪里打到哪里，夺取一个又一个胜利。但也有少数同志害怕艰苦，思想波动。在1964年3月的一天晚上，我把东营前线的干部集中到机关大食堂，一起吃了一顿草籽杂粮饭。饭后，我讲了为什么要吃这顿饭，有什么意义。我说：对今天晚上这顿饭，有几种讲法：一种是讲吃得很好，大部分同志表示欢迎；另一种勉强地吃了一顿；还有少数同志，总觉得吃得不那么舒服。有的同志问：这个点子是谁出的？我向大家公开“坦白”，这个点子是我出的。前些天，我从井上回来，到胜利村了解了农民的生活情况。这个村的大队长告诉我，他们这几年遭受自然灾害，现在每人每天的粮食定量只有4两到6两地瓜干。我问他吃得饱吗？他说，他们用黄蒿籽和黄蓿菜晒干，经过加工，掺在地瓜面里，做成草籽团子，有了这个东西，就能吃得饱。他们长年累月这样吃。解放前，他们的生活更苦。我们吃的60%是细粮，40%的杂粮中，不少是小米和豆面，实际上也是细粮。我们同当地群众的生活比较起来，那是好多了。

我们今天吃这顿饭，就是让大家了解当地人民的生活状况，增强阶级感情，增强为人民服务的思想。大家了解这个情况以后，都表示一定要搞好会战，尽快拿下油田，多产石油，回答党和国家的关怀以及人民群众的支持。不然就问心有愧！

在会战过程中，我们要求广大职工，要尊重地方人民政府和群众，并尽可能地帮助他们解决一些实际问题。雨季暴雨成灾，积水排不出来，出现内涝，石油职工动员起来，围堤修渠，保护农田，保护村舍。会战领导机关为解决生产用水和职工吃水问题，修了一条引黄输水管线，凡是水管经过的村庄，都留个口子，接上管线，让当地群众也喝上甜水，从而结束了世世代代喝咸水苦水的历史。通过互相支援，石油职工和当地群众建立了良好的关系，对搞好会战起到了很好的作用。

……

1966年2月28日至3月1日，中央政治局委员、国务院副总理李先念在山东省粟副省长陪同下，视察了东营，听了油田领导同志的汇报，看了油井、集油站和黄河河堤。李副总理说："有这样好的油田，有这样高产的井，到处看到职工朝气蓬勃，真是了不起。"他很关心职工生活，要求东营会战职工种些菜，解决自己吃菜问题。他对粟副省长说："他们要种地，你们就给些地，给些好地。"粟副省长说："没问题，一定给些好地。"在党中央、国务院的关怀和山东省的支持下，胜利油田大搞农副业生产，改善了职工生活，对克服困难、稳定队伍、搞好油田开发建设起到了重要作用。经过第三个至第五个五年计划的勘探、开发、建设，到80年代末期，胜利油田原油年产量突破了3000万吨，成为继大庆之后的我国第二个大油田，为我国原油年产量上亿吨，并保持在1亿吨以上，作出了重要的贡献。

二、千吨井

一

1964年夏秋，雨水频频。时至深冬季节，仍是遍地薄冰积水，路上泥泞不堪。坨11井位于胜利村东南约4.3千米处，设计井深2500米。井位附近积水汪汪，一米多高的枯苇在寒风中沙沙作响。曾打出华北油区第一发现井——华8井的32120钻井队负责这口井的钻探。这是一支以能征善战而闻名的钻井队，全队共有职工77人，大多是部队转业军人。正像后来的几句顺口溜所概括的："大伊发（运输车辆）合同工、工读学生转业兵"。当时的32120钻井队打完华8井后，队长李仲田和指导员魏振家已奉命调走。新任指导员陶洪胜是一个二等残废军人，队长单起文还没到任，任务下达之后，他们刚刚打完营9井。为了抢速度，11月5日，指导员便派二班司钻张琪带领十三名职工组成先遣队赶到约四五千米外的坨11井场，进行安装前的准备工作。他们先用井架围布搭起了两顶帐篷做宿舍，又打来苇草铺在地上。当天傍晚，十三名工人便在这荒原上安营扎寨了。入夜，睡在四面透风的帐篷里，冻得人手脚麻木，缩成一团，呼出的热气在胡须和皮帽子上结成了霜。由于当地农村流行一种很厉害的传染病（有人说是麻风病），不能进村，他们就买来秫秸，运来苇箔，在距九户村半里地的地方扎房架、和泥，搭起了两排"秫秸檩子秫秸梁，秫秸顶子苇箔墙"的简易房子。同时架锅搭灶，安下食堂，形成了一个长方形的"四合院"。4天后，一切准备工作就绪，开始正式搬家。土路松软粘滑，井场轧一次就全部翻浆，汽车开不进井场。全队70多人就人抬肩扛把40多块200多千克的井架配件和其它器材运进井场。泥浆泵、柴油机等较大设备搬运起来困难较大，他们就在地上垫上木杠、钻杆，连拉带撬一米一米地挪到基础上。两个80立方米的泥浆大罐难以整体搬迁，就拆成几大块抬进去，粗犷高亢的劳动号子震撼着荒原。运输车辆紧张，为抢时间开钻，指导员陶洪胜、三班司钻马长明带领20几人徒步返回营9井，踏着泥泞路把部分管线扛到坨11井井场。年仅22岁的实习技术员李宏瑛，北京石油大学毕业后分到32120队，是当时队上唯一的一名女大学生，在没过雨鞋的泥水里，她竟把一个氧气瓶一口气从100多米外扛到井场，又连续往返运送几十千克重的木板。在搬迁安装的日子里，人们的肩膀红肿了，磨破了，一天到晚浑身满是汗水、泥水，可大家的劳动热情却十分高涨。傍晚，时常有歌声飞出简易房，在旷野回荡。十几天过去了，32120钻井队的45米高的钻塔终于裹着十几米高的围布雄伟地屹立在了荒野上。

开钻在即，他们又把水管线一根一根地接到几百米外的水沟边，装上水泵，把水打到井场的蓄水池里。新到任的队长单起文，刚到队上报到，就把铺盖卷往井场上一扔，和工人们一起干了起来，一连几天，不少工人还不知道他是新来的队长。

经过16天的艰苦奋战，搬迁安装任务全部完成。当时的钻井大队大队长姚福林亲自到该井组织开钻。1964年11月14日，他们把四个班分成两个加强班，每个班工作12小时，由原来的一、二班打头阵。激动人心的钻前动员会刚一结束，随着钻机的轰鸣，钻杆便像一条威力无穷的旋转神棒直捣“龙宫”！

二

1964年12月29日，坨11井钻至井深2480米完钻，元月11日完井。该井钻穿了沙一、沙二段共44层，地质专家根据录井和地质资料断定这口井油层厚112米，是当时东营地区所有井中油层最厚的一口。全井共下套管214根，油管229根。元月13日由矿场地球物理站射孔队先射开2181.2米至2242.8米之间的油层，经过5天测试观察产能很高，用15毫米油嘴求产，日产350吨至322吨。消息传来，余秋里部长及会战工委的同志们异常兴奋，决定将全部油层一次射开进行试油。当时，我们还没有一次全部射开100多米厚油层的经验，坨11井是一次大胆尝试。会战工委书记兼指挥张文彬亲自赶到现场指挥，调集了两个射孔队负责射孔。元月25日，这是一个在中国石油工业史上熠熠生辉的日子，随着坨11井闸门的打开，油流像一条巨大的乌龙呼啸而出，撼动荒原，震耳欲聋，用30毫米油嘴求产日产1134吨。为此，《胜利报》的前身——《勘探报》以醒目的1号宋体发了号外，2月2日又在报眼位置刊出消息，并刊发了《在大好的勘探形势下乘胜前进，再夺更大胜利》的社论，向全体会战职工报告了这一振奋人心的特大喜讯。那些日子里，整个战区到处都沉浸在喜悦和激动的气氛里。为了使这口井尽快正规试采，井架还没拆，会战指挥部、会战政治部就组织了以由机关干部参加的1170人的输油管线覆土工程会战，参战队伍士气高涨，群情振奋，从坨11至坨7井1120

米长的管堤只用了半天的时间就全部告捷。负责地面建设的工程二队冒着雨雪开上井场，连夜突击平整井口工程基础，安装出油管线。修建井口房的工人下午6点多赶到井场，连夜施工，第二天早晨，全部完工。

坨11井不仅是一口千吨井，而且从它开钻到油井建设7个方面的22项工作都干出了战区的最高水平。

如果说华8井实现了华北地区找油零的突破，营2井以日产555吨的油流喷出"九二三厂"，那么，坨11井则以日产1134吨的高产油流冲开了详探胜利村的序幕，近而促成了全国第二大油田——胜利油田的诞生。

这是一个惊人的发现，这是一个令年轻的祖国激动不已的发现。只这口井生产一年就相当于新中国诞生时全国年原油产量的3倍，只这口井生产两天半的产量就相当于中国第一口井——延1井27年原油生产的总和！

1965年2月1日是大年三十，一场鹅毛大雪过后，百里战区银装素裹。新春佳节的气氛早被千吨井的喜讯所冲淡。会战工委决定，春节这天上午在坨11井召开祝捷大会。下午至晚上8点通知下到战区各单位后，千吨井成了除夕之夜人们谈论的热门话题。老石油们怎能忘，西方帝国主义的"中国是个贫油国"的谬论，广大地质工作者更忘不了50年代末，苏联地质学家"中国地质构造的形成没有高产井"的蛮横结论。人们扬眉吐气，手舞足蹈地谈着，有的彻夜不眠。第二天，天刚蒙蒙亮，20多辆车一齐出动，分别到采油队、钻井队、机厂等单位接送职工。这天上午刮着6级大风，雪后初晴，天气十分寒冷。一大早，各单位的职工就敲锣打鼓，高唱革命歌曲，兴高采烈，喜气洋洋地乘车驶进坨11井场。根据指挥部的安排，所有参加大会的人，都自带铁锹、镐头、扁担、箩筐等工具参加义务劳动。汽车刚一停稳，大家就跳下车干了起来，有的铲雪、平井场，有的整理散落的管线和泥浆袋。一个多小时过去了，义务劳动结束，开始观看坨11井试喷。为了让北京也能听到喷油的声音，指挥部还把通往北京的电话线拉到井场。百米以外的土油池被五六百人围得水泄不通。坨11井井长李培峰和试采指挥部副指挥刘永超把定闸门，只听一声"开闸"命令，油管线里一条黑色巨龙呼啸而出凌空腾起。"共产党万岁！""毛主席万岁！"掌声、口号声、锣鼓声震天动地，此起彼伏。激动万分的人们有的跳，有的喊，有人把帽子、手套、围巾抛向空中，有的把铁锹、扁担举得很高很高。放喷结束，祝捷大会开始。会场就布置在坨11井井场，值班房上挂着毛主席画像，井场四周的彩旗被凛冽的北风吹得哗哗作响。几张三屉桌一字摆开权作主席台。石油部、会战指挥部的领导坐在木板长排联凳上，参加大会的职工大多站在井场上，有的站在旁边的雪地里。大家忘记了严寒，只顾引吭高歌，《我为祖国献石油》《石油工人硬骨头》的歌声响彻荒原。大会开始，会战工委副书记张文彬同志高度赞扬了“九二三厂”万名职工在十分困苦的条件下全面完成1964年的会战任务。他说：“打出了千吨井，党中央、国务院领导都非常高兴。千吨井大长了中国人民的志气。我们要总结经验，不骄不躁，乘胜前进，为国家找到更多更大的油田。我们在这里站住了脚，就不走了，这里就叫胜利油田吧”。工人也发了言，纷纷表示坚决响应工委的号召，苦干加巧干，早日拿下大油田。石油勘探会战指挥部还特地调配给会战职工每人半斤猪肉，表示对打出千吨井的祝贺和对大家的奖励。祝捷大会在一片欢腾的口号声中结束。

坨11井投产后更名为3819井，最初所产原油并入坨7井新增的储油罐，由几十部车昼夜不停运往南辛店油库，1964年2月份正式输入油站，1967年元月6日首次进行找水作业，该井又更名为3921。

千吨井的发现震动朝野，在中国石油发展史上树起了一块闪光的丰碑，在人们心目中留下了难以磨灭的印象。1965年2月28日，国务院副总理李先念视察油田时，风尘仆仆专门来到坨11井观看千吨井的风采。1966年元月12日，中共中央副主席、全国人大常委会委员长朱德以80岁的高龄来到坨11井视察，并兴致勃勃地观看了该井放喷，欢迎的群众达800多人。之后，许世友等党和国家领导人都曾到该井视察。特别是1984年2月，中共中央总书记胡耀邦来油田视察后，许多记者团、外国参观团纷至沓来，仅1984年千吨井就接待来自国内外的参观团80多个，1500多人。

38年弹指一挥，今日的胜利油田已今非昔比。静静地伫立在已改为注水井的千吨井旁，放眼望去，那泥淖井场，那野苇荒径已不复存在，会战岁月的痕迹已无处寻觅，但看着周围星罗棋布的油井“总觉得当年那些石油先辈的精神仍在这里熠熠生辉，千吨井的呼啸声仍在回荡”。（摘自《胜利油田胜利采油厂志1964—2002》，作者赵风善）

油区晨景

胜坨镇志

SHENGTUOZHENZHI

全国经济强镇

QUANGUOJINGJIQIANGZHEN

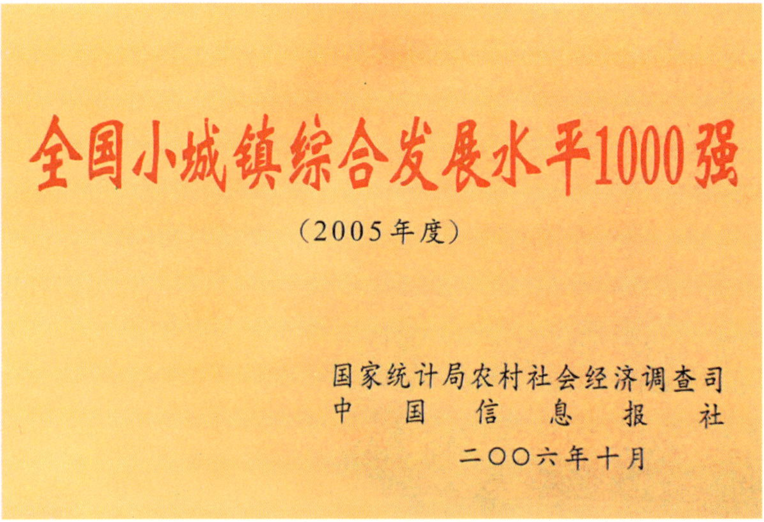

胜坨镇综合实力居东营市“七强”乡镇第二位，原是以粮、棉为主的传统农业乡镇。新中国建立后，农业得到较快恢复和发展。20世纪90年代始，推行高产高效优质农业，农业农村经济发展步入快车道。21世纪始，实施农业产业化，提高组织化水平，改善生产条件，调整种植业结构，逐步形成粮棉、畜牧、水产、桑蚕、林果、蔬菜六大产业。2012年起，全镇大力转方式、调结构，走规模化开发、园区化经营之路，现代化农业建设迈出新步伐。

工业起步于20世纪80年代初，围绕服务油田上项目，一批乡镇企业如雨后春笋般迅速崛起，经济发展实现第一次质的飞跃。20世纪90年代末，率先实施“工业强镇”战略，涌现出万达集团、胜通集团、东辰集团等一批企业集团，实现第二次质的飞跃。2010年始，坚持走“产学研”结合之路，推进高科技工业园建设，实现第三次质的飞跃。2014年，全镇工业企业总产值1073.3亿元，主营业务收入1066.6亿元，利税143.9亿元，利润117.5亿元，跨入全省镇域经济综合实力第一方阵，步入“全国千强镇”行列。

农业六大产业

胜坨农业向以种植粮、棉为主。1992 年始，各乡适应商品经济发展需要，推行科学种田，提升社会化服务水平，积极发展“双高一优”(高产、高效、优质)农业。1996 年始，境域推进农业实行专业化生产、一体化经营、社会化服务、企业化管理，形成贸工农一体化、产供销一条龙的农业产业化格局。2002 年始，进一步调整农业产业结构布局，大力发展畜牧、水产等产业，培植壮大优势产业；大搞农田水利基本建设和土地综合开发，逐步形成粮棉、畜牧、水产、桑蚕、林果、蔬菜等六大主导产业。

众兴小麦良种实验基地

粮棉业

境内粮食作物主要有小麦、玉米、大豆、水稻等作物，小麦、玉米种植面积最大；经济作物主要有棉花、花生、芝麻、蓖麻等，以棉花为主。黄河滩区面积 933

余公顷，是小麦主产区。滩区耕地为黄河泥沙冲积而成，土质肥沃，土地深厚，营养元素丰富，有机质含量高，加之光照充足，气温适中，非常适合种植小麦。所产小麦富含淀粉、蛋白质、脂肪、矿物质及多种维生素，营养价值高，被冠以垦利黄河滩区小麦之称，是国家地理标志农产品。

丰产方 1997 年始，实施小麦、玉米丰产方建设，推进小麦、玉米生产向着高产优质高效方向发展。滩区小麦平均亩产 500 千克，部分地块亩产可达 600 千克以上；宁海西滩玉米亩产均在 600 千克以上，好年景好地块亩产 750 千克以上。随着人民生活水平的提高，早春地膜玉米作为青食进入餐桌，糯玉米、高油玉米、甜玉米等特用品种开始大量种植。2014 年，粮食作物播种面积 4444.9 公顷，总产 2.78 万吨。

棉花 清末始有零星种植。实行家庭联产责任制后，响应国家政策号召，植棉面积大幅上升，棉花生产连年丰产丰收。尤其是 20 世纪 80 年代，曾一度出现卖棉难景象。乡棉花收购站开秤收棉时，棉农半夜早起排队等候，卖棉的车队似长龙排出几里地，有时甚至等到第二天才能卖掉。2002 年，皮棉平均亩产达 57 千克，植棉经济效益较前有明显提高。适应性抗病性强、开花早结蕾大而多、产量高的棉花新品种被大量推广种植，品种一轮轮被更新，皮棉平均亩产突破 90 千克。2014 年，棉花种植 2823.6 多公顷，产籽棉 2837.7 吨。

棉花丰产方

众兴小麦种植专业合作社 2011 年 5 月成立。年种植小麦（鲁麦 23）80 多公顷，获得“无公害农产品”认证，并成功申请注册“垦利黄河滩区小麦”国家地理标志证明商标。同时，开发种植小杂粮、莲藕。该合作社还建有石磨面粉加工车间，生产销售石磨全麸面粉、杂粮面粉等面粉产品。在东营市设直销店 5

众兴农业合作社三角翼小型农用植保飞机作业

个，省内其他城市设直销店6个，太原、洛阳、唐山、北京朝阳、上海浦东等地也设有直销店，打响了“齐鲁众兴”品牌。2012年，该合作社被评为“市级优秀合作示范社”。2013年2月，该社成立伟业家庭农场，间接流转小张村53.33公顷耕地，建立起黄河滩区绿色小麦种植示范园，既把农民从繁重劳动中解放出来，又带动了周边农民致富。

2014年4月，该社与山东省农科院联合成立山东省农科院黄河三角洲众兴小麦博士工作站，依托博士工作站技术力量和合作社土地资源优势，在宁海黄河滩区规划6.67公顷小麦实验田、73.33公顷小麦示范田。实验田采用“两深一浅”小麦种植综合配套适用技术。“两深”即振动深松打破犁底层，促进根系生长；分层深施肥（17厘米～20厘米），提高肥料利用率；适当浅播，确保苗全、齐、匀、壮，提高小麦的抗逆能力，从而实现高产稳产。试验田的小麦平均亩产620千克。是年，该社被评为“山东省优秀示范合作社”，同年被评为“全国示范社”。该社所在地小张村获“山东省一村一品示范村”称号。

畜牧业

中共十一届三中全会以始，随着家庭联产承包责任制的落实，畜牧养殖业发展条件越来越优越。养殖模式由单一散养型向规模集约养殖型转变，各类养殖专业户、养殖大户不断涌现。1990年代始，辖区内兴起畜禽养殖热，呈现蓬勃发展之势。2014年，全镇肉类总产量15480吨，拥有标准化畜牧示范场国家级1处、省级4处、市级标6处，市级畜牧龙头企业3家，畜产品获有机认证3个、无公害认证9个。

坨南村养猪小区一角

生猪养殖 实行家庭联产承包责任制之后，农户养猪积极性陡涨。1985年，生猪存栏量猛增至近2万头。1985年后，其他养殖项目增多，农户栏圈养猪减少，开始出现规模化养猪。2006年，辖区内养猪专业户985户，生猪存栏量3.58万头。2014年，全镇生猪存栏量9.1万头。

肉蛋鸡养殖 养鸡成为部分农户发家致富的重要渠道。进入20世纪90年代，“养鸡热”持续升温，专业户规模饲养大量涌现。鸡的品种不断更新，莱航鸡、星杂288、星杂579、伊沙、海兰等优良品种先后被引进更新，同时引进爱拔盖尔、双A等肉鸡品种，肉食鸡饲养更为突出。2014年，全镇鸡存养量30余万只，蛋类总产量4073吨。

东旭牧业奶牛养殖场

奶牛养殖 2003年，在上

级人民政府倡导支持下，全镇奶牛养殖也迅速发展起。2008 年，“三聚氰胺奶粉事件”发生后，胜坨镇奶牛养殖业也遭受重创，散养奶牛全部被淘汰，继而规模化的奶牛养殖迅速发展。2014 年，全镇建有省级标准化奶牛示范场 2 处，市级标准化奶牛示范场 1 处，全镇奶牛存栏量 2360 头，年产鲜奶 8968 吨。

坨南生猪养殖专业村 1998 年，该村建成全镇（原胜坨镇）第一个生猪养殖小区，投资 100 万元，年养殖规模 6000 头。1999 年，建成第二个小区，投资 150 万元，年养殖规模 1 万头；2000 年 10 月，投资 36 万元，建成养殖小区配套水库 1 座，库容量 20 万立方米。2001 年，建成第三个小区，投资 500 万元，年养殖规模 3.6 万头。3 个养殖小区，总占地面积 13.3 公顷。养殖模式和特点：一是在养殖小区构造上采用绿色环保型，生活区与养殖区适当隔离，化粪池完全封闭，道路宽敞，排污方便；二是在养殖模式上以育肥为主，以单元养殖为主体，打造安全、健康、绿色的品牌；三是在服务管理上采取养猪协会负责饲料供应、防疫免疫、生猪运销等服务，群众省力省心放心。出售的生猪主要被销往广东、江西、福建、香港、澳门地区与日本等地，生猪养殖成为全村支柱产业，该村也成为远近闻名的“养猪冠军村”、全市经济强村。2001 年，该村仅养猪一项年收入 750 万元，人均纯收入 4500 元。是年，该村被评为“市级信用村”，成为全镇首批获此殊荣的村。

伟浩生猪养殖公司 位于境内胜采一矿北 200 米，崔家村西南，辐射崔家、王

伟浩生态养殖公司的林下食用菌种植

营、戈武、坨西、坨南、坨东、小务头7个村，惠及人口1万余人。2008年3月开工建设，修建进园公路1.6千米，建有高标准生态养殖猪舍17栋，配备先进的养猪设备与器械；建有高标准高温蔬菜大棚34栋；建鸡舍6栋、育雏室1栋。拥有技术员5名，其中有2人被纳入胜坨镇新农校师资库。该公司与59家养猪大户签订服务协议，定期提供技术指导和业务培训，在培育一批懂经营、会管理的新型农民养殖大户上发挥了积极作用。同时，还在服务农村、服务农民、带动当地种植业结构调整上起到示范作用。每年培训3000余人次，带动周边3000户群众进行生态生猪养殖、林下畜禽养殖和无公害蔬菜大棚种植，年增产值1320万元，人均收入500元。

水产业

20世纪80年代，淡水养殖进入快速发展时期。1986年，养殖面积100公顷，年产量30吨；1985年冬至1989年春，胜坨、宁海、胜利三乡按照中共垦利县委、县人民政府安排，连续组织大规模沿海滩涂开发，发展海水养殖对虾业，获得成功；1987年，养殖面积116.67公顷，年产量40吨。90年代初期，因受流行性病害影响，对虾养殖大面积发病，跌入低谷。经调整养殖模式和品种，海水养殖业逐步

网箱养殖

复苏，掀起“二次创业”高潮。90年代中后期，引进推广罗非鱼、建鲤、革胡子鲶、澎泽鲫、南美白对虾等新品种，但养殖规模却是稳中趋降。2001年养殖面积47.8公顷，2002年养殖面积30公顷。2008年起，垦利县实施东营市现代渔业示范区建设，胜坨镇（分配给原胜坨、宁海、胜利三乡）的虾池被纳入统一开发建设，胜坨镇退出在该处的水产开发养殖。

21世纪初，淡水养殖品种向名优品种方向转变，通过实践探索总结出“上农下渔”“网箱养鱼”“鱼鸭混养”“稻田养鱼”“稻中养蟹”“大棚养鱼”等多种高效生态养殖新模式，增氧机、投饵机、配方饵料等养殖先进手段大面积应用，养殖新技术迅速推广普及，养殖面积不断扩大。辖区内开始大力建设特色水产养殖园区和龙头企业，调整优化水产养殖结构，加快其产业化、标准化、现代化进程。十里长廊水产养殖区，成为全镇促进农业调优、农村发展、农民增收的水产养殖主导区和示范区。2005年，全镇养殖面积366.67公顷，年产量15万吨左右；2007年，养殖面积1114.67公顷，其中精养面积533.3公顷。2014年，全镇养殖面积1182公顷，总产值26621万元。

上农下渔　亦称上粮下渔，此为胜坨镇在农业综合开发中改造利用盐碱地而所采取的一个重大举措。原黄河南展宽区大坝以里的土地大都是荒碱薄地，由于长期受旱涝盐碱渍的侵蚀，瘠薄、疲羸、荒芜。2002年，胜坨镇借鉴外地经验，结合

上农下渔

本镇实际，通过挖水塘、筑台田、抬田面，降水位、控盐碱、改土质等方式，改造开发利用盐碱地，台上土地种粮棉菜或养殖畜禽，台下池塘里放养鱼虾蟹，开辟出盐碱地开发利用的新途径。在开发工程实施上，由镇人民政府统一规划、组织、施工、高标准建设。指导各村将台田、池塘承包给思想活跃、创新意识强的农户发展种养业，镇农技站技术人员靠上服务指导。几年之后，镇人民政府又聘请水产专家指导，推进水产养殖结构品种调整，放养发展河蟹、南美对虾等高效益品种养殖。2007 年前后，河蟹年亩产近 200 千克，产值 6000 元；南美白对虾亩产 250 千克左右，亩产值超 7000 元，经济效益比原始传统种养模式提高数倍。

蔬菜业

实行家庭联产承包责任制前，瓜果蔬菜一般为零星种植，以自产自食为主，集市销售为辅。之后，农业种植结构大幅调整，种植面积迅速扩大，产量、品质提高都有较大提高。20 世纪 90 年代初，菜农开始引进温室大棚蔬菜种植技术，新的反季节蔬菜瓜果不断落户境内，绿色无公害瓜果蔬菜种植面积日趋扩大。2014 年，种植瓜菜 31.47 公顷，总产量 972.1 吨。品种主要有大白菜、小白菜、韭菜、菠菜、芫荽、芹菜、小油菜、苔菜、茄子、辣椒、白萝卜、胡萝卜、西红柿、大葱、圆葱、莲藕、大蒜、甘蓝、菜花、土豆、山药、南瓜、北瓜、冬瓜、西瓜、甜瓜、黄瓜、丝瓜、西葫芦、笋瓜、玉瓜、豆角、扁豆、芸豆等百余个品种。

2014 年胜坨镇农产品品牌建设一栏表

表 6

认证类别	产品名称	认证机构
有机产品认证	豆角、包头菜、芹菜、小白菜、黄瓜、西红柿、圣女果、辣椒、杭椒、甜椒、苋菜、散叶莴苣、油麦菜、苦苣、菜花、韭菜、玉米、大豆、蛋鸡、鸡蛋、猪	北京五洲恒通认证
无公害产品认证	生鲜牛乳、莲藕、草鱼、猪、生猪、韭菜、辣椒、茄子、西红柿、黄瓜、豆角、芹菜	农业部农产品质量安全中心
	鲜鸡蛋	山东省畜牧兽医局
绿色产品认证	小麦	农业部农产品质量安全中心

桑蚕业

20 世纪 40 年代末 50 年代初，境内村民开始在村头沟边闲散土地上栽种桑树，发展桑叶养蚕业。60 年代末至 70 年代初，开始发展蓖麻叶养蚕。至 80 年代中断。

1995—2006 年，境内实施农业生产结构调整，大力发展植桑养蚕。1998 年，胜坨镇确定桑蚕业为本镇四大主导产业之一，种植桑园 606 余公顷。2002 年始，胜坨镇改革桑园经营方式，实行大户承包，并建成集约化、省力化养蚕大棚 200 栋，扶持养蚕户建大棚，财政给予每平方米 7 元（每个棚补 1400 元）的资金补贴，并给予财政贴息贷款 3000 元。植桑养蚕成为农民致富的一大产业，一般年产鲜茧 5 万公斤，年产值 80 万元。海东村、宁家村发展成为境内桑蚕专业村。至 2009 年，境内进行农村土地经营权流转，调整农业生产结构，养蚕业因价格偏低、相对费时费力等原因停止。

林果业

早在清代，农村就有在宅院的房前屋后和闲散地里种植桃、杏、梨、苹果、枣、石榴、葡萄等果树的习惯，因缺乏果树管理技术和经验，果品产量较低，经济收入也不高。20 世纪 80 年代，佛头寺村开始栽种苹果树，面积 18 公顷。品种是从烟台、青岛、泰安等地引进的红富士、青香蕉、红香蕉、金帅和国光等优良品种。1985 年，产苹果 50 吨。

2005—2014 年胜坨镇林果产量统计表

表 7

年 度	2005	2006	2007	2008	2009	2010	2011	2012	2013	2014
产量（吨）	910	1260	1300	1324	1376	1381	1380.5	1436.5	1418.6	1950

生态农业园区

2012年后，胜坨镇农业发展进入新阶段，探索规模化开发、园区化经营模式，建设集特色种植、养殖、繁育、加工于一体的高标准生态农业示范园区。投资14亿元，打造“一库、两基地、三园、五区”的农业园区建设新格局。

一库

黄河三角洲耐盐碱树种种质资源库 位于天宁寺生态林场中部，2012年10月开工，2013年年底完工，占地201.5公顷，投资3000万元，专门汇集、展示和组培、繁育各类耐盐碱树种，丰富耐盐碱树种的多样性。

两基地

伟浩青少年学生校外活动基地 位于崔家村，2008年3月开工，2009年12月完工，依托伟浩农业生态园，整合现有畜禽养殖、蔬菜种植、苗木栽培等资源，增加科普示范、采摘体验等方面内容，打造安全、规范的青少年学生校外活动基地。

高效克隆快繁竹柳和彩叶林育苗基地 位于郑王村，属于沿黄生态林的一部分，占地面积133公顷，投资4300万元。2012年起，进行规划设计，2015年3月开工建设，主要包括全自动化种苗克隆大棚、全天候生产大棚、育苗基地和采摘园等部分。

三园

巨丰农业示范园 位于常家村，2014年7月开工建设，2015年3月完工，占地200公顷，投资1亿元。该院依托黄河南展宽区土地平整、成方连片、土质较好、农田水利设施配套等资源优势，发展食用菌、林果种植及深加工、农作物良种繁育、用材林等产业，打造绿色品牌，建设集种植加工、旅游观光、休闲娱乐为一体的现代绿色农业示范园区。

宏成农业循环经济示范园 位于境内苏刘村，2013年12月开工，2014年5月完工，占地133公顷，投资2000万元，是集农业种植、农产品加工、生态养殖为一体的农业循环经济示范园区。

宝桢农业生态园 位于境内张西村，2012年3月开工，2013年4月完工，占地面积33公顷，总投资1500万元，是以名贵苗木繁育和有机蔬菜种植为主的精品园区。

五区

胜利南展区绿色农业示范区 位于路南干渠以南、胜利干渠以北、黄河大堤以东、南展大堤以西，2012年3月开工，2014年10月完工，总投资10亿元。该示

南展大堤休闲渔业示范区一角

范区以巨丰农业园区为龙头，建有占地2666.7公顷的胜利南展区绿色农业示范区，主要包括粮食高产示范区和生态片林基地两部分，主攻做大做强“生态南展、绿色胜坨”品牌，解决胜利社区群众搬迁后的生产和生活问题。

南展大堤休闲渔业示范区 位于南展大堤北侧、胜利水库以西、王营闸以东，是在十千米水产长廊基础上发展起来的，全长10千米。2007年起，该项目实施开发建设。首期投资675.8万元，修建鱼塘152个，建成养殖水面373.33公顷，主要养殖南美白对虾、鲤鱼、银鲫、淡水梭鱼、河蟹，年利润1400万元。2008年，区内水产养殖专业户145户，养鱼水面728公顷，养虾373.33公顷，养大闸蟹58.67公顷。2014年，实施改扩建工程，再投资5183万元，向西南延至六干渠，新增面积22万平方米，新建休闲娱乐等系列设施，增加服务功能。其中新整修水池10个；建餐厅1处、管理房2座、木屋5座，建筑面积360平方米；建透水砖铺地广场350平方米，亲水木平台与码头1处850平方米，植草砖铺型停车场1处30个车位；建沥青路面车行道长840米、砂石或透水砖路面人行道长580米、木栈道长400米，宽度分别为5米、2米、2米；种植果林1.1万平方米，大田蔬菜1500平方米，树木2.3万平方米，并配套完善水、电、通讯等工程。该园区是集休闲渔业

华强莲藕生态科技示范区

为主，集水产养殖、休闲餐饮、康健垂钓、果蔬采摘、休闲娱乐为一体的现代渔业示范园区。

南展大堤林下经济示范区　2012 年 3 月启动，是一直在持续建设的一个项目，已投资 5000 万元，依托利用南展大堤生态林带，坚持因地制宜原则，主要发展林下养殖、林下种植、林下休闲等林下经济，增加农民增收渠道。

王营生态畜牧养殖示范区　位于王营村，设计规模 50 户，存栏生猪 1.5 万头。2012 年 10 月动工，至 2014 年完成一期工程，占地 7.3 公顷，总投资 5000 万元。已安置养殖户 25 户，存栏生猪 7500 头。示范区采用“单户生产、集体经营”运行模式。单户成立家庭牧场，再共同组建生猪养殖专业合作社，实行良种繁育、生产管理、技术推广、疫病防控、粪污处理、市场销售“一条龙”统一管理、服务。建有沼气池，发展清洁能源，对生猪产生的粪便，通过沼气池发酵进行无害化处理，生产的沼气、沼渣、沼液等副产品供农户使用。

华强莲藕生态科技示范区　位于天宁寺以北，2013 年 5 月开工，2014 年 4 月竣工，投资 2000 万元，种植莲藕 120 公顷。经营模式为莲藕与泥鳅、草鱼生态混养。

镇

工业主导产业

胜坨镇为工业重镇。该镇现代工业起步于中共十一届三中全会后迅速崛起的乡镇企业。坚定实施“工业强镇”战略，坚持走“产学研”结合之路，经历“劳务打基础，工业上台阶，科技促腾飞”三个发展阶段，实现一次次蜕变，一次次转型，一次次跃升，实现工业经济跨越式发展。

2011 年起，胜坨镇依托工业园区，坚持走大项目带动大产业的路子，积极推动产业集群、集约发展，促进各类要素向优势行业集中，逐步形成以精细化工、橡胶轮胎、石油装备、工业物流为主导的产业体系，规模迅速膨胀，效益大幅提高。中国万达，山东胜通、中国东辰等一批企业集团迅速发展壮大，跻身中国制造业 500 强、中国企业 500 强、中国大企业集团竞争力 500 强、中国民营企业 500 强等国家大型企业行列。

至2006年年底，全镇拥有企业165家，其中规模以上企业21家，形成300多个产品系列1000多个品种的产业体系。5种产品填补国内空白，11种产品获国家重点新产品证书，11个项目列为国家重点技术创新项目，3个项目被国家发改委确定为国家高新技术产业化示范工程。全镇实现工业总产值162.3亿元，销售收入159亿元，利税21.8亿元，利润17.5亿元。

是年，胜坨镇获全国综合实力“千强镇”称号。至2014年，全镇企业总数达到180家，其中规模以上企业52家，建有9家国家级或省级科研院所、2家博士后科研工作站、1家国家级技术中心及若干省、市技术中心等科研机构，拥有“中国名牌”2个、“中国驰名商标”4个、“山东名牌”20个、“山东省著名商标”11个，申请专利600余项。工业企业总产值突破1000亿元，胜坨镇跨入全省镇域经济综合实力第一方阵。

精细化工

1995年，谊海公司成功研制生产出石油助剂，一举成为胜利油田石油助剂主要提供商。2001年8月，和利时石化科技开发有限公司依托胜利油田的丰富轻烃资源，进行精细分馏加工，生产液化石油气、戊烷、溶剂油、粗己烷、正己烷、120#、二氨基二苯醚等多种产品。2002年，旭辰化工有限责任公司投资2000万元，引用国内轻油分离和加工先进设备，生产各类轻烃等产品，年产轻烃类产品

“聚丙烯酰胺”中国名牌产品

“甲醛”样品

10 万吨。是年，山东宇佳新材料有限公司专业生产氮化硅结合碳化硅制品、氮化硅异型件制品。2003 年 3 月，东辰集团生化公司生产的氨基葡萄糖产品成功进入日本和东南亚市场，实现出口创汇“零”的突破；同年 9 月，该集团 9 万吨 / 年甲醇项目投产；2004 年 6 月 16 日，该集团生化公司透明质酸项目完成扩建，年产量达到 3 吨，成为国内第二大生产基地，研制的透明质酸、透明质酸钙等产品获国家发明专利。

2005—2012 年，境内先后上马 160 万吨 / 年低聚物裂化、15 万吨 / 年丁二烯、20 万吨 / 年芳烃联合装置（MCC）、32 万吨 / 年煅后焦、45 万吨 / 年芳烃抽提、10 万吨 / 年甲缩醛、24 万吨 / 年甲醛、6 万吨 / 年混合碳四深加工、3 万吨 / 年农药中间体、1 万吨 / 年医药中间体、20 万吨 / 年炭黑、20 万吨 / 年透明质酸、15 万吨 / 年混合芳烃、10 万吨 / 年塑料抗冲剂、10 万吨 / 年聚丙烯酰胺、3 万吨 / 年白炭黑、2 万吨 / 年 PVC 助剂和 100 万吨 / 年溶剂油等 19 套生产线。

2011 年 6 月，三合新材料科技有限责任公司投资 300 多万元，上马氨基酸项目，8 月份投产；至年底，又投资 1000 万元，与潍坊市昌乐宝都制品有限责任公司合作，建成垦利宝都塑料制品有限责任公司。

至 2014 年，境内形成以医药中间体、农药中间体、绝缘材料、塑料制品添加剂、橡胶制品添加剂、石油助剂、洗涤助剂等为主的九大产品体系，1000 多个品种，获得专利 300 多个。化工企业发展到 80 家，其中规模以上化工企业 32 家，占规模以上企业总数的 61.5%。拥有石化企业 20 多家，是全国较大的芳烃、溶剂油生产基地。万达集团“万全”牌 MBS 塑料抗冲剂为“中国名牌”产品，产销量居亚洲第一、世界第二；“万全”牌聚丙烯酰胺亦为“中国名牌”，产销量居全国第二位。胜通集团层状结晶二硅酸钠为“山东名牌”，生产规模居全国首位。东辰集团建成国内第二大新戊二醇生产基地和第二大透明质酸生产基地，透明质酸国内市场占有率 49%，新戊二醇 39%，形成甲醇—甲醛—新戊二醇产业链条。东营康瑞药业有限公司年产氯乙酰氯（农药中间体）3 万吨，产销量居全国首位。东营合益化工有限公司年产三氟化硼系列络合物（医药中间体）1 万吨，采用的是国内最先进工艺，主导国内该行业标准的起草和制定。

橡胶轮胎

2003 年 11 月始，万达集团投资生产橡胶轮胎，至 2014 年，累计投资 50 多亿元，年产全钢子午胎、工程机械子午胎及轻卡胎 300 多万套，半钢胎 1500 万条，产销量在全国轮胎企业排名中列第 11 位，世界轮胎企业排名中列第 41 位，产品销售遍及国内 30 多个省、直辖市、自治区，并远销 120 多个国家和地区，创出万达宝通、易程德、永通等知名品牌。万达橡胶轮胎工业园为循环经济示范园区，被列入黄河三角洲高效生态经济区总体规划。

“橡胶轮胎”成品

石油装备

20 世纪 90 年代，境内石油装备制造业开始起步，最初以传统工艺加工石油机械零部件为主，逐步转向高科技、专业化、规模化石油装备制造业，形成以抽油机、抽油泵、抽油杆、石油钻机、油田特种设备、石油管材及工具等为主的六大产品体系，400 多个品种，拥有专利 130 多项。

宝世达石油装备产品

存储物流

2010年始，境内工业企业不断做大做强，原材料和产成品运输物流业务需求量逐年增加，以油气储存和运输为主的存储物流业应运而生，蓬勃发展。各级人民政府出台鼓励和引导物流业务与主业剥离的优惠政策，促进了专业化物流公司迅速发展。至2014年年底，园区油品储存、物流以及商贸流通企业43家，各种运输车辆300余辆。

胜坨精细化工园

1999年11月始，原胜坨镇的工贸小区被山东省乡镇企业管理局和山东省建设委员会联合批准为省级乡镇企业示范区。境内宁海乡也积极筹划建设园区。2003年，国家对各类开发区进行清理整顿，胜坨工贸小区更名为胜坨工业园，先后通过市、省和国土资源部审核。境内的宁海和胜利两乡并入胜坨镇后，园区建设统一纳入胜坨工业园区。2006年，山东省发改委将胜坨工业园作为全省8个特色产业园区之一，报经国家发改委申请予以保留。2008年12月，胜坨工业园被国家商务部命名为“中国精细化工出口基地”。2009年，胜坨工业园被纳入垦利县黄河口新型工业区规划建设范围，同时更名为垦利县精细化工园。2010 年，园区通过省级区域环境影响评价。2011 年，垦利县提出实施“一城一带三区”建设，垦利县精细化工园被列为中部新型工业区的重要组成部分，同时更名为垦利县胜坨精细化工园，并纳入东营市“一带一核两极三城六区十园”建设范畴。胜坨精细化工园不仅是本镇，也是垦利县调整振兴化工产业的重要载体。同年 1 月，胜坨精细化工园被批准为“省级精细化工产业集群”。

园区范围

依据《垦利县胜坨精细化工园总体规划（2010—2020 年）》，胜坨镇工业园分为东西两部分，总占地面积 16.43 平方千米。东部工业园，东起油田电力公司，西至胜坨镇直机关驻地，南起永莘路，北至胜利村北 500 米，规划面积约 11.85 平方千米；西部工业园，东起胜坨镇直机关驻地，西至崔家村西 500 米，南起永莘路，北到崔家村，规划面积 4.58 平方千米。

石化工业园

发展目标

胜坨镇根据国家政策及省市县指导要求，将工业园定位为产业结构优化的试验基地，外向型经济发展的桥头堡，展示城市经济发展的窗口，环境优美、特色鲜明的以现代工业为主的综合经济园区，突出“工业新区、科技先导、城市门户、生态空间”四个主题。至 2014 年，园区内工业总产值突破 1000 亿元，成为省级千亿绿色高端产业园区，黄河三角洲上化工产业集聚中心和全国重要的轮胎生产基地。至 2020 年，发展目标是实现地区生产总值、财政收入、出口创汇年均增长 30% 以上，成为全国最大的油田化学品生产基地和山东新兴的化工产业集聚地，全国最大的精细化工出口基地。

建设重点

东部工业园依托万达集团，呈“一个中心，四个工业组团”结构。一个中心即工业园公共服务设施中心，包括行政办公、贸易服务、技术开发和培训、文化娱乐等服务设施；四个工业组团即高新技术产业园区、精细化工产业园区、机械加工产业园区和小型加工产业园区。西部工业园依托东辰集团，建成一个民营工业园，重点发展仓储、物流以及商贸流通产业。近期规划 2014—2015 年，工业园建设向东发展，重点建设南起市北外环路、北至溢洪河、西起丰收路、东至工农路区块，面积 7.45 平方千米。远期规划 2016—2020 年，建设向西发展。近期重点建设南起胜利路、北至溢洪河路，西起水岛庄园、东至丰收路区块，面积 2.89 平方千米。整个胜坨镇工业园区与东营经济开发区、东营港经济开发区、垦利经济开发区等开发区实行错位发展，突出特色，发挥产业基础优势，围绕生物化工、精细化工、橡胶轮胎等重点领域，引进开发市场潜力大、带动效应强、科技含量高、低能耗无污染的项目。

垦利县精细化工园总体规划(2010—2020年)

规划结构图

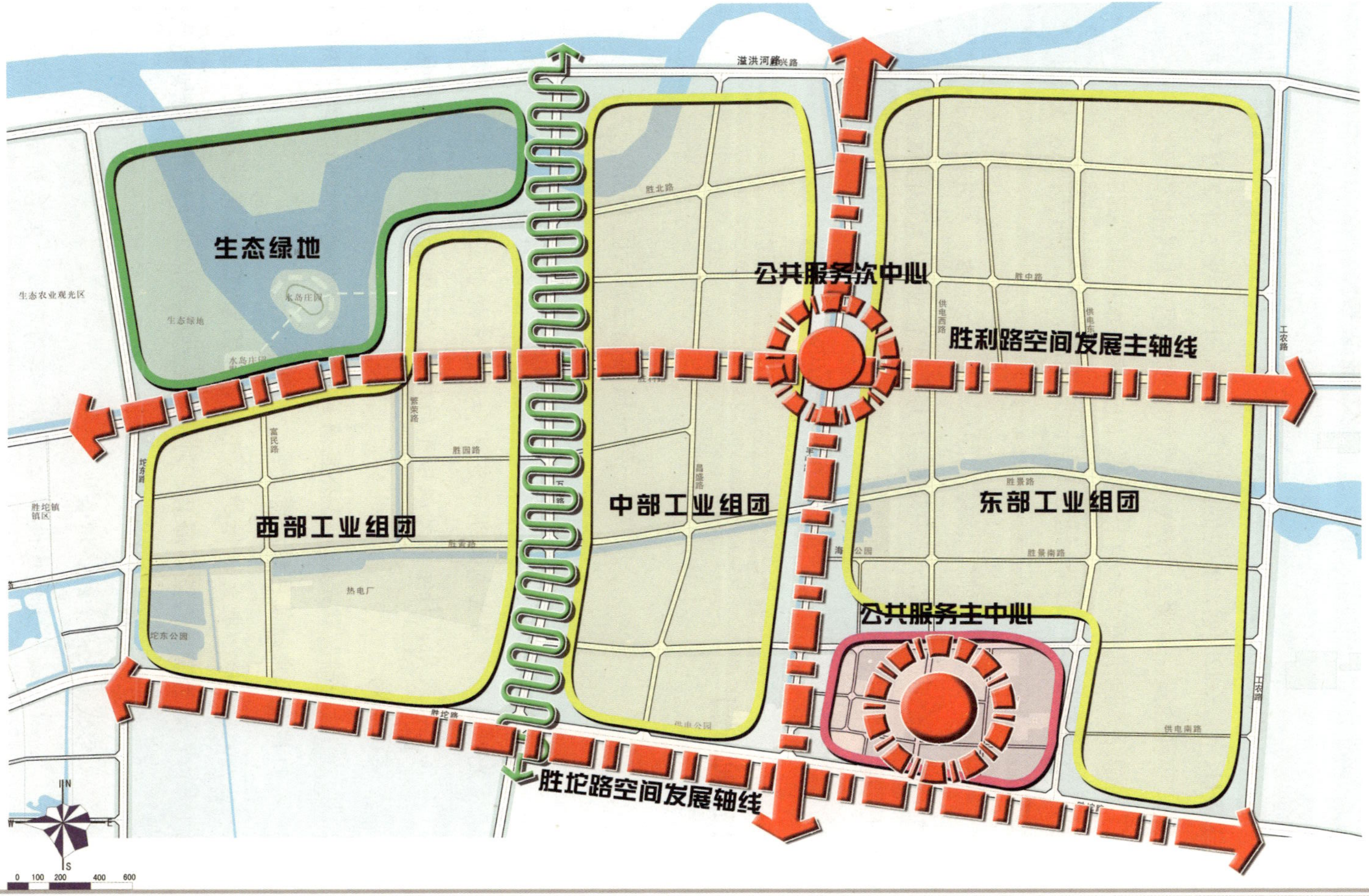

山东省城乡规划设计研究院 垦利县胜坨镇政府 2010.08

发展实绩

至2014年，园区已建成日供水2万立方米的水厂1座，日发电量90万KWH、供热220吨/小时的热电厂1座，日处理污水2万立方米的污水处理厂1座，实现通讯、供暖、供热、天然气、道路绿化和亮化等设施全配套；修建完善园区内道路，构筑起“六横十二纵”的道路基本框架。同时，累计投资1.5亿元，建成胜景路东延、丰收路北延等5条园区道路，改造排污系统，扩建原水管线，搬迁安置城区企业等，园区承载力和吸引力明显增强。

是年，胜坨精细化工园建成面积12平方千米，累计完成工业项目投资350亿元。拥有企业180家，其中规模以上工业企业52家。园区企业总产值1073.3亿元，主营业务收入1066.6亿元，利税143.9亿元，利润117.5亿元，出口创汇8.5亿元。该园区被评为“中国生态发展示范园区”。

镇

【延伸阅读】

“一带一核两极三城六区十园”

东营市为建设成为全国重要的高效生态海洋产业集聚区、海陆统筹发展先行区、河海生态文明示范区和生态宜居创业城市，东营市创新发展理念深化完善规划，科学谋划战略布局构筑“一带一核两极三城六区十园”的开发建设格局。

“一带”就是沿413公里海岸线，打造北起河口顺江沟、南至广饶小清河的黄河三角洲蓝色经济带。

“一核”就是以保护黄河三角洲国家级自然保护区和沿海生态环境为核心，着力营造天蓝、海碧、河清的生态环境，不断提升可持续发展能力。

“两极”就是分别以中心城、广利港、广利港区和东营港、东营港区为核心形成南北两个经济增长极。

“三城”就是建设中心城区、滨海新城、东港新城。增强辐射带动能力形成新的城市发展格局。

“六区”就是在东营港至广利港之间1400多平方公里的临海区域。集中布局建设临港产业区、生态旅游区、生态高效农业区、高端产业区、黄河水城服务业聚集区、广利港产业区打造高效生态经济和海洋经济的核心区。

“十园”就是抓好广饶经济开发区、大王经济开发区、广饶滨海新区/东营区胜利工业园、垦利经济开发区、胜坨工业园、利津经济开发区、河口经济开发区、河口高效生态产业区、利北滨海经济区等十大产业园区建设，构筑集聚生产要素、带动区域发展的载体和平台，打造特色经济板块。

骨干企业选介

中国万达集团

起步于1988年成立的胜坨安装公司，时主要承揽建安工程。1989年，打开并站稳东营市建安劳务市场。1990年，上马电磁线厂。1991年，上马机械加工厂、钢窗厂等项目，企业开始由劳务输出型向工业生产型过渡。1992年，更名为东营市万达实业公司。1993年，成立机电技术研究所。1994年，按照现代企业制度要求，改制为东营市万达集团股份有限公司。1995年，更名为山东万达机电集团股份有限公司。1996年，在国家工商局注册更名为中国万达集团股份有限公司（简称中国万达集团）。股票进入山东省产权市场上柜交易。1997年，中国万达集团被农业部核定为全国大型一档企业，核准注册“中国万达”“中国万达集团”域名；是年，中共万达集团委员会成立。1998年，中国万达集团通过ISO9001质量体系认证并获自营进出口权，被山东省人民政府认定为省级重点企业。1999年，被省科委授予“山东省高新技术企业”。2000年，成立省级企业技术中心，被认定为“国家重点高新技术企业”。是年，旗下山东万达控股有限公司成立，“万全”牌特种电缆被评为“山东名牌”产品。2001年，中国万达集团通过ISO9002质量体系2000版认证。2002年，该公司先后获全国五一劳动奖状、全国重合同

中国万达国际大厦

守信用企业、全国诚信守法企业等称号；“万全”牌商标被评为“山东省著名商标”。2003年5月，万达热电厂建设开工剪彩；11月，万达花园别墅开盘，万达宝通全钢载重子午胎项目开工；是年，中国万达集团在东营市率先通过ISO9001、ISO14001和OHSAS18001三大体系整合认证，位列中国民营企业500强第142位。2004年11月，万达宝通全钢载重子午胎产品下线；潜油泵引接电缆、MBS被确认为2004年度“山东名牌”产品。

2005年6月，万达集团实施管理提升项目，27个子公司整合为山东万达宝通轮胎有限公司、万达珍宝（印尼）电缆股份有限公司、山东万达化工有限公司、山东万达建安股份有限公司、山东万达地产有限公司5大专业化公司；“万全牌”聚酰亚胺薄膜被认定为“山东名牌”产品。2006年5月，中国万达集团经国家人事部批准设立博士后科研工作站；同年6月，潜油泵电力电缆项目在印尼正式启动。是年，该集团公司先后进位中国制造业500强第377位、中国大型工业企业第465位、中国大企业集团竞争力500强第六位。2007年4月，山东万达宝通轮胎有限公司入选“山东省橡胶行业综合实力50强企业”；同年8月，万达珍宝电缆（印尼）股份有限公司开业；9月，山东万达化工有限公司“万全”牌聚丙烯酰胺获“中国名牌”称号；山东万达建安股份有限公司获得GB2、GC3级压力管道安装资质。2008年3月，中国万达集团被确定为第二批国家级创新型试点企业，东营市首家；同年7月，该集团5万吨/MBS二期工程投产，为亚洲最大、世界第三大MBS生产商；9月，山东万达宝通轮胎有限公司BOTO品牌入选山东省重点培育和发展的出口产品名牌；10月，中国万达集团被认定为国家级企业技术中心；11

中国万达化工集团

月，山东万达宝通轮胎公司自主研发的首条雪地全钢工程子午胎顺利下线。

2009 年 2 月，中国万达集团承建的东营市援建北川坝底乡工程项目奠基开工。该集团“万全”牌商标被认定为“中国驰名商标”；同年 3 月，1000KM/ 年海底电缆项目式在东营港经济开发区开工；6 月，万达大厦竣工启用；7 月，投资 9.6 亿元的万达石油装备工业园项目、投资 5 亿元的 10 万吨 / 年黑炭黑项目和投资 1.2 亿元的商务大厦项目开工；10 月，油田用化学品“万全”牌商标被认定为山东省著名商标；11 月，万达橡胶轮胎工业园作为循环经济示范园区之一，被列入黄河三角洲高效生态经济区总体规划；12 月，中国万达集团 1000KM/ 年海底电缆项目投产行。

“万全”牌特种电缆系列产品

2010 年 1 月，中国万达集团省级企业实训基地揭牌；4 月，投资 18 亿元的年产 1500 万条半钢胎项目、投资 12 亿元的年产 150 万套全钢载重无内胎项目以及投资 10 亿元的万达·财富新城项目等三个重点项目开工；6 月，与中石油强强联合，投资 5 亿元的年产 5 万吨聚丙烯酰胺项目正式投入运营；7 月，印度尼西亚万达珍宝 60 万米抽油杆项目建成投产，产品填补印尼空白，标志万达“销地产”战略又迈出新的一步，山东万达建安股份有限公司在天津股权交易所正式挂牌交易；10 月，山东宝通轮胎有限公司“易仕通”商标获山东省著名商标；中国万达集团青岛盛泰丰国际贸易有限公司开业；12 月，中国万达集团成功入选 2010 年国家火炬计划重点高新技术企业，中国万达集团山东省特种电线电缆工程技术研究中心项目获批复。

2011 年，中国万达集团与世界 500 强企业——巴西韦帕尔集团翻新胎合资项目正式签约。

2012 年 1 月，山东万达宝通轮胎有限公司申报的“BOTO”品牌成功入选“山东省重点培育和发展的国际知名品牌”；同年 4 月，中国万达集团入列 2011 年山东民营企业 100 强第 13 位；8 月，山东万达宝通轮胎有限公司申报的“BOTO”汽车轮胎类商标被认定为山东省著名商标；12 月，中国万达集团与中国石化在东营宾馆举行丙烯腈项目合资合同签字仪式；山东万达地产有限公司取得国家房地

万达宝通全钢机械子午线轮胎硫化生产线

产开发企业一级资质；中国万达集团“BOTO”商标被国家工商总局商标局认定为中国驰名商标，为第二件中国驰名商标。

2013 年 1 月，中国万达集团获“山东省省长质量奖提名奖”；具有里程碑意义的 9 万吨 / 年乙丙橡胶及原料配套工程、4X10000 吨级液体化工码头、2000 千米 / 年海底电缆项目、15 万吨 / 年丁二烯项目、100 万立方保税物流园区项目五大项目集中投产；11 月，山东宝港国际液体化工码头公司接卸首艘外籍气体船；山东耐斯特炭黑有限公司国家级实验室申报通过。

2014 年 5 月，中国万达集团获山东省企业管理奖企业奖；12 月，与中国石化合资建设的丙烯腈项目产出合格品；信息化建设启动大会召开，标志“智慧万达”全面启动。

中国万达集团主要工业产品有全钢载重子午胎、全钢工程机械子午胎、轻卡胎等 100 多种规格型号的轮胎产品，110 千伏级油浸式电力变压器、35 千伏级及以下环氧树脂干式变压器、磁悬浮式直线抽油机、自粘性玻璃丝包线、电磁线、配电柜等机电类产品，双向拉伸聚酰亚胺薄膜等高科技产品，潜油泵引接电缆、防盗电缆、探测电缆等 1000 多种规格的高低压及特种电缆产品，聚丙烯酰胺、MBS 高效塑料抗冲剂、二胺等精细化工、石油化工、医药中间体产品。

山东胜通集团

该集团最早起步于一个从事水渠、水闸建设的水利建筑队。1987 年 1 月，胜坨乡建安公司在水利建筑队基础上正式成立。该公司一年内迅速发展成为集承揽筑路架桥、管道安装、建筑建材等多种工程的一支综合建筑安装企业，当年实现利润 100 余万元，第二年增长到 500 多万元，至 1990 年超过 1300 万元。

1992 年，该公司与香港客商合资成立胜宝制革有限公司，成为当地首家港资企业。1995 年 5 月 18 日，斥资 1800 万元上马新型中高压复合玻璃管道项目并一

胜通集团总部

次性试车成功，生产华鲁牌玻璃钢管材，畅销胜利油田等各大油田。是年，大成液压机械厂成立，主营液压油顶和油田钻采用配件，为该公司进入机械制造行业的发端。1997 年，胜坨乡建安公司改制称山东胜通集团股份有限公司（简称胜通集团），确立“靠科技求发展”的思路。

2001 年，自主研发出新型无磷助洗剂——层状结晶二硅酸钠产品，攻克世界性技术难题，随即投资 1.2 亿元建成 5 万吨 / 年的生产线。2003 年，该项目被国家发改委确定为国家高新技术产业化示范工程，成为全国最大的无磷洗涤助剂开发生产基地。同年 4 月，该集团被国家科技部认定为国家火炬计划重点高新技术企业。是年，引进上马该集团有史以来最大的工业项目——子午线轮胎用钢帘线生产线，时为世界上仅有的两条生产线之一，即奥地利制造 CPA 电镀生产线，处于世界领先技术水平，一期总投资 12 亿元。之后，相继完成钢帘线二、三期项目建设，总生产规模 40 万吨 / 年，总占地面积 80 余公顷。钢帘线生产始终走在全球同行业的前列，拥有行业主话语权，是日本普利司通、韩国锦湖、印度阿波罗等全球知名轮胎企业的稳固供应商，是全球钢帘线行业三巨头之一。钢质工字轮、钢帘线生产设备与钢帘线构成集团第一条强有力的产业生产链，具有较强地核心竞争力。

2005 年 8 月始，该集团涉足房地产领域，投资 3 亿元，建设垦利县首个小高层建筑群——“新东方”小高层社区，也是东营地区首席以运动健康为主题的小高

胜通年产 5 万吨钢帘线生产车间

层社区。2006 年年底，成立中韩合资山东富所机械有限公司，专业生产钢帘线成套设备及配件，不仅满足本集团钢帘线项目所需设备，还销往国内其他几家钢帘线生产大企业。2008 年年底，进入新疆房地产市场，投资 2 亿元，建成“香溢四季”房地产项目。2010 年，设立专项资金，成立物业管理公司，对开发的房产项目提供专业化、一流高品质服务，全方位提升胜通房地产品牌。

2006 年，胜通集团获“福布斯·中国顶尖企业 100 强”；2009 年，“胜通”牌子午线轮胎用钢帘线被认定为“山东名牌产品”；2010 年，胜通集团获“山东企业 100 强”“山东省富民兴鲁劳动奖状”等称号，“胜通”商标被认定为“山东省著名商标”；2011 年，胜通集团获“东营市市长质量奖”等称号。

2012 年，胜通集团启动建设胜通高科技新材料产业园区，投资 31.8 亿元，上马新材料产业核心项目——6 万吨 / 年 BOPET 高端光学膜项目。至 2014 年，其两条生产线顺利投产。是年，成功收购美国纳斯达克上市企业“富维薄膜（控股）有限公司”，全力发展新材料领域的核心项目，引领集团新兴产业向高端产业集群发展。BOPET 高端光学膜项目作为胜通集团在新材料领域中的高端项目，是在引进德国、美国、韩国、日本、奥地利等国家的国际先进技术上的开发生产，定位打造顶级产品，布局光学膜生产新版图。2014 年，该项目被列为国家产业结构调整和振兴计划、山东省重点建设项目和东营市技改计划项目，获得全球高端客户和光学膜行业的普遍认可。

胜通集团的机械制造、电力设备、建安工程、房产开发等各产业相辅相成、飞速发展，企业综合竞争力跨越提升。拥有上百种自主知识产权的高科技产品和百余项国家专利，产品遍及全国，并远销欧盟、美国、加拿大、俄罗斯、日本、韩国等几十个国家和地区。2013 年，胜通集团跨入“中国企业 500 强”“中国制造企业 500 强”行列，“胜通”商标被认定为“中国驰名商标”。

2014 年，胜通集团采用世界先进的自动化生产技术和二维码全过程信息采集技术，对产品质量自动跟踪检验，既降低生产成本，减少人员消耗，更提高了工作效率和产品质量；各新上项目在订购世界最先进生产线的同时，根据技术和生产需求，对生产线部分区域做了改进和调整，站在世界一流技术之上进一步升级，实现全过程自动化控制，为生产出质量一流的高端产品奠定了坚实基础，企业产业发展水平和竞争力大幅度提升。是年底，胜通集团总资产超过 200 亿元，员工超过 5000 人，持有工业发展面积 300 公顷，并完成新疆、山东等地房地产项目总面积 100 公顷，建成胜通金属制品产业园、胜通高科技新材料产业园、胜通化工产业园等 3 个高科技产业园区，下辖山东胜通钢帘线有限公司、山东胜通化工有限公司、山东胜通机械制造有限公司、东营市胜通电力设备器材有限公司、山东胜通建安工程有限公司、山东胜通房地产有限公司、山东胜通进出口有限公司、中韩合资山东富所机械有限公司、山东胜通光学材料科技有限公司、香港瑞尚国际贸易有限公司等 12 个专业化子公司及 1 处省级技术开发中心，相继通过 ISO9001、ISO14001、OHS18001、TS16949 综合管理体系认证。

胜通集团是联合国工业发展组织中国投资促进办事处绿色专家委员会成员单位、中国橡胶工业协会骨架材料专业委员会副理事长单位、国家级中国信用企业、中国质量服务诚信企业、全国少数民族特需商品定点生产企业。胜通集团申报专利 245 项，填补国内空白 4 项，达到国际先进水平 2 项，承担和完成国家产业振兴专项 4 项，省重点产业结构调整项目 4 项，省“星火”计划项目 6 项，转方式调结构项目 3 项，市科技发展项目 8 项，累计获得各级人民政府奖励资金 1 亿余元。

经过近 30 年的改革发展，胜通集团不断发展壮大，已成为同行业中有重要影响力的大集团之一。

东辰集团

该集团起步于东营金加化工有限公司。1994 年 8 月 8 日，东营金加化工有限公司创立。1997 年 4 月 24 日，该公司成立垦利县宝远合成助剂厂。1998 年 1 月，进行第一次改制，成立东营市东辰集团有限公司。1999 年 1 月，与北京化工大学成立生物化工联合研究所，创立东营市首家“产学研”联合体，探索出“提前介入、联合开发、成果共享、风险共担”的全新“产学研”结合之路。这一做法在全县作为产、学、研结合典型经验推广。是年 10 月，成立山东东辰生物工程股份有限公司。2000 年 11 月，东营市东辰建筑安装有限公司成立，2006 年 5 月更名为山东东辰建设有限责任公司。2001 年 2 月，东营市东辰集团有限公司被国家科技部认定为重点高新技术企业；同年 3 月，成立东营市东辰（集团）化工有限公司；4 月，成立东营市东辰节能电力设备有限公司，当年建设、投产、见效；8 月，东营市东辰集团有限公司通过 ISO9002 质量认证体系的外部审核；12 月 31 日，经山东省人民政府批准，东营市东辰集团有限公司完成股份制改造。2002 年 10 月，完成 ISO9001 质量认证体系转版。12 月，该集团 ISO14001 环境管理体系外部审核

东辰集团总部

通过，为东营市首家建立质量、环境管理体系的企业集团。2003 年 3 月，东营市东辰集团生化公司氨基葡萄糖产品成功进入日本和东南亚等国家市场，实现公司出口创汇“零”的突破；“艾瑞斯特”商标在国家工商局成功注册，实施品牌发展战略走出重要一步；同年 9 月，通过国家质量认证中心强制性产品 3C 认证，领取新的机电类产品市场准入证；11 月，成立新疆巴州东辰工贸有限公司。2004 年 4 月，经山东省工商行政管理局批准，东营市东辰集团有限公司正式更名为山东东辰实业集团有限公司（简称东辰集团）；2005 年 1 月，注册成立山东东辰进出口有限公司；是年 9 月，9 万吨 / 年甲醇项目在新疆巴州轮台县拉依苏工业园投产，二期工程同时开工；9 月 28 日，成立山东东辰佳日置业有限公司；11 月，艾瑞斯特牌新戊二醇获“山东省名牌产品”称号。

2006 年 2 月，东辰集团首次进入“中国企业信息化 500 强”行列，位列第 381 位；同年 3 月，进入中国石油和化工百强企业、石油和化工综合效益百强企业行列；9 月，进入国家统计局公布的“第六届中国大企业集团暨首届企业集团竞争力 500 强”行列，位列第 61 位；10 月，被列为“2006 年度中国工业企业 1000 强”；11 月，倾力打造的高端水景楼盘——东辰 · 鉴墅获建设部首度评选的“中国城市

东辰集团在新疆巴州投资建设的甲醇项目投产运营庆典仪式

标志名盘”“中国生态宜居名盘”称号；艾瑞斯特牌透明质酸、低压开关柜两种产品，进入山东省名牌战略推进委员会公布的2006年山东省名牌产品名单。2007年7月，成立东营东辰佳日物业管理有限公司。2008年5月，注册成立泽普县东辰工贸有限责任公司；是年6月，注册成立新疆东辰矿业开发股份有限公司，经国家人力资源和社会保障部批准，设立东辰集团博士后科研工作站；12月，旗下东辰建设有限责任公司获“省级守合同重信用企业”称号。

2009年3月，东辰集团入围CEEIA2008中国电器工业100强，列第20位；同年4月，入围2008中国化工企业100强，列第59位；12月，山东省人民政府公布东辰集团为全省重点工业企业。2010年11月，东辰集团申报50项专利，其中双电源潜油电泵变压器、双电源卷铁芯变压器等5项实用新型专利，通过国家知识产权局审核；是月，山东东辰和睦嘉家庭服务有限责任公司成立，为东辰集团第14家子公司。2011年1月，东辰集团入围山东省民营企业百强第32位，入选山东民营企业十大品牌；同年4月，被中国企业联合会、中国企业家协会授予“国家AAA级信誉企业”称号；11月，位列山东企业100强第98位，并成立山东东辰物流有限公司和东辰控股集团有限公司石化分公司；12月，山东东辰佳日物业有限公司通过山东方圆标志认证中心质量管理体系审核认证，高压开关设备获“山东名牌产品”称号。2012年9月，东辰控股集团有限公司纽约分公司成立；11月，东营诺德葡萄酒业有限公司成立；12月，经方圆标志认证中心审核，公司三合一体系外审通过。

2013年1月，与意大利国际化学技术公司签订《EP（D）M项目技术转让协议》。同年3月，在德国、西班牙、美国、欧盟、日本、韩国等六个国家成功注册图形商标，其经营从此进入全球市场。12月，在德国、西班牙、美国、欧盟、日本、韩国等国家成功注册东辰商标，迈出海外知识产权保护第一步。通过ISO9001/ISO14001/OHSAS18001三合一体系、清真、犹太、国家强制性（3C）产品、电器产品节能等项认证。通过“AAAA级标准化良好行为企业”现场审核验收，成功获得国内最高级别标准化荣誉；所持有的“艾瑞斯特IRISATED及图”注册商标被认定为“中国驰名商标”。

2014年7月，东辰集团入围“2014山东民营企业100强”，列第33位。是年8月，入围由全国工商联评选的“2014中国民营企业500强”“制造业500强”和“服务业100强”行列；9月，东辰集团连续7年进入中国制造业企业500强榜单，名次升至第316位。拥有1件“中国驰名商标”、4件“山东省著名商标”和4个“山东省名牌产品”。

山东三合实业集团

该集团起步垦利县经济委员会、县油区工作办公室与民丰机械厂三家联合利用原县胶料厂弃用的两间厂房而建成的垦利县炼油厂第二生产车间，加工处理落地原油。该车间于1986年7月开始筹建，同年11月建成并一次试车成功，投资85万元，当年盈利10余万元。

1988年6月，将釜式炼油装置由原来的4个增加到6个，年加工能力由1万吨增加到1.5万吨，创利税近百万元。至1992年，该车间连年被中共垦利县委、县人民政府评为先进企业、纳税大户。1995年春，投资85万元，新建一套常压炼油装置，年加工能力提高到2万吨，生产轻柴油、汽油、重柴油、渣油等产品。1997年，又增加减压装置，年加工生产能力3万吨。

1998年，更名为垦利渤海重质沥青厂。1999年，该厂发挥本厂技术优势，自

三合实业集团

行研制出强化蒸馏渣油生产高等级道路沥青工艺，并获国家专利，市级科技进步三等奖。是年，被省市县有关部门授予先进企业、“重合同、守信用”企业、高新技术企业等称号。2000 年 5 月，该厂在县经济开发区征用土地 8 公顷，投资 2000 万元，开发建设三合工业园，建成 1200 平方米科研楼，1600 平方米碳酸钙车间和锂电池负极材料车间。是年，企业实现税金 221 万元。

2002 年 4 月，该企业更名为垦利三合新材料科技有限责任公司；是年 6 月份，投资 300 万元，上马氨基酸项目；2003 年 8 月投产。2002 年年底，与潍坊市昌乐县宝都制品有限责任公司合作，在县经济开发区征用土地 3 公顷，投资 1000 万元，建成垦利宝都塑料制品有限责任公司。2003 年，与康瑞公司、兴瑞公司共同出资组建垦利康泰有限责任公司。是年，投资 200 万元，收购利津县刁口镇白碳黑厂和垦利县油区办孤东净化站。2004 年，投资 300 万元，对原常、减压生产装置全面改造，年加工能力从 3 万吨提高到 5 万吨。是年，投资 100 万元，成立东营三合进出口有限责任公司，主营国际贸易。

2005 年，成立垦利三合石化有限责任公司，通过公司职工集资入股等途径，筹资 1500 万元，建成 10 万吨焦化和常压装置。是年，三合集团公司实现税金 897

三合实业集团厂区一角

万元，获市级“再就业先进企业”“优秀民营企业”“纳税先进企业”等称号。聘请北京化工大学、中国科学院、中国石油大学等科研院所的6名高级专家，任常年技术顾问。以中国石油大学为技术依托研制开发的强化蒸馏生产道路沥青新工艺，经省科学技术厅鉴定，达国内领先水平，填补国内空白；与北京化工大学联合开发的锂离子电池负极材料，经国家石化局鉴定，达到世界领先水平，并且被国家科技部、工商局、经贸委、技术监督局联合评为国家级重点产品。

2008年，三合集团公司投资1.1亿元，上马建设1万吨/年可调控孔容微粉硅胶项目，2009年投产。2010年后，加大投资，继续扩大硅胶项目规模，主要生产经营细孔硅胶、粗孔硅胶、变压吸附硅胶，硅胶猫砂、硅胶干燥剂、蓝色硅胶、啤酒硅胶、柱层层析硅胶等产品。同年，被市经信局、市财政局等部门联合授予“东营市第二届诚信企业”。

2011年，三合集团公司与东营石油化工有限公司合作，在胜坨镇工业园投资3亿元，上马建设30万吨/年蜡油加氢裂化项目，2013年年底全部完工，投产后年创销售收入17亿元，利税1.2亿元。2012年，集团公司被评为“垦利县工业企业十强”、东营市“诚信单位”。2013年4月，投资12亿元，在胜坨工业园上马160万吨/年加氢裂化项目，于2014年7月建成试车成功。该装置采用新技术、新材料、新设备，原料适应性强，技术达国内领先水平，可生产国五标准的车用燃料油，投产后年创销售收入21亿元，利税2亿元。

2014年，三合集团公司成立山东泰源化工有限公司，在胜坨精细化工园区上马16万吨/年天然脂肪醇项目，占地面积为14.67公顷，以棕榈仁油及椰子油为原料，采用甲酯化、分离、加氢、精馏等加工工艺，生产脂肪醇等化工燃料和原料。项目计划建成后，年营业额23.5亿元，利税4.07亿元，利润3.12亿元。

山东三合集团经过28年发展，成为以化工、新材料、房地产、对外贸易为主导产业的国家级高新技术企业。注册总资产9765万元，固定资产12亿元，占地51公顷，员工500余人，其中大中专以上毕业生占50%以上。下设垦利三合石化有限责任公司、垦利县宝都商贸有限责任公司、东营冠宜园置业有限责任公司和东营三合进出口有限责任公司，分处于垦利县城南利河路345号、县经济技术开发区中兴路288号和胜坨精细化工园区。在新疆喀什地区疏勒县建有疏勒三合伟浩工贸有限公司。

和利时公司

位于垦利县胜坨精细化工园。成立于1996年5月，是一家以石油化工、天然气销售、房地产开发、管道穿越、物业服务为主的高科技民营企业。下设山东和利时石化科技开发有限公司、东营市和利时燃气有限公司、东营市和利时置业有限公司、东营市和利时穿越工程有限公司、东营市和利时物业服务有限公司、东营市众和机电有限公司、东营市和利时临海燃气有限公司、垦利化肥有限公司、东营市芯能燃气有限公司、东营市和利时建筑安装有限公司，拥有职工600多人，总注册资金1.76亿元。

2001年8月，和利时石化科技开发有限公司成立，位于胜坨镇永莘路69号，注册资金5000万元，占地面积17.33公顷，依托胜利油田丰富的轻烃资源，将其进行精细分馏加工，生产液化石油气、戊烷、溶剂油、粗己烷、正己烷、120#、二氨基二苯醚等多种产品。产品远销上海、天津、河北、河南、江苏、山东等地。2013年第一季度实现产值4877.8万元。

和利时公司

2004年7月，和利时穿越工程有限公司成立，位于胜坨镇永莘路69号，专业从事导向钻进、水平定向钻进，穿越铁路、公路、河流、山体等非开挖定向穿越工程和桩基工程。注册资金550万元，拥有固定资产3000万元，具有独立的特种专业工程承包资质。截至2014年，公司拥有员工82人，其中高级工程师6人，工程师8人，助理工程师12人。公司设备精良，技术先进，管理科学，职工素质高，是一支施工经验丰富，能征善战的队伍，施工遍及全国各地。

2005年，和利时燃气有限公司成立，位于垦利县绿洲路与永兴路交叉口东南侧，占地6704.9平方米，是一家以燃气供应、管道安装为主的企业。拥有员工200余人，其中各类技术管理人员105名，工程师10名，高级工程师3名。生产设备、工艺先进，管理机构设置科学、合理、紧凑。至2014年，公司已承担东营市所有民用、商业、工业用天然气以及CNG汽车用天然气的供应。

2009年5月，和利时置业有限公司成立，位于垦利县广兴路以北，绿洲路以东。公司主要从事房地产开发经营，拥有员工82名，其中高级技术人员10名，高层管理人员4名。注册资本为7000万元。

汇东公司

该公司起步于2001年9月创成的东营市汇东物流有限公司，位于垦利县胜坨精细化工园内，注册资金500万元，从事成品油、燃料油及液化气的运输，可在线全过程监控运输车辆的装卸、运行。后逐步成长为以发展清洁能源、石油产品贸易及仓储物流为一体的现代化企业。该公司下设山东汇东新能源有限公司、东营市汇东商贸有限公司、东营市胜坨燃油有限公司、东营市汇东物流有限公司等4家法人企业，拥有员工480余人，先后获“东营市优秀民营企业”“垦利县工业企业十强”“消费者满意单位”“最具发展潜力工业企业”“三星级物流企业”等40余项称号。

2002年10月，东营市胜坨燃油有限公司成立，注册资金1000万元，经营重油贸易业务，建有2万立方米重油罐区及装卸设施。2009年2月，东营市汇东商贸有限公司成立，注册资金5000万元，具有商务部颁发的成品油批发资质，建有3万立方米成品油罐区。2010年10月，山东汇东新能源有限公司成立，从事蒽油

汇东新能源公司中控室

深加工，采用加氢新工艺生产高品质汽油、柴油、煤沥青、清洁燃料油等产品，属“绿色能源”项目。2013 年 1 月，一期工程开工，投资 6 亿元，建成 15 万吨 / 年蒽油轻质化加工装置、20 万立方成品油罐区及综合办公楼、文体活动中心、科技楼等设施。2014 年 9 月，生产装置试车成功。是年，二期工程启动，投资 6 亿元，上马 30 万吨 / 年蒽油轻质化项目。

山东威兰德精密装备制造有限公司

2002 年 8 月 28 日成立，位于垦利县胜坨精细化工园，注册资金 1.88 亿元，占地 50.67 公顷，拥有员工 500 余人。拥有国内最先进的环形炉、阿赛尔高精度热轧机组生产线，多种数控轧机、拔机、再加热炉、精准调质炉及先进的专业检测设备；产品研发中心备有先进的研发设备和理化检验仪器，拥有先进的生产加工工艺、50 余人的专业研发工程师队伍和一流的管理团队。专注于高端合金管材研发、制造与销售，主要生产石油开采钻探无缝钢管、石化高压无缝钢管、高中压锅炉无缝钢管、电站船舶用无缝钢管以及潜油电泵、潜油电机、抽油泵、气动钢筒等高精密设备用无缝钢管等产品，多种产品已替代进口产品，为油田的深井和硫化氢等特殊井的开采提供优质管材，简化客户加工工艺、降低客户大量成本。公司的热轧一次成型替代传统热轧后，再冷轧加工抽油杆接箍钢管和用冷轧技术加工抽油杆接箍钢管替代圆钢加工抽油杆接箍等技术，处于国内行业领先水平，年产各类高合金管材 20 万吨，成为中国石油龙头企业的一级（优秀）供应商、世界 500 强企业斯伦贝谢的 A 级（优秀）供应商及国内机械制造强企三一重工的接箍料专业供应商。

威兰德精密型钢管制造生产线

自主开发的不同材质的管材产品过百种，产品销售遍布国内各省区，远销欧美、东南亚、中东等 20 余个国家和地区。公司通过 ISO9001：2008 质量管理体系、ISO14001-2004 环境管理体系、GB/T28001-2001 职业健康安全管理体系以及 TSG、TS16949、API、HSE 等认证。2014 年，公司实现销售收入 20 亿元。公司先后获“山东省最具发展潜力科技企业”“省级劳动关系和谐企业”“山东省优秀企业”“山东省诚信示范企业”等多种称号。

山东宇佳新材料有限公司

2000 年 6 月成立，位于胜坨精细化工园区内，下设特种耐火材料厂、碳素厂、3MW 余热电站、气体厂及技术中心 5 个实体项目，建成宇佳资源循环利用 1

宇佳公司

号产业园。

2002 年，筹建特种耐火材料厂，专业生产氮化硅结合碳化硅制品、氮化硅异型件制品。这类制品材料具有使用寿命长、硬度高、高温强度大、耐磨性和抗热震性能好和抗酸碱侵蚀性能好等一系列优质特性，被广泛应用于冶金、有色、陶瓷、电磁等行业，产品技术含量高、性能优越，技术水平国内领先。其中电解铝槽用氮化硅结合碳化硅侧部复合块，被国内铝厂广泛应用，并远销韩国、美国、印度、巴林等国家和地区。氮化硅结合碳化硅产品获“首届山东民营企业高新技术产品博览会优秀奖”“山东省优秀节能成果奖”“东营市科学技术进步奖一等奖”等称号，获发明专利 1 项，实用新型专利 6 项，并承担过国家火炬计划项目、国家中小型企业重点创新基金项目、山东省重点科技计划项目、山东省自主创新成果转化项目等多个项目。

2011 年，筹建碳素厂，主导产品为煅烧石油焦。建有混焦车间、石油焦车间、大型封闭式储料仓，拥有国内先进水平的碳素生产设备和技术，实现从原材料进厂到成品出厂的全程自动化控制，原材料全部采用地下密闭式自动化输运，配备有德国布鲁克公司光谱分析仪等先进检验检测设备和国内领先水平的脱硫脱硝设备，整体配置水平在国内属领先水平，年产煅烧石油焦 32 万吨。

余热电站，利用铝用碳素罐式煅烧炉在生产过程中产生的废气作为热源进行余热发电，装机规模3兆瓦，在不增加生产能耗的前提下，整个热力系统不再燃烧任何燃料，电站产生的蒸汽和电力直接用于公司的生产及生活，实现能源综合循环利用，大大降低企业生产成本。余热电站总体技术水平在碳素行业中达到国际先进水平。

特种气体厂，主要生产医用氧气，供应东营地区各大中小医院，副产品氮气用于特种耐火材料厂氮化烧成工段。

该公司先后获"山东省诚信企业""山东省节能环保产业示范企业""中国专利山东明星企业""东营市优秀科技企业""东营市最具发展潜力科技企业"等称号。

2014年度胜坨镇规模以上企业一览表

表8

序号	组织机构代码	企业名称	序号	组织机构代码	企业名称
1	678119830	胜利油田亿通运输有限责任公司	27	164880040	东营康瑞药业有限公司
2	684816667	东营市怡丰物流有限公司	28	164881393	山东胜通集团股份有限公司
3	550907045	垦利县海域化工有限公司	29	164884076	东辰控股集团有限公司
4	743388739	东营市胜坨燃油有限公司	30	661953765	山东富所机械有限公司
5	57047470X	东营市祥和油品有限公司	31	733692622	东营市恒阳化工有限公司
6	696887446	东营昊隆化工有限公司	32	735757645	山东宝世达石油装备制造有限公司
7	688267212	东营市海宁工贸有限责任公司	33	73926360X	垦利县东垦更新化工厂
8	797300093	垦利县信诚工贸有限责任公司	34	744512789	东营市旭辰化工有限责任公司
9	575483410	山东鸿通化工有限公司	35	745699469	山东威兰德精密特钢制品有限公司
10	684820420	东营市汇东商贸有限公司	36	073049040	垦利县海强化工有限责任公司
11	564069927	东营市润柴化工有限责任公司	37	779749620	东营市振海化工有限责任公司
12	729271526	中兴石油装备有限责任公司	38	73261223X	山东全民塑胶有限公司

续表

序号	组织机构代码	企业名称	序号	组织机构代码	企业名称
13	758275462	山东全成建设工程集团有限公司	39	787161739	东营元隆化工有限公司
14	766678472	山东神州建设有限公司	40	55894764X	东营市宏程化工有限公司
15	164881879	垦利县远大建筑安装有限公司	41	729262734	东营市谊海工贸有限责任公司
16	780790815	东营信宇石油机械有限公司	42	760966828	东营市永鑫达工贸有限责任公司
17	72668152X	东营市金润机械制造有限公司	43	785036424	东营胜宇石油技术有限责任公司
18	564069513	山东汇东新能源有限公司	44	687211153	东营市东仕工贸有限责任公司
19	742446044	东营市新达化工有限公司	45	793946938	垦利合利达化工有限责任公司
20	761890634	山东华发工贸有限公司	46	565202080	东营市宇成化工有限公司
21	059007397	东营万诚新材料有限公司	47	694448204	垦利县玖新工贸有限公司
22	164881385	万达集团股份有限公司	48	687239551	东营合益化工有限公司
23	613373766	东营东方化学工业有限公司	49	739268566	山东和利时石化科技开发有限公司
24	723888154	山东宇佳新材料有限公司	50	591362029	垦利昌达化工有限公司
25	773177107	东营胜建新型材料有限责任公司	51	164881852	山东省垦利县新型电力器材厂
26	774188553	东营市冠森绝缘制品有限公司	52	586086541	垦利佳瑞能源有限公司

至 2014 年胜坨镇获省级以上名牌工业产品一览表

表 9

级别	产品或商标名	注册号	所属企业
中国名牌	聚丙烯酰胺 / 万全	——	万达化工有限公司
	MBS 塑料抗冲剂 / 万全	——	
中国驰名商标	电线、电缆 / 万全	1135514	中国万达集团股份有限公司
	汽车轮胎 /BOTO 及图	5276885	万达宝通轮胎有限公司

续表

级别	产品或商标名	注册号	所属企业
中国驰名商标	金属绳、普通金属线、钢丝 / 胜通	4220998	山东胜通集团股份有限公司
	透明质酸 / 艾瑞思特及图	3469561	东辰控股集团股份有限公司
山东名牌	玻璃丝包绕阻线 / 万全牌	——	中国万达集团股份有限公司
	承荷探测电缆 / 万全牌	——	
	电力变压器 / 万达标识	——	
	聚丙烯酰胺 / 万全牌	——	
	全钢载重子午线轮胎 /BOTO 牌	——	
	工程机械轮胎 /BOTO 牌	——	
	塑料绝缘控制电缆 / 万全牌	——	
	炭黑 /NICEST	——	
	电动潜油泵引接电缆 / 万全牌	——	
	全钢载重子午线轮胎 / 万达宝通牌	——	
	MBS 塑料抗冲剂 / 万全牌	——	
	双向拉伸聚酰亚胺薄膜 / 万全牌	——	
	中压玻璃钢复合管道 / 胜通牌	——	山东胜通集团股份有限公司
	子午线轮胎用钢帘线 / 胜通牌	——	
	低压开关柜 / 艾瑞斯特牌	——	东辰控股集团股份有限公司
	箱式变电站 / 艾瑞斯特牌	——	
	透明质酸 / 艾瑞斯特牌	——	
	高压开关设备 / 艾瑞斯特牌	——	
	抽油泵 / 宝世达牌	——	山东宝世达石油装备制造有限公司
	墙体保温材料 / 华发牌	——	山东华发玻璃纤维有限公司
山东省著名商标	电线、电缆 / 万全	1135514	中国万达集团股份有限公司
	化工产品 / 万全	1320046	万达宝通轮胎有限公司
	轮胎 / 易仕通	4246893	

续表

级别	产品或商标名	注册号	所属企业
山东省著名商标	汽车轮胎类 / “易程德及图”	4246894	万达宝通轮胎有限公司
	汽车轮胎 /ECED	4998507	
	汽车轮胎 /BOTO 及图	5276885	
	钢帘线 / 胜通	4220998	山东胜通集团股份有限公司
	变压器 /D	3153210	东辰控股集团有限公司
	透明质酸 / 艾瑞思特及图	3469561	
	配电控制台 / 图形	3053210	
	电站自动化装置 / 艾瑞思特（图形）	3469566	

外经外贸

中共十一届三中全会后，境内对外贸易发展迅速，出口商品结构也逐步发生变化，由单一的农副产品扩大到精细化工、环保产品、金属铸件、机电等产品。1991年，开始引进外资，1996年开始对外输出劳务。至2002年，胜通集团、万达集团、东辰集团相继取得自营进出口权。

1999年开始，胜坨镇按照“全党抓经济、重点抓工业”的指导思想，实施“大开放、大招商”战略。招商引资成为胜坨镇膨胀经济规模、调整产业结构的重要手段和主要经济活动。至2006年，全镇共累计引进各类外来（本境以外）投资项目60个，到位外来固定资产投资20亿元，其中工业项目40个，到位外来固定资产投资16.4亿元；农业项目5个，到位外来固定资产投资6000万元；商贸流通、房地产、基础设施及社会公益项目15个，到位外来固定资产投资3亿元。

胜通建安公司与进出公司办公楼

对外贸易

1973 年，垦利县成立对外贸易公司，境内胜坨、宁海、辛庄公社分别设立多种经营办公室及收购站，主要负责对本辖区的家庭禽畜养殖进行指导，推广普及新技术，收购出口农副产品以及加工编织品。1998—2000 年，胜通集团、万达集团、东辰集团分别取得自营进出口权，成立进出口公司，开展产品进出口业务。2014 年，全镇拥有外资企业 2 家，开展进出口业务的企业 10 家，出口产品涉及精细化工、橡胶轮胎、石油装备等产品。

2014 年工业企业出口创汇产品一览表

表 10

产品名称	生产企业	出口国家或地区	单位	出口量	出口额（万美元）
子午线轮胎	宝通轮胎公司	欧洲区	条	592277	3885
子午线轮胎	宝通轮胎公司	亚太区	条	722933	6295
子午线轮胎	宝通轮胎公司	非洲区	条	793069	5073
子午线轮胎	宝通轮胎公司	美洲区	条	2573946	14532

续表

产品名称	生产企业	出口国家或地区	单位	出口量	出口额（万美元）
4，4’－二氨基二苯醚	万达化工公司	韩国	T	120	120
4，4’－二氨基二苯醚	万达化工公司	日本	T	20	19
4，4’－二氨基二苯醚	万达化工公司	美国	T	50	50
4，4’－二氨基二苯醚	万达化工公司	台湾	T	120	124
透明质酸钠	东营佛思特生物工程有限公司(原“山东东辰生物工程股份有限公司”)	美国、日本、韩国、香港、台湾、西班牙、比利时、意大利、澳大利亚、哥伦比亚、印度、印度尼西亚、菲律宾	KG	1459.60	51.5665
钢帘线	胜通集团	印度、韩国、日本、德国	T	17800	19253
光学膜	胜通集团	日本、韩国、台湾	T	144	2030

对外经贸洽谈

1998 年 11 月 18 日，中国万达集团等企业在北京举办山东省黄河三角洲对外招商洽谈会，达成合作意向 2 项。1999 年，胜通集团等企业参加韩国加工贸易洽谈会，达成合作意向 1 项。2000—2002 年万达集团、东辰集团等参加青交会、APEC 投资博览会、苏州经贸洽谈会、中韩经贸洽谈会、第三届果蔬会、春秋两季广交会。2006 年，万达集团参加中国民营企业发展论坛暨海峡两岸企业交流合作论坛；是年，万达集团分别与美国斯伦贝谢公司、德国大陆公司、日本三洋公司进行贸易洽谈，并达成合作意向。

2014 年，山东宝通轮胎有限责任公司加大国际市场开发力度，先后参加南非轮胎展、中东迪拜汽配展、德国艾森轮胎展、巴西橡胶轮胎展、秘鲁国际矿业展、英国国际轮胎展、美国 SEMA 展等境外展会。产品销售网络遍及欧亚美非各大洲，合作客户遍布 148 个国家和地区。

2006 年，日本三洋公司到万达集团考察洽谈合作场景

2006 年万达集团与美国斯伦贝谢公司进行贸易洽谈场景

对外经济技术协作

1998年，境内引进第一家外商投资企业，即胜通集团与日本赤石制造公司合资上马的赤石钻塑料复合材料项目，投资22万美元。2006年8月份，万达集团投资147.5万美元，与印尼摩拉斯公司合资生产潜油泵电力电缆项目，为境内第一家通过国家商务部核准的境外投资企业。是年，胜通集团投资470万美元，与韩国富所产机株式会社合资兴建钢帘线设备机械加工项目。万达集团建安公司完成对外承包工程经营资格申报基础性工作，成为全县第一个申报对外承包工程的企业。

万达集团董事局主席尚吉永为印尼珍宝电缆有限公司开业剪彩

外经贸企业选介

山东万达宝通轮胎有限公司 生产全钢载重胎、半钢子午胎、工程机械轮胎等产品，先后通过3C、TS16949、ISO9001、美国DOT、欧洲ECE、海湾GCC、巴西INMETRO、ISO14001等认证，产品远销148个国家和地区，跻身世界轮胎行业100强第35位。

山东万达化工有限公司 研发生产丁二烯、顺丁橡胶、炭黑、ABS高胶粉、

山东万达宝通轮胎有限公司

MBS 塑料抗冲剂、聚丙烯酰胺、ACR 塑料加工助剂、破乳剂、二氨等几十种系列产品，远销美、英、法等 20 多个国家和地区。

山东万达电缆有限公司 生产探测电缆、潜油泵引接电缆和电磁线等 130 多个产品系列，仅电缆产品就有千余种型号规格，产品远销 30 多个国家和地区。

山东宝世达石油装备制造有限公司 生产螺杆钻具、抽油机、抽油泵、抽油

宝世达泵业有限公司

杆、大口径壳体及各种井下工具等产品，产品主要出口至美国、韩国、新加坡、巴基斯坦、科威特等国家和地区。

山东全民塑胶有限公司 是从事钢制管道防腐涂层材料研制、开发、生产、销售和进出口的专业化一体式的企业。制造的“迈强”牌防腐胶带、橡胶粘剂、塑料膜片、防腐涂料和塑胶保温层等系列产品，40% 的份额出口到南亚、中亚、南美、海湾、欧洲的国家和地区。

东营合益化工有限公司 从事三氟化硼系列产品开发、生产和销售的专业化企业，拥有国内最先进的、自动化程度最高的三氟化硼系列络合物生产线，年产三氟化硼气体 6000 吨，三氟化硼系列络合物量 2 万吨以上。产品主要销往俄罗斯、美国、日本、韩国、印度等国家，产品质量和技术服务深受国内外客户广泛认可。

招商引资

1999 年 11 月，东营市、垦利县两级党委、政府提出实施“大开放、大招商、大发展”战略，全党动员、全面参与，招商引资工作迅速全面展开，成为各级推动

胜坨镇招商引资动员大会

2011 年 9 月 9 日，胜通集团与德国布鲁克纳签订合作协议

经济发展的重大任务。2000 年初，胜坨镇、宁海乡、胜利乡均迅速成立招商引资办公室，具体负责制定本乡镇招商引资工作的总体规划、项目联系引进、进展情况调度、项目考核认定、优惠政策宣传与兑现、受理外商投诉等工作，动员宣传铺天盖地，掀起大招商大发展的浓厚舆论氛围。

2000 年，进入全民招商和全面招商阶段，内商外商一起招，大小项目一起引，一、二、三产业一起上，市、县、镇自上而下层层下达指标、分配任务，境内各乡镇机关干部人人肩上有担子，个个头上有指标。各乡镇机关干部，尤其是领导干部，积极地走出去，利用亲戚、同学、老乡、战友、朋友等各方面的关系，推介宣传本乡镇寻找联系投资企业、投资人。实行严格奖惩考核，与工资晋级、评先树优等挂钩，分别给予相应的奖惩。至 2005 年，全镇共引进投产项目 53 个，其中工业项目 35 个，其中总投资超亿元的项目 5 个，到位外来固定资产投资 5 亿元，对促进优化全镇工业经济结构产生重大影响。

2006 年，全镇引进外来投资项目 14 个，到位外来固定资产投资 3.15 亿元，超额完成垦利县人民政府分配任务的 246%。

2014 年，全镇共外出招商 38 次 105 人次，与深圳华强集团方特投资有限公司、深圳企业家协会、北京诺丁山集团等18家企业或组织联系对接，签订投资意向书。通过东营市招商引资平台，收集各种投资信息，主动交流联系。期间，接待来自宁波信合特钢科技有限公司、浙江宁波市安徽商会、宁波市山东商会等外商考察活动20多次。实行“定项目、定额度、定单位、定人员、定奖惩”的包案负责制，全程负责在谈项目跟踪、签约项目开工、在建项目推进等工作。至年底，外来投资在建、续建项目14个，总投资达83.3亿元；签约项目17个，在谈项目8个。

工业园区一角

胜坨镇志

SHENGTUOZHENZHI

生态宜居名镇

SHENGTAIYIJUMINGZHEN

镇城区一角

20世纪末，胜坨镇按照“高起点规划，高标准建设，高水平管理，多渠道融资”的总体思路，累计投资5亿元推进小城镇建设。2007—2014年，确立“城乡一体，镇园融合，产城互动”的发展目标定位，构建“一中心二园区九组团”的发展格局，全面加快新型城镇化和新型农村社区建设。该镇先后获得“全国文明村镇”“国家卫生镇”“中国生态强镇”等称号。

城镇化建设

规划布局

1966年前，境内村庄建设无统一规划。胜坨、宁海、辛庄三公社成立后，各公社对各自公社机关及社办企业的驻地进行过多次局部规划。1971—1978年，因国家黄河南展宽工程建设需要，宁海和辛庄两公社机关驻地及所属村庄按照统一

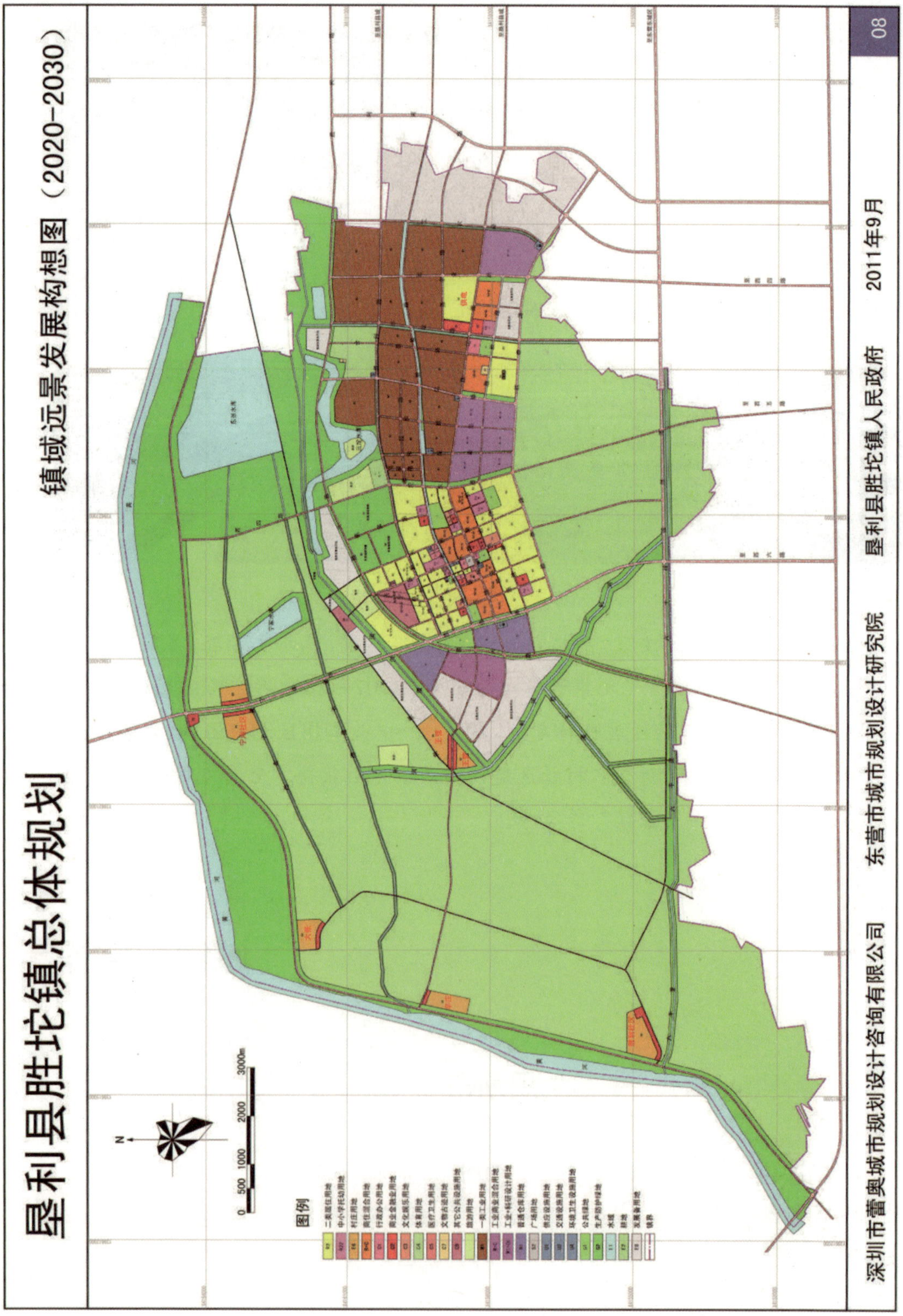
垦利县胜坨镇总体规划
镇域远景发展构想图（2020-2030）
08
图例
深圳市蕾奥城市规划设计咨询有限公司
东营市城市规划设计研究院
垦利县胜坨镇人民政府
2011年9月

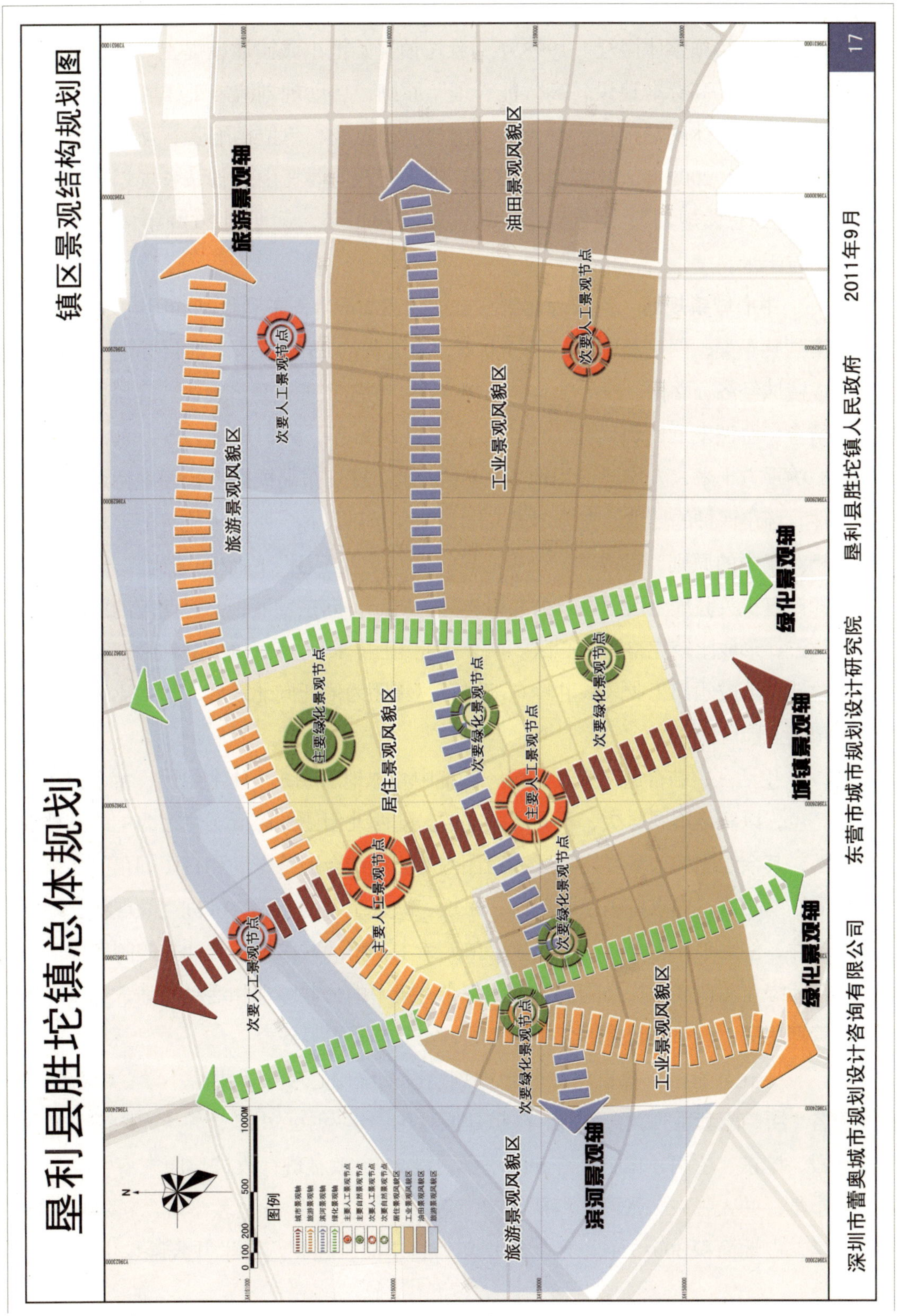
垦利县胜坨镇总体规划
镇区景观结构规划图
17
旅游景观轴
旅游景观风貌区
次要人工景观节点
油田景观风貌区
次要人工景观节点
工业景观风貌区
绿化景观轴
主要绿化景观节点
次要绿化景观节点
居住景观风貌区
次要绿化景观节点
城镇景观轴
主要人工景观节点
主要人工景观节点
次要人工景观节点
次要绿化景观节点
绿化景观轴
次要绿化景观节点
工业景观风貌区
旅游景观风貌区
滨河景观轴
图例
深圳市蕾奥城市规划设计咨询有限公司
东营市城市规划设计研究院
垦利县胜坨镇人民政府
2011年9月

规划要求实施整体搬迁。1998 年，胜坨镇开始把小城镇建设提上日程，坚持“高起点规划，高标准建设，高效能管理”原则，启动规划编制工作。定位为山东省一流水平，体现油地结合特点，突出与油田企业、单位相配套、互为依托、相互促进原则。2002 年，中共胜坨镇委、镇人民政府委托山东省城乡规划设计院修编《胜坨镇总体规划》，规划确定近期规划到 2020 年，远期到 2030 年，规划面积 25 平方千米。

中心城镇规划 范围为北到三分干以北 2 千米，东到胜利油田电力公司以东，南到胜干渠，西到董宁路以西 300 米，总面积约 25 平方千米。目标定位是将其建成镇域经济、文化、政治中心，布局合理、功能完善、经济发达、环境优美、油地结合、协调发展的现代化工业小城镇。到 2030 年，人口规模为 5 万人，建设用地 5.97 平方千米，人均建设用地 119.4 平方米。规划布局根据现状用地特点及自然条件、环境保护的要求，充分考虑交通运输和基础设施、服务设施等配套条件，采取相对集中的原则，形成“一个中心区，两个工业组团”的空间结构。一个中心区，即镇直机关驻地生活居住及公共设施区，向北、向东发展，并对南部的三坨村进行改造，形成比较完整的中心区。两个工业组团，即对镇直机关驻地西部，继续完善改造，形成西部工业区；驻地东部以万达集团为依托向北发展，形成比较独立的东部工业园区。

生活区，结合道路交通状况，围绕中心绿地形成 5 个住宅组团，每个组团各具特色，以满足不同层次、不同居民需要。即西北组团是以低层住宅为主的高档别墅区，其余组团均为多层住宅区。组团内的住宅结合道路走向和日照间距的要求，前后错落相联，力求打破空间单调、呆板、缺乏生气的布局。依据空间现状、地质等条件，住宅单元组合以 3 个或 4 个单元为主，将油井占地结合油井控制用地适当开辟为绿化用地或街头公园。各组团都布有集中的公共绿地和活动场地，并设有物业管理用房，给邻里间提供交往的空间，安全方便的服务。

文化教育区，镇直机关驻地规划建设初级中心中学、中心小学、中心幼儿园各 1 所，配套系列教育设施。改扩建原胜坨中学为中心小学，并入原中心小学和皇殿、坨东、坨南、化肥厂等 5 所小学，设 22 个教学班；改扩建原宁海中学为宁海小学，并入张东、张西、海西、宁海等 4 所小学，设 24 个教学班。新建胜坨镇中学，占地面积 30015 平方米。2007 年，将宁海、胜利两中学并入胜坨中学，设 84

个教学班。

街道及庭院绿化建设规划　依据城市环境中绿地面积50%以上为最佳居住环境的生态学观点，规划确定镇中心城区绿化覆盖率为35%以上。以树木为主体，形成街头绿地、行道树、疏林草坪、片林带、防护林、水源涵养林、草地、水域、苗圃、果园、菜地、农田等在内的绿化系统。确定“三区、四线、一带、一园”的景观特色，即居住景观区、公建景观区和工业景观区三区，永莘路、三千路、坨村路、化肥厂路四条线（路两侧的景观接口是镇直机关驻地标志性地段，均为表现整洁的镇容镇貌和现代化建筑、广场、绿地小品等），三分干自然景观带和中心公园。镇中心城区公共绿地规划总面积41.4万平方米，人均公共绿地面积18平方米，绿化覆盖率21%。除中心公园外，新建居住区内部和福利院南部、西部等4处开敞性绿地，满足居民正常游憩活动需要。永莘路作为镇中心城区主街道，保持其景观道面貌，在其两侧各保留10米～30米绿化带，以条形东西贯穿全镇，成为镇中心城区的美化绿化长廊。遵循“大绿化”原则，镇中心城区中心规划绿地率35%，公共绿地占中心区面积20%以上。中心广场运用开敞的处理手法，设计有硬地和几何形状的草坪，草坪上点缀各种树丛，疏密相间，错落有致，为建筑群体创造出富有创意主题。对绿化实行层次设计，包括垂直绿化、平台绿化、绿化造景等形式，立体绿化和平面绿化相结合，使建筑、水体、绿化相融合。设计广场绿地总面积1.5万平方米，街道绿地8000平方米。沿董胜路胜坨段设计生产防护绿地10米的绿化带，沿化肥厂水库周围设计防异味绿化带。城市道路主干道设计1米宽绿化带及道路两侧人行道绿化。

驻地建设

新中国成立前，境内区、乡机关无固定地点。至1966年7月，境内新建胜坨、宁海、辛庄公社，机关驻地分别设在小宁海村、宁海村、辛庄村，机关驻地相对固定。

宁海乡直机关驻地　1981年1月，宁海公社机关驻地由宁海村迁到花台村。1984年7月，宁海公社改为宁海乡，驻地未变。1985年，驻地设有乡立初级中学、中心小学和卫生院各1处，乡办企业4家，村办企业10家，还设有供销社、粮管所、邮电分局、文化站、电影队、广播站、农行营业所、畜牧兽医站等单位，常住人口 2963 人，其中非农业人口 304 人。集贸市场设在驻地东西向的中心大街上，街道宽 9 米，长 600 米；临街建有旅馆、饭店、商店等服务设施，集市占地 36.67 公顷，房屋建筑面积达 38260 平方米。2001 年 2 月 10 日，宁海乡并入胜坨镇，乡直机关合并到胜坨镇。

胜利乡直机关驻地 1978 年，因黄河南展宽工程建设，辛庄公社机关驻地由辛庄村迁至林子村。1982 年 4 月，辛庄公社改称胜利公社，驻地未变。1985 年，驻地设有乡立初级中学和中心小学各 1 处，乡立卫生院 1 处；乡办企业 5 家，村办企业 3 家，还设有供销社、粮管所、邮电分局，文化站、电影队、广播站、农行营业所、省属黄河修防段胜利分段机关等单位。常住人口 2847 人，其中非农业人口 366 人；流动人口 2100 人。集贸市场设在驻地中心大街，街道宽 6 米，长 900 米；临街设有旅馆、饭店、商店及个体摊点；集市占地面积 59.33 公顷，房屋建筑面积 40177 平方米。2001 年 2 月 10 日，胜利乡并入胜坨镇，乡直机关合并到胜坨镇。

胜坨镇 1966 年 7 月，胜坨公社从董集区析出后，公社机关驻小宁海村。后因胜利油田、县化肥厂在坨庄附近开发建设，坨庄渐成繁荣集镇，公社机关驻地便于 1969 年 10 月迁至坨庄。1984 年 7 月，胜坨公社改为胜坨乡，驻地未变。1985 年，驻地设有县立第四中学 1 处，县立医院 1 家，县办、乡办企业 5 家，村办企业 9 家，油田二级单位 1 个、三级单位 4 个，还设有供销社、粮管所、邮电分局、文化站、电影队、广播站、农行营业所、畜牧兽医站等单位。地方常住人口 4918 人，其中非农业人口 780 人；油田职工 1987 人。集贸市场设在乡人民政府东侧的南北街上，路宽 10 米，长 650 米，与垦禹公路成“丁”字形，该集市为全县乡（镇）直机关驻地中建筑面积最大的集市。临街设有旅馆、饭店、商店与个体摊点，集市占地 100 多公顷，房屋建筑面积 16.69 万平方米，建筑结构为土木、砖木结构平房。饮水为油田自来水，用电为油田用电。

1998 年始，胜坨镇中心城区建设工作全面展开，逐步建立起以企业和个人投入为主、国家和地方投入为辅的多元化融投资体制，并将镇财政结余资金全部投入到基础建设。至 2006 年，累计投资 5 亿余元，建成东辰路、中心路、探宝路、镇北路及永莘路绿化美化工程，建成镇党政机关办公大楼、探宝广场、自来水厂、镇中学教学楼、县二院门诊楼、派出所办公楼、计生服务楼、新行政办公区等一批公用设施。支持规划范围内驻胜坨的中央、省、市、县垂直管理单位新建改建办公楼，先后有国税分局、地税分局、农行营业厅、农信社营业厅、工商银行、法庭、交管所等 7 个单位新改扩建办公设施。同时，鼓励企业在镇中心城区建住宅小区。建成胜坨体育中心、星光老年服务中心、集中供暖站、城区排水系统、景观河衬砌等一批新建或扩建重点工程，实现水、电、路、讯、气、暖全面配套。城镇居民人均居住面积 32.3 平方米；绿地总面积 1.8 平方千米，绿化率达到 35%；配套健全休闲、商贸、娱乐健身等设施，自来水和电视、电话入户普及率均达到 100%；镇中心城区对区域经济发展的载体作用日趋明显。至 2014 年年底，胜坨镇镇中心城区建成居民小区 4 个，即胜中小区、胜东小区、胜西小区、胜北小区，共有住宅楼房 76 栋，总建筑面积 25 万平方米，城镇化水平达到 40%。

重点设施工程

胜坨镇初级中学 2001 年选址新建，建筑面积 2.2 万平方米，投资 2600 万元；体育场占地面积 40160 平方米，投资 600 万元。2011 年，投资 1500 万元，建设教学楼一栋，建筑面积 10334.5 平方米；投资 510 万元，实施操场硬化及塑胶场地建设。2012 年，投资 1000 万元，建设两栋实验楼，建筑面积 7600 平方米。

胜坨镇实验小学 2002 年 9 月，迁入原胜坨镇中学，建筑面积 3831 平方米，投资 1200 万元。2010 年，投资 1500 万元，改扩建教学楼、办公实验楼各 1 栋，建设面积 9200 平方米，学校操场及相关设施齐全配套。

宁海小学改扩建工程 2011 年，投资 900 万元，对该校改扩建，建筑面积 5260 平方米。

胜利小学改扩建工程 2011 年，投资 700 万元，对该校改扩建，建筑面积 4475 平方米；2012 年，投资 400 万元，实施运动场改扩建，占地 10537 平方米，建成 250 米环形塑胶跑道、足球场、篮球场、排球场等运动场地，建筑面积 7361.76 平方米。

胜坨中心幼儿园 2001 年 7 月兴建，建筑面积 2240 平方米，投资 200 万元。

胜利幼儿园 2011 年兴建，投资 400 万元，建筑面积 2100 平方米。

胜坨老年幸福公寓 2001 年兴建，建筑面积 6800 平方米，投资 740 万元。

胜坨公园一角

胜坨公园 2003年开工建设，占地20公顷，投资1500万元，以自然、生态、环境为主题，突出大水面、大绿化。2008年，投资300万元，实施续建工程，完成绿化种植、步行道铺设和湖内设施建设。2009年，投资1300万元，实施胜景河建设等续建工程。胜景河总长5611米，其中水面面积15.33公顷；建设内容主要包括滨湖大道、游船码头、观景台、木栈桥、文化墙、流水瀑布、亭阁等设施。依托胜坨公园和沿胜景河建成的与商业区相配套的滨湖步道区、与住宅相配套的娱乐服务区、与休闲健身区工业园区相配套的胜景河景观区以及自然生态区构成的五大功能区域，构成休闲、娱乐、生态、旅游等要素完整的镇中心城区景观功能格局。

胜坨镇污水处理厂工程 位于坨一路西侧、孙家村北侧800米处，占地面积1.89公顷。设计规模为处理水体4万立方米/日，处理工艺为一体化氧化沟、高效纤维过滤工艺。工程分两期实施，总投资5774万元。一期工程建设规模处理水体2万立方米/日，投资3800万元，于2008年12月底竣工。二期工程于2009年1月开工建设，同年12月竣工。胜坨镇污水处理厂投用后，有效改善了广利河水质，污水经强化二级处理后，每年有1000万吨水可用于农田灌溉、养鱼或景观用水。

胜坨镇园区综合服务中心 2009年实施，2010年12月竣工，总投资500万元。建成综合楼、宿舍楼各1栋，总建筑面积3300平方米，该区占地面积1.12万平方米。

胜坨镇综合文化中心及停车场工程 2009年建设，占地面积5600平方米，建筑面积2940平方米，主体两层，局部三层，建有演播厅、图书室、阅览室、多媒体教室、棋牌室、乒乓球室、办公室和户外停车场、文体活动场地等设施，同时实施硬化、绿化、亮化工程，总投资900万元。

胜坨镇西工业园区配套续建工程 2010年，完成两条各长500米道路的人行道铺装、亮化、绿化工程，安装路灯100盏，绿化面积8000平方米，实现雨污分排，投资300万元。

胜坨镇东工业园区二期配套工程 2011年，实施万达路以东镇北路雨污分排、人行道铺装及绿化亮化工程，实施万达路至丰收路段胜景河衬砌、南北两段规划路与丰收路北延至胜兴路段、镇北路东延至广兴路段、化肥厂路、民营路南段、景观路南展大堤段，胜兴路西延段等道路工程的建设改造，总投资1.3亿元。

宁海商贸区及商贸楼工程 2010年，投资600万元，实施宁海商贸区、商贸楼工程，建筑面积4300平方米，绿化、亮化、硬化全面配套。

垦利县第二人民医院门诊楼工程 2011年建设，投资200万元，建筑面积1300平方米。

新农村建设

20世纪60年代前，境内村庄建设无统一规划，村民根据各自条件在自家或划拨的宅基地上建房，宅基地大小不等、形状各异，所建房屋的长短、宽窄、高矮不一，宅院的坐落朝向因街而异。1971—1978年，因黄河南展宽工程建设需要，宁海、辛庄两公社整体搬迁至黄河大堤房台上，宅院房屋建设统一规划、统一尺寸、统一建设，整齐划一。2002年，胜坨镇人民政府提出大力实施“康居工程”，委托山东省城镇规划设计院编制完成全镇59个村的村庄建设规划，近期规划到2020

旧民宅

年，远期规划到2030年，经垦利县人民政府批复实施。胜坨镇村庄建设规划分为黄河南展宽区内35个房台村、外24个村两大类。截至2014年年底，境内2000人以上的村庄有3个，即尚庄村、崔家村、宁家村；2000人～1000人的村庄18个；1000人～500人的村庄有33个；不足300人的村有5个，即姜家、杜家、吴家、棘刘、西街村。

新村建设

进入21世纪始，胜坨镇以工农、海中、海北、坨西、坨东4个试点村为重点，加快农村新村规划步伐，大力推广新型村居建设，推进城乡一体化进程。

工农村　2001年5月，投资600万元，实施新村建设、旧村改造、设施配套三大工程。同时，对村内中心街等主要街道及人行道进行硬化、铺装，道路两侧实行绿化，绿化面积为5600平方米。亮化街道安装路灯48盏，修建排水管道800余米，户户通上自来水和有线电视，实行集中供暖和天然气。至2002年6月，新建别墅26户，户均居住面积240平方米。对村内的公共设施和公共绿地，配有专人管理，垃圾定点投放、定时清运，时时保持道路清洁和环境优美。开展文明村庄创建，建立长效管理机制。2004年，工农村创建为东营市第一批小康文明村。

海中村　2005年，该村按照统一规划、统一布局、统一模式和统一建筑队伍、统一进料渠道、统一工程标准的原则，启动新村建设。村集体投资400余万元，亮化街道4条，粉刷文明示范街3条，硬化新村道路长400米，清理地沟长3000米，更换地沟盖板750块，改造街道电网2条，建设村内休闲广场和建文化长廊各1处，使新村主要基础设施配套。全村有43户村民喜迁新居。2013年，海中村投资1.52亿元，在老村北面新建住宅区——海中家苑，建筑面积78759平方米，楼房21

工农村新貌

海中新村民宅

海北村牌坊

栋，入住496户。

海北村 2005年，开展小康文明村创建，推进社会主义新农村建设，投资800余万元，按照“亮化、美化、净化、绿化”标准，对村庄硬、软件进行建设与完善，硬化街道长1200米，新建街道长350米，主次街道硬化率100%；修建路边绿化带3500米，绿化种树1.4万棵；建设生产桥5座，铺设排水管线长400米；拆除旧房屋48间，粉刷墙壁1.48万平方米；清理各类垃圾点37处，户户通上自来水和有线电视；建成文明诚信一条街1条，街道两侧铺设花砖，安装路灯35盏；建设占地1500平方米的休闲健身广场1处，安装健身器材15套。成立村卫生保洁队伍，垃圾随时清理，保持生态环境清洁。

社区建设

2009年，胜坨镇启动宁海、许家、辛庄、胜坨、大张、胜利等农村集中居住社区及社区服务中心建设，委托山东省城乡规划设计院，对农村社区建设规划进行设计。2013年，启动实施坨东、坨南迁村并点工程，总投资5.1亿元，至2014年年底竣工。2014年，启动实施尚庄、孙家土地增减挂钩项目，总投资4.2亿元，2017年8月竣工启用。

宁海社区 辐射寿合、张东、张西、苏家、宁家、花台、义和、海东、海西、

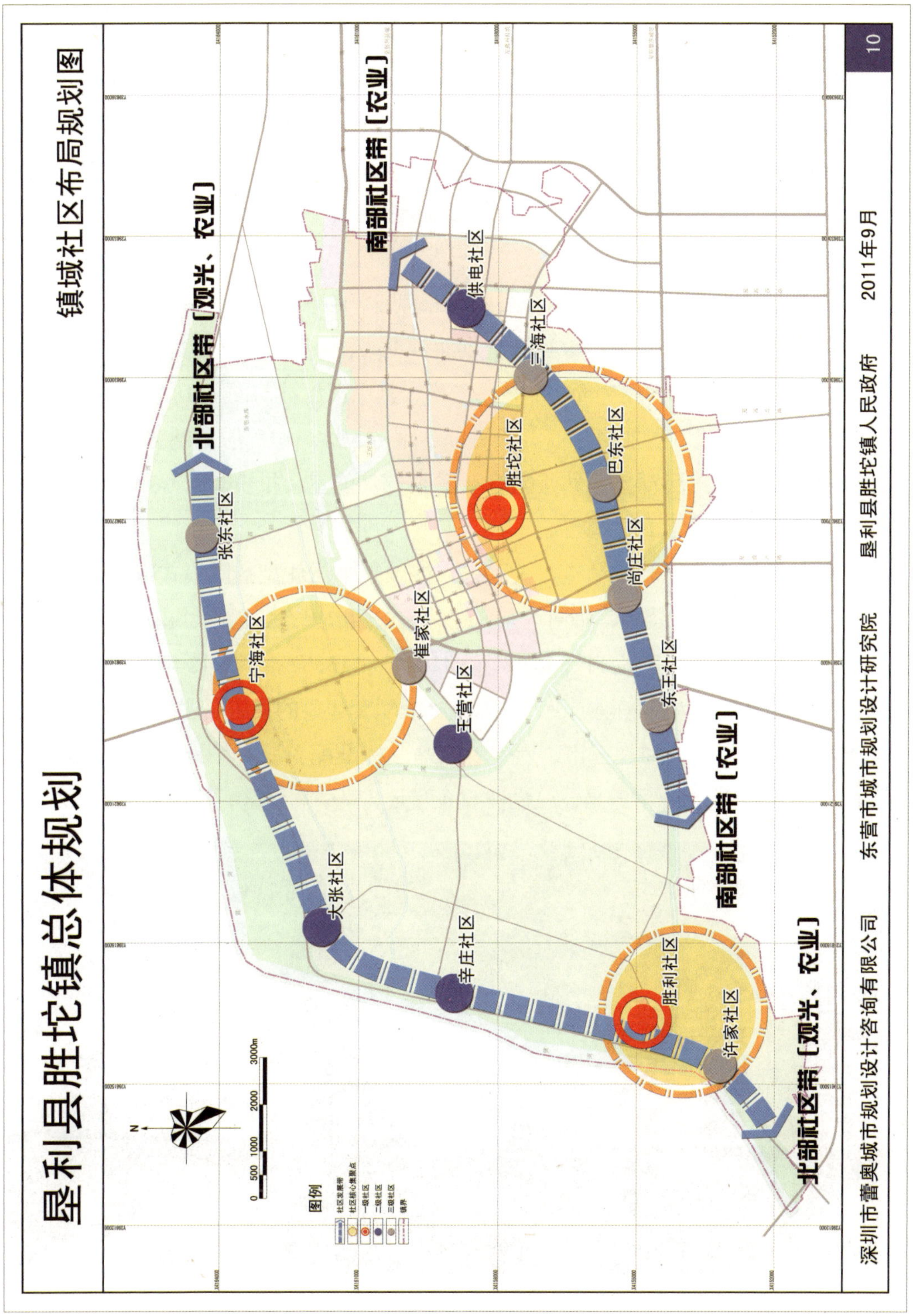
垦利县胜坨镇总体规划
镇域社区布局规划图
10
北部社区带〔观光、农业〕
南部社区带〔农业〕
北部社区带〔观光、农业〕
南部社区带〔农业〕
张东社区
宁海社区
崔家社区
王营社区
大张社区
辛庄社区
胜利社区
许家社区
供电社区
三海社区
胜坨社区
巴东社区
尚庄社区
东王社区
图例
0 500 1000 2000 3000m
深圳市蕾奥城市规划设计咨询有限公司
东营市城市规划设计研究院
垦利县胜坨镇人民政府
2011年9月

苏刘、新张、大张、小张、陈家、胥家 15 个行政村，人口 1.5 万人。该社区建设规划是依托原宁海乡直机关驻地和宁海黄河文化园，精心打造行政办公区、文化教育区、商贸流通区、餐饮服务区和黄河文化园“四区一园”新格局，建成集办公、教育卫生、沿街商贸、餐饮服务、旅游度假于一体的现代综合服务社区。2009 年，投资 400 万元，启动实施宁海社区综合楼改造和社区绿化、亮化、排水配套及沿街房改造工程，至 2014 年年底竣工。

辛庄社区　辐射辛庄、常家、后彩、三佛殿、路家、前彩、周家、宋家 8 个行政村，1335 户，4500 口人。该社区规划面积 16 公顷，东西长 337 米，南北长 476 米，建设 182 户。每户住宅面积 468 平方米，其中房屋建筑面积 183 平方米。2011 年 3 月，动工建设社区服务中心，设有综合服务大厅、医疗服务站、图书阅览室、民政服务室、居民活动室、幼儿园等社区服务功能室，投资 330 万元，建筑面积 2200 平方米，至是年 10 月竣工。

胜坨社区　位于胜坨镇直机关驻地，按照集中居住型社区模式建设，依托镇直机关驻地公共服务资源，辐射坨东、坨南、坨西、巴东、巴西、崔家、杜家、尚庄、孙家、小务头、皇殿 11 个行政村，4163 户，15352 人。2012 年实施，规划委托山东省城乡规划设计院规划设计，为高标准配套建设的集中居住区。社区服务中心，按照“一场、二栏、三市、六室、八站”标准配置服务场地设施，占地 1.27 公顷，建筑面积 2200 平方米，总投资 600 万元。集中居住区，建设住宅楼 133 栋，

胜坨社区新居民区

总投资12亿元。2014年，全部工程完成。镇人民政府还投资560万元，建设配套完善教育、文化、卫生等公共设施，使该社区设计科学、布局合理、功能齐备，生态宜居。

胜利社区 位于境域最西端，胜利黄河渡口北侧，黄河右岸东面。2006年，在原新农村建设规划基础上，对其规划布局作重新修编调整，将大白、小白、佛头寺、徐王、林子、吴家、许家、卞家、梅家、前彩、棘刘、王院12个村集中连片建设，规划占地面积46.83公顷，总投资9.2亿元，搬迁安置2204户，7017口人。2010年，实施胜利社区综合服务中心建设，占地面积2公顷，总建筑面积1780平方米。2013年6月，开工实施住宅楼工程。工程分两期实施，一期工程投资3.52亿元，建设安置房1132套，建筑面积14.2万平方米，搬迁安置佛头、大白、小白、徐王4个村的农户，2014年11月竣工；2015年年底，启动二期工程，2017年竣工，搬迁安置棘刘、前彩、王院、吴家、许家、卞家、梅家、林子8个村的农户。

环境保护

胜坨镇是油区乡镇，工业重镇，化工大镇。自20世纪60年代中期，中共胜坨镇委、镇人民政府注重抓环境保护，持续遏制环境污染恶化状况。进入21世纪后，针对经济活动规模的扩大、环境保护压力增大的状况，中共胜坨镇委、镇人民政府开始把环境保护工作提上重要议事日程，作为良好生态建设的一项重要工作来抓，严格执行环境保护法律规章制度，下大力气扭转环境恶化被动局面，坚持不懈，重现良好的生态环境，并得以持续改善向好。

环境建设

1998年始，胜坨镇在城镇环境管理上制订并严格执行《胜坨镇城乡环境综合整治实施方案》《胜坨镇精细化管理办法》《胜坨镇日常保洁制度》《胜坨镇农村住宅管理办法》等一系列规章制度。中共胜坨镇委、镇人民政府统一领导，由该镇村镇建设站、物业管理中心、行政执法中队具体负责环境综合整治工作。全镇启动实施街道及庭院绿化建设，打造镇域优美绿色环境。建成以胜坨公园和三分干串联起来的防护绿地为骨干的城市绿化系统。镇中心城区公共绿地总面积 41.4 万平方米，人均公共绿地面积 18 平方米，绿化覆盖率 21%。在新建居住区内部及福利院南、西两部设置四处开敞性绿地，满足居民正常游憩活动需要。永莘路两侧建成 10 米～ 30 米绿化带，以东西向贯穿全区。

探宝广场运用开敞的处理手法，设计有几何形状的草坪，草坪上点缀各种树丛，疏密相间，错落有致，在改善环境的同时令建筑群体富有创意性。注重绿化层次设计，实行垂直绿化、平台绿化、绿化造景等立体绿化和平面绿化相结合，使建筑、水体、绿化、环保相融合。绿化总面积 1.5 万平方米。

镇直机关驻地住宅小区内街道及空地全部绿化，绿化面积 8000 平方米。贯穿驻地的董胜路（永莘路）胜坨段两侧全部建成生产防护绿地，每侧 10 米绿化隔离带。镇域主次干道均保持 1 米以上宽的绿化带。

环境治理

20 世纪 80 年代前，境内环境污染是落地原油无序排放及群众生活燃烧原油等污染。80 年代起，工业发展迅速，其中易造成环境污染的化工项目上马较多，环保设施不配套或无环保设施，加之仍存在土炼油污染等情况。这些项目分布范围较广，烟尘、废气排放超标，污水渗漏或乱排乱放、废渣乱倒乱堆积等现象严重，新的污染源也在不断增加，主要有空气污染、水质污染和噪音污染。对于易产生污染的项目，各级各有关部门单位采取一系列措施进行治理，乃是前治理后反复，难根治、不彻底。

1990 年起，境内各乡人民政府加强对新建、改建、扩建企业项目的管理，严格执行“三同时”审批制度，即凡是对环境造成污染的建设项目，其防治污染的设施必须与主体工程同时设计、同时施工、同时投入使用。否则，环保部门不予审批，银行不予贷款，工商部门不发营业执照。对不按“三同时”规定而造成环境污染的企业，追究单位和个人的经济、法律责任，并规定不在居民区、水源上游和风

城乡环卫一体化垃圾中转站

景区建设污染环境的项目。1999 年始，境内开展争创清洁工厂活动，按照厂路硬化、厂区绿化、污水净化、废水消毒、水路循环、一水多用等原则，定期对各厂进行检查督促整改。2003—2005 年，胜坨镇进一步加大环境整治力度，将环境保护指标进行量化分解，以解决问题为导向，把环保重点工作任务分解落实到各企业及村，镇长与全镇各单位主要负责人签订环境保护目标责任书，明确部门单位、责任人责任。万达集团遵循循环经济理念，大力推行清洁生产，改末端治理为全程控制，在对粉尘治理的基础上，于 2003 年投资 3000 多万元，从英国进口聚丙烯酰胺生产设备，彻底解决了粉尘及氨气污染问题，并通过 ISO14000 认证。

2014 年，胜坨镇严格落实环保第一审批权和一票否决权，确保有污染项目环境影响评价和“三同时”执行率分别达到 100%。投资 5000 多万元，占地 2.59 公顷，建立污水泵站一座，提升流量 280 升 / 秒，出水水质符合《城镇污水处理厂污染物排放标准》规定的一级 B 标准。

城乡环卫一体化

2014 年，胜坨镇开展清脏治乱集中行动，清理柴草堆、垃圾堆、粪堆“三堆”，落实山东省建设美丽乡村部署。对各村的清脏治乱治理行动，用以奖代补的形式予以补助，年投入奖补资金 5 万元。将治理小广告等乱涂乱画不文明行为纳入工作治理范畴，加大巡查整治力度，彻底整治城市“牛皮癣”，保持墙体、楼道、电线杆等整洁。根据环卫工作量，全镇统一配备保洁人员，建立起 54 人的日常保洁队。卫生区被划分中心城区、工业园区、农村片区、公共连接区共四大区块。投资 60 万元，新配备 4 辆侧装挂桶式垃圾运输车、2000 个移动式垃圾桶。投资 200 万元，成立卫生集中清洁队伍，出动 3600 余人次，动用车辆 8000 余台次，对镇区四周、主干道路、进村道路、沟渠等辖区内的卫生进行集中全面清理。将城乡环卫一体化工作纳入农村综合考评，实行督查通报制度，坚持每天调度，每周通报，每周评比，常抓不懈，实现工作开展制度化、常态化。该镇的城乡环卫一体化工作顺利通过山东省乡村文明领导小组的检查验收。

是年，投资近 50 万元，对 4 辆城乡环卫车进行修理喷漆，对镇区 48 个垃圾箱进行除锈防腐喷漆。为宁海社区、胜利社区、胜坨集贸市场配备垃圾桶 200 余个，同沿街商铺签订使用协议书。对胜利、宁海社区集贸市场商业街、主干道同心路的卫生垃圾实行专人管理。

清洁工更换了新三轮车

污水处理

利河污水处理有限公司，位于镇直机关驻地西南部，孙家村北 800 米处。2007 年 10 月 10 日，山东省发改委（鲁发改投资〔2008〕976 号文件）批复立项。2008 年 1 月开工建设，2009 年年底竣工，总投资 5770 万元。2010 年 8 月，垦利县环保局同意进行试生产。2011 年 1 月 11 日，通过东营市环保局环保竣工验收。山东省城建设计院设计，山东万达建安有限公司施工。厂区建设占地 2.59 公顷，污水处理能力为近期 2 万立方米 / 天，远期 4 万立方米 / 天。采用一体化氧化沟 + 高效纤维过滤技术，经过机械预处理、生化处理、高纤维过滤、消毒四道工序，出水达到一级 B 标准。2014 年，镇城区最大供水量为 8200 立方米 / 天，产生国家污水规定标定的污水 6560 立方米 / 天，污水处理率 92%。

道路建设

古道

境内原有 2 条古道，一条为官府所辟的京马道，一条为民间所辟的海道。

京马道　明清时期，从东南皂（今寿光市北部）入境，沿西北方向，经今海中、海北两村结合处，向西北经宁海村东出境，是通向北京的一条“驿道”，因官府所辟，又称“官道”。每隔 10 华里修一口井，每隔 100 华里左右建一处驿馆，供官家过往食宿。据传，明永乐年间，明成祖朱棣为将山东东南部的农副土特产和水产品供往京城而专置的驿道，傅振邦主管修筑。其后，蒙古方面的马匹及土特产也通过这条大道运往山东东南各地。两地商家也利用这条大道进行商贸活动，是官、商过往运输大动脉。因这条大道往来人员多以乘车、骑马趱行，而且直达京城，故称“京马道”。清末民国初期，由于军阀割据和连年征战，这条官道逐渐被废弃。

海道　由蒲台县向北入境内，经林子、小白、三佛殿、常家、宁海等村，出境通往海铺的一条道路，属民间开辟形成，是境内人们上海捕捞、进行海上贸易活动的主要通道，古称“海道”。1964 年，因整地种植水稻而被废除。

干支线公路

境内过境省道 2 条，总里程 20 千米；东营市中心城西城北延道路 2 条，总里程 26 千米；其余为县乡路和乡村路。境内干支线路全为新中国成立后陆续建成的柏油路。

永莘路 为 316 省道，东起垦利县永安镇，中经垦利县城、胜坨镇、董集镇、利津黄河大桥，西入滨州市境，至莘县。境内路段原为经胜坨镇直机关驻地，至胜利乡刘家夹河渡口段。2001 年，走向调整为经胜坨镇直机关驻地，至董集镇直机关驻地，至利津黄河大桥，至莘县。原胜坨镇至刘家夹河段改为县级道（境内称胜利路）。

胜兴路 为省级路，出垦利县城，进入胜坨境，至皇殿村西与永莘路连接。路宽 23 米，双向 4 车道，总里程 14.8 千米，技术等级一级，2013 年修建。

西四路胜坨段 是东营市中心城西城西四路北延段，市属重点工程，胜坨镇连接西城区的主干道之一。总里程 7.75 千米，共分为德州路至北外环段、北外环至

胜兴路段、胜兴路至黄河大坝段三部分。2012 年 11 月 16 日，西四路北延工程全面竣工。工程总投资 7673 万元，完成灰土工程长 7.2 千米。此路段的建设，旨在缓解黄河路（利河路）的交通压力，完善市中心城的交通体系。

西五路胜坨段 是东营市中心城西城西五路北延段，市属重点工程，胜坨镇连接西城区的主干道之二。起自东营市东营区北二路，向北跨越广利河后，向西北方向延伸，与胜坨镇坨东路对接，总里程 5.8 千米，宽 27 米，按城市主干路标准设计，双向六车道，工程总投资 1.3 亿元，技术等级一级。2014 年修建，旨在缓解黄河路的交通压力，加快胜坨镇经济等融入中心城步伐。

董胜路 是胜坨镇至董集镇的东营市中心城西外环路段，总里程 7.5 千米，技术等级为三级，投资 550 万元，1997 年修建。

胜利路 是原胜坨镇至胜利乡路段，即今胜坨镇直机关驻地至刘家夹河渡口段，总里程 12.8 千米，技术等级四级，1987 年修建。2000 年，投资 245 万元，进行改建。

黄河大坝路 是在黄河大堤上修建的柏油公路，境内为路庄至刘家夹河渡口路段，总里程 6 千米。1972 年修建，属乡级路。

宁崔路 永莘路至宁海社区段，中经崔家村，总里程 7.8 千米，技术等级四级。1998 年修建，投资 74.88 万元。该路是原宁海乡出入境的主要干道，南接永莘

S316 省道（胜坨段）

路，北通利津黄河渡口，辐射16个村庄，受益群众2.5万人。2008年，投资600万元，实施修复工程，里程6.5千米，路面宽6米。

乡村级公路

新中国成立前，境内道路全为土路，无统一规划，无专人管理。铺路修桥之事主要靠行善积德之人为之。世代沿袭的古道，虽四通八达，但其狭窄弯曲、崎岖不平。新中国建立初期，交通运输事业虽有较大发展，但因土地归个体家庭使用等原因，加之因受战争创伤严重，各业百废待兴，道路建设受到严重制约。1958年，人民公社成立后，土地连片划方，各生产大队之间交叉的土地进行调换，部分道路随之进行调直、加宽、整平。1964年后，油田进入开发建设，境内道路建设随之得到迅猛发展。至1985年，境内有机耕路29条。至2006年，修建村级公路66条，村村通柏油路。

2008年，投资638余万元，对东王路、工农村路等12条道路进行维修改造，总里程20.35千米，完成修补面积6500平方米。

2009年，投资240万元，实施宁家、小务头、杜家、小白、梅家、张东等9个村的村庄街道提升工程，改造里程7.9千米。投资560万元，建设里程4.5千米的胜坨镇七号公路，又新增1条胜坨镇连接东营市中心城西城区通道。

2010年，投资400万元，实施通往尚庄、大张、胜利、宁海4个社区和褚家、巴东、姜家、王营、许家5个村的乡村道建设，道路总里程9.9千米；投资2549万元，新修境内丰收路、南展大堤路、园区规划路、民营路及坨西至小务头路、海中经海南至三排沟路、周家至苏刘乡村道，总里程15.6千米。

2011年，投资800万元，实施7个社区5个村的街道提升工程，总里程7.9千米；投资，实施丰收路北延（胜利路至胜兴路）段路基工程，里程1千米，宽22米；对丰收路人行道铺装，长2千米，宽3米，并铺设污水管线长1千米；投资100万元，建设绿岛旅游路，里程1.5千米，宽6米。

2012年，胜坨镇抓住垦利县被列为全省村级公路网化试点县这一契机，实施大白村至路家村路、大张至周家至胜利社区路、胜利路等乡村道路和海南村路、工农村路、胜利村路等32个村庄街道改造工程，总里程4.33千米，总投资2500万元；投资 2960 万元，实施 8 条乡道和 33 个村道的农村公路网化工程建设，总里程 57.8 千米；投资 130 万元，实施部分村村通道路挖补修整等工程，挖补面积 9000 平方米。

2013 年投资 1240 万元，实施探宝东路、西路南延，以及永莘路至胜达路路段、胜达路至胜新路路段等道路工程建设。其中，探宝东路、西路南延里程分别为 861.43 米、679.44 米。

2014 年，投资 8000 万元，实施南部新区“三横六纵”路网建设；投资 600 万元，结合乡村文明行动，实施垃圾中转站路、东王至史王路和戈武村、王营村、小巴家村、小张村、胥家村 5 个村的村内道路改造提升，总里程 9.8 千米。

2012 年胜坨镇“全省村级公路网化示范县”项目建设情况统计表

表 11

	项目编号	项目名称	所属类型	建设性质（新建或改造）	建设标准		
					长度（米）	宽度（米）	路面结构
乡道	15	南展大坝路	村道	改造	7800	6	30cm 灰土，3+2cm 油面，平路缘石
	17	张东黄河防汛路	村道	新建	1400	4	30cm 灰土，3cm 油面，平路缘石
	18	寿合黄河防汛路	村道	新建	900	4	30cm 灰土，3cm 油面，平路缘石
	14	史王—戈武—赵马	乡道	改造	3600	5	21cm 冷再生，3cm 油面，高路缘石
	16	辛庄社区—路家村	乡道	新建	1000	5	30cm 灰土，3cm 油面，平路缘石
	C112	大白村至路家村	公路	新建	5800	5	30cm 灰土，3+2cm 油面，高路缘石
	C113	大张—周家—胜利	公路	改造	5100	5	21cm 冷再生，16cm 水稳，3+2cm 油面，高路缘石
	19	宁家村路东干渠路	村道	新建	700	4	30cm 灰土，3cm 油面，平路缘石
	合计				26300		

续表

	项目编号	项目名称	所属类型	建设性质（新建或改造）	建设标准		
					长度（米）	宽度（米）	路面结构
胜东胜中工作区	C262	海南村路	公路	新建改造	1723.4	4	30cm 灰土，3cm 油面；平路缘石
					1483.6	4	采用 20cm 冷再生，3cm 油，平路缘石
					730	8	3cm 油面，平路缘石
	C263	工农村路	公路	新建改造	245	4	20cm 冷再生，3cm 油面，平路缘石
					300	4	30cm 灰土，3cm 油面，平路缘石
	C264	胜利村路	公路	改造	1000	5	20cm 冷再生，3cm 油面，平路缘石
	C265	坨东村路	公路	新建	800	5	30cm 灰土，3cm 油面，平路缘石
	C266	坨南村路	公路	改造	800	4	20cm 冷再生，3cm 油面，平路缘石
	C267	坨西村路	公路	新建	800	4	20cm 冷再生，3cm 油面，平路缘石
					350	6	20cm 冷再生，3cm 油面，平路缘石
	C269	小巴家村路	公路	新建	2048	5	30cm 灰土，3cm 油面，平路缘石
	C282	巴西村路	公路	新建	800	4	30cm 灰土，3cm 油面，平路缘石
	C279	孙家村路	公路	新建	662	3	30cm 灰土，3cm 油面，平路缘石
	C281	史王村路	公路	新建	654	4	30cm 灰土，3cm 油面，平路缘石
					250	3	30cm 灰土，3cm 油面，平路缘石
	C286	崔家村路	公路	改造	1006	5	20cm 冷再生，3cm 油面，平路缘石
	C268	皇殿村路	公路	新建	690	4	30cm 灰土，3cm 油面，平路缘石
	合计				14342		
胜利工作区	C270	西街村路	公路	改造	240	4	20cm 冷再生，3cm 油面，平路缘石

续表

	项目编号	项目名称	所属类型	建设性质（新建或改造）	建设标准		
					长度（米）	宽度（米）	路面结构
胜利工作区	C270	西街村路	公路	改造	200	5	20cm 冷再生，3cm 油面，平路缘石
					320	6	20cm 冷再生，3cm 油面，平路缘石
					200	7	20cm 冷再生，3cm 油面，平路缘石
	C293	王院村路	公路	新建	739	4	30cm 灰土，3cm 油面，平路缘石
	C271	大白村路	公路	新建	900	4	30cm 灰土，3cm 油面，平路缘石
	C272	卞家村路	公路	新建	500	4	30cm 灰土，3cm 油面，平路缘石
	C273	路家村路	公路	新建	350	4	30cm 灰土，3cm 油面，平路缘石
	C274	林子村路	公路	新建	600	4	30cm 灰土，3cm 油面，平路缘石
	C288	周家村路	公路	新建	340	5	30cm 灰土，3cm 油面，平路缘石
					510	6	30cm 灰土，3cm 油面，平路缘石
	C284	宋家村路	公路	新建改造	100	5	30cm 灰土，3cm 油面，平路缘石；
					600	5	20cm 冷再生，3cm 油面，平路缘石
	C278	前彩村路	公路	新建	1000	4	30cm 灰土，3cm 油面，平路缘石
	C292	吴家村路	公路	新建	1000	4	30cm 灰土，3cm 油面，平路缘石
	C280	佛头寺村路	公路	新建	900	4	30cm 灰土，3cm 油面，平路缘石
	C287	楝刘村路	公路	新建改造	800	4	30cm 灰土，3cm 油面，平路缘石
					200	4	20cm 冷再生，3cm 油面，平路缘石
		梅家村路	公路	新建	1440	4	30cm 灰土，3cm 油面，宽 4 米，平路缘石
					360	4	20cm 冷再生，3cm 油面，平路缘石
	合计				11299		

续表

	项目编号	项目名称	所属类型	建设性质（新建或改造）	建设标准		
					长度（米）	宽度（米）	路面结构
宁海工作区	C283	苏刘村路	公路	改造	100	8	20cm 冷再生，3cm 油面，平路缘石
					530	6	20cm 冷再生，3cm 油面，平路缘石
	C277	小张村路	公路	新建	790	4	30cm 灰土，3cm 油面，平路缘石
	C285	海东村路	公路	新建	800	4	30cm 灰土，3cm 油面，平路缘石
	C275	花台村路	公路	新建改造	460	3	30cm 灰土，3cm 油面，平路缘石
					230	4	20cm 冷再生，3cm 油面，平路缘石
	C276	陈家村路	公路	新建	520	4	30cm 灰土，3cm 油面，平路缘石
					400	6	30cm 灰土，3cm 油面，平路缘石
	C289	寿合村路	公路	改造	405	7	20cm 冷再生，3cm 油面，平路缘石
					404	5	20cm 冷再生，3cm 油面，平路缘石
	C290	新张村路	公路	新建	820	8	30cm 灰土，3cm 油面，平路缘石
	C291	胥家村路	公路	新建	400	4	30cm 灰土，3cm 油面，平路缘石
	合计				5859		
2012 年总里程					57800		

生态林建设

村庄绿化

境域为黄河冲积平原之地。新中国成立前，多注重农田耕种，没有专用林地。

用材林木多出自农家院房前屋后及河道、沟渠、坑塘岸边的零星树木。新中国成立后，人民政府重视发展林业生产，颁布一系列林业发展和保护政策，调动组织广大人民群众植树造林，提倡在“宅旁、院内、房前、屋后”植树。“大跃进”和“文化大革命”时期，一度出现乱砍乱伐林木现象，林业发展受到严重破坏，农民植树造林积极性受到严重挫伤，致使许多可以植树的“宅旁、院内、房前、屋后”闲置。

1983 年始，境内推行第二次林木确权，恢复之前林业政策，农村和机关、学校、企业单位又掀起在“宅旁、院内、房前、屋后”和乡村生产路旁植树热潮，林木覆盖率逐年提高，生态环境逐年改善。

2009 年始，胜坨镇全面实施集体林权制度改革，逐步建立起符合本镇实际的现代林业产权制度，林业得到又好又快发展。结合春秋季造林绿化，大力开展村庄道路、河渠池塘、公共绿地、村内空闲地、农户庭院的适时绿化建设。在村庄建设规划时预留足绿化用地。2010 年春季始，镇人民政府免费提供树苗，鼓励群众利用村内空闲宅基地植树绿化，打造“村中林、林中村”，完成造林面积 100 余公顷。2011 年，在尚庄村等 4 个村开展试点工作，建设村庄绿化带 33.3 公顷，植树 5.5 万株，村内“四旁”植树 10 万株。同时，镇人民政府注册成立胜景林业公司，配齐配强技术力量，对林业生产统一管理，统一提供技术服务，实施专业队伍防治

林粮间作

林木病虫害，巩固全镇造林绿化成果。至2012年，全镇村庄绿化林地面积3333.33公顷，森林覆盖率18%，主要街道绿化普及率100%。

2013年始，胜坨镇以争创全国绿化先进乡镇、全市现代林业示范镇和打造黄河水城生态园为目标，把保护自然资源、优化生态环境、增加农民收入作为林业发展的首要任务，支持群众建设绿色家园。在广利河、六干渠一线，建设胜利生态商贸园、东王林果采摘园。举办农产品采摘节、新农村休闲游等文化体验活动，带动现代林业发展。在溢洪河与南展大堤之间，建设伟嘉园林、天宁寺生态林场、三明耐盐碱植物园、绿岛生态园、和利时水岛庄园，发展林业经济；在黄河大堤一线，以亲近母亲河为特色，加大黄河大堤林带建设，做好与标准化堤防建设结合的文章，打造别具风情的黄河人家旅游线路，吸引来越来越多的人走进新胜坨、了解新胜坨、投资新胜坨。

至2014年，胜坨镇直单位、学校、厂矿、农村等各单位，采用乔灌草相结合、常绿与落叶树种合理搭配的方式，全面实施绿化美化，栽植白蜡、杨、柳、石榴、紫叶李、松树、龙柏等绿化树木约50余种，绿化率100%。

“三网”绿化

“三网”指路网、水网和农田林网。1964年，境内宁海片、胜利片即开始规划实施农田林网建设，实行林粮间作，当年栽植杞柳160公顷。至1971年，在黄河南展宽区片建成间作林网265.47公顷。1981年，重新规划实施黄河南展宽区片农田林网建设。1982年始，植树绿化以县乡路、乡村路、生产路两旁植树为主，西部沿黄河的村庄多在河岸栽种速生树种，林网、间作折实覆盖面积400余公顷。至2003年，农业综合开发区的防护林、农田林网已成规模，所栽林木逐渐成材；沿六干渠两岸、永莘路两侧营造绿色通道林带2000公顷，植树200万株。2005年，全镇造林70公顷，森林覆盖率7.2%，林业产值370万元。2006年，造林106.67公顷，森林覆盖率8.6%，林业产值254万元。至2014年，全镇林地总面积5500公顷，绿化覆盖率30.56%，人均公共绿地面积55平方米，农田林网控制率92%，主要街道绿化普及率100%。

市西外环与环城镇道路等防护绿化项目 2010年，胜坨镇实施市西外环路、镇环城路、广利河水系等防护林绿化工程，以及宁海片区绿化示范区工程建设，绿化总面积 213.33 公顷，植树 35.2 万株，搬动土方 60 万立方米，总投资 1200 万元。该项目按照“大框架，宽林带”原则设计，工程建设实行台田和条田相结合形式，造林实行乔灌结合、混交种植模式。是年，还先后完成胜兴路、胜利路、宁崔路、西外环、北外环等道路绿化补植工作，主要种植白蜡、柳树、黑松、紫叶李、碧桃、石榴、海棠、龙柏等树种。

耐盐碱树种种质资源库

沿黄生态绿化及三大经济林带建设工程 2012 年，实施广利河——六干渠 2000 公顷经济林带、溢洪河——南展大堤 2666.7 公顷经济林带和沿黄河大堤 1333.3 公顷经济林带三大经济林带建设。流转土地 294 公顷，搬动土方 100 万立方米，造林 213.33 公顷，植树 24 万株。同时，带动周边林业专业村建设，发展壮大苗木、花卉产业，促进林业综合经济发展，提高林地综合效益，构建起林畜、林果、林菜合理布局、协调林业发展新格局。

南展大堤生态绿化工程 2012 年实施，2014 年竣工，是东营市中心城沿黄生态工程规划建设的“两带”之一，规划要求南展大堤两侧各栽植 500 米的林带，境内总长 8400 米，总投资 8000 万元。首期完成大堤两侧 300 米宽林带建设，营造混交林 173.33 公顷，栽植白蜡、杨、柳等树木 19.5 万株。

天宁寺湿地公园绿化工程 2012 年 3 月开工，2014 年 10 月完工。规划总面积 4224 公顷，总投资 4647 万元。即为一处集湿地生态保护与修复、湿地科普宣教、湿地生态休闲旅游为一体的城郊型综合湿地公园。

永莘路绿化提升工程 2013 年 11 月动工，2014 年 5 月完工，投资 724 万元，境内长 10 千米，采取乔灌相结合的种植方式，主要种植白蜡、黑松、紫叶李、碧桃、石榴、海棠、龙柏等树种，建成为针阔、常绿与落叶、多树种的混交林。

胜兴路绿化工程 2013 年 3 月开工，2014 年 7 月完工，投资 600 万元，全长

耐盐碱树种种质资源库

16 千米。路两侧各栽植 25 米宽带林，造林 65 公顷，植树 7.4 万株。采取混交林的种植方式，以种植速生白蜡、垂柳、杨树、龙柏和速生柳等树种为主。

天宁寺生态林场

区域位置 位于胜坨镇城区以北，东起胜利水库，西至宁崔路（西六路），南起胜利路（镇北外环），北到路东干渠，总面积 1705 公顷。

规划布局 “一园、一带、三区、一节点”。一园为天宁寺森林公园，一带为南展大堤绿化带，三区为天宁寺文化旅游区、休闲游憩区、林下经济示范区，一节点为胜兴路与西五路节点。旨在集中展现黄河文化、湿地文化和生态文化、佛教文化，为东营市重要的市郊旅游休闲区。

组织实施 2012 年 10 月 27 日开工实施。胜坨镇人民政府成立以镇长为指挥，分管副镇长为副指挥的天宁寺生态林场建设指挥部，下设建设推进部、土地流转迁占部、规划设计部和综合保障部等工作机构，负责规划设计、土地流转、迁占、施工、管理、统计汇总及综合协调等工作。工程管理人员签订工程管理承诺书，垦利县纪委监察局对项目前期审批、建设管理、资金使用及竣工验收等环节，全程实时跟踪监督检查。严格落实“五制三严格”制度。五制，即执行落实项目信息公告制、工程招投标制、项目监理制、合同管理制、法人责任制；三严格，即严格规划设计、严格责任追究与质量承诺制度、严格督导检查。

建设成效　至2013年年底建成投用。全部工程动用土方651万立方米，造林1020公顷，植树168.7万株，投资3.74亿元。至2014年年底，建成临时管护房6处，新增造林335.52公顷。主要种植榆树、柳树、白蜡、柽柳等耐盐碱生态树种和法桐、国槐、银杏、樱花、碧桃、腊梅、黑松、金叶垂榆、大叶垂榆等绿化观赏树种，范围内森林覆盖率31%。投资2048万元，实施林场循环路、东部片区节水管灌、台田改土工程建设。

维护管理　实行政府主导、企业参与、市场化运作、多元化经营，由天宁寺生态林场建设管理办公室统一负责林场的维护与管理。将林场划分成11个片区，分别交由专业公司或大户负责日常生产管理经营。镇人民政府与责任单位、个人签订经营管护合同，制有规章制度和考核管理办法，林场考核机制体系完备。日常管理，通过组织林场内部观摩评比，相互交流经验，及时发现和解决林场建设中的问题，林场建设标准和质量不断提升。2014年8月，天宁寺生态林场通过东营市生态绿化办公室中期验收。

多种经营　发展淡水养殖22.67公顷，种植莲藕3.33公顷，发展林下养鸡、养鸭、养鹅5500只，套种农作物33.33公顷。

天宁寺森林公园

该公园是天宁寺生态林场的核心区，区域北至南展大堤，南至胜兴路，以天宁寺路为中轴线东西两侧各356米。2012年10月开工建设，2013年底竣工投用。面积51.07公顷，其中绿地面积43公顷，铺装面积5.4公顷，道路面积1.05公顷，水面1.7公顷。种植法桐、国槐、银杏、樱花、碧桃、腊梅、黑松等树木30余种8.3万余株。同时，投资386.5万元，配套建设胜兴路绿化供水工程，建设加压泵站1座，铺设管道14千米。按照林场示范区的建设标准，投资8000万元，建成黄河三角洲耐盐碱树种种质资源库、耐盐碱树种对比实验林、耐盐碱林木良种繁育基地，专门汇集、展示、组培、繁育、选育、推广优良耐盐碱树种，增加了保存耐盐碱造林树种的多样性。

雨中景色

齐鲁名镇志

胜坨镇志

SHENGTUOZHENZHI

特色生态文化旅游

TESESHENGTAIWENHUALVYOU

胜坨镇充分利用本境黄河、石油、工业、遗址、佛教等文化资源禀赋，发展旅游业，调整优化产业结构，转换经济发展新动能，打造地域特色生态文化。2008 年，正式启动编制《胜坨镇旅游产业发展总体规划》。2010 年被省旅游局评为“省级旅游强乡镇”，2013 年被评为“中国最美村镇”“好客山东最美乡村”。2010—2014 年，天宁寺文化旅游区被评为“国家 AAAA 级旅游景区”，水岛庄园、伟浩生态园、陶园农业生态观光园等成功创建为“国家 AA 级旅游景区”或“山东省农业旅游示范点”“山东省乡村旅游示范点”。至 2014 年，境内打造形成“黄河风情游”“佛教文化游”两条精品特色生态文化旅游线路。

宗教文化游

域内主要有天宁寺和王王庄庙两处宗教场所，历史起源久远，黄河口地区宗教文化的典型代表。

天宁寺大雄宝殿开光大典

天宁寺

2009年，在原址重建天宁寺，建设资金以东辰集团为主，并倡议社会各界捐助。历经数年，再现昔日盛况。天宁寺坐落于胜坨镇直机关驻地正北，北倚黄河南展大堤，南邻溢洪河，是集修行弘法、教育研究、慈善安养与临终关怀为一体的综合性佛教文化中心。建筑群主要包括大雄宝殿、观音道场、大金刚塔、东西配殿、钟鼓楼、藏经楼、山门等。实行免费开放管理模式，已成佛教文化旅游胜地。

王王庄庙

境内东王村，史称王王庄，王王庄庙坐落于该村东侧，始建于明朝万历年间。至明崇祯年间，庙宇已形成六大殿七十二小殿的宏伟规模，并取名王王庄庙。该庙宇不但建筑艺术极高，而且庙内各式佛像达千尊之多，每年举办农历三月三、六月六、九月九、腊月十五四次大庙会，在当地经济繁荣及物资交流中起重大促进作用。明末清初，庙宇受损于战乱。清康乾时期，得以修复，其建筑更加雄伟壮观，与泰山齐名，人称北安山，庙内香火进入鼎盛时期。解放前，庙宇建筑多次遭受黄河水患，虽经几次重修，终归破败。1946 年，中共渤海区为赶在国民政府堵复花园口前抢修起黄河大堤，在物料极缺的情况下拆除该庙宇，将其砖瓦木料用于堤防修筑，庙内牌匾等物品散落民间。2006 年始，社会人士通过募捐等方式，筹资重建王王庄庙。至 2014 年年底，已建成正大殿、东西偏殿、山门、后门、罗殿、土地庙、龙王庙、奶奶庙、五门福光庙、老子庙、三义庙、圣母庙、天泉神井等庙宇设施。

普文宫

天泉神井

该井位于东王村村东，王王庄庙南面。东王村村民世代相传，该井始建于明朝永乐年间。时天逢大旱，颗粒无收。在严重缺水、民众难以生存的情况下，周边村庄纷纷打井抗旱，但打出来的水井不是枯水井即是咸水井，既不能抗旱浇地，又不能人畜饮用。唯有王王庄发动全村男女老幼，在庄东打成的水井是甜水井。井中之水似泉水涌溢，大旱三年不涸，大涝三年不溢，取之不竭，用之不尽。时周边地区死人不计其数，此井不仅救了全村人的性命，还惠及周边四乡邻村民众。据传，有村民梦到是老龙王到凡间救济灾民时开通的此井，直通东海。吃了井里的水可以去百病、防瘟疫。人落入井后，不沉底，淹不死。当时百姓在井后修建龙王庙时，远在外地的善男信女向当地之井里投入建庙木材等，皆可从此井取出。该井名声大振，越传越远，越传越神，被后人传为“天泉神井”。

天泉神井

特色庄园游

和利时水岛庄园

2005 年 4 月始，山东和利时石化科技开发有限责任公司开发建设，占地 100 公顷，总投资 5000 万元。采取政府主导，市场化运作的建设方式，以三坨水库为依托，在清淤增容的基础上，堆土成岛，建有中心岛、赛鸽岛、植物园、天鹅岛 4 个人工岛，集文化娱乐、生态观光、休闲餐饮、科普教育于一体。中心岛占地 10 公顷，文化特色浓厚，建有书画观赏、餐饮、茶社、娱乐等设施，是开展书画研

水上乐园

讨、交易等活动的重要服务场所。赛鸽岛位于中心岛西北，占地5.33公顷，建有亚洲最大规模赛鸽俱乐部。至2014年，来自国内外的4000余只信鸽落户水岛庄园。植物园、天鹅岛两岛位于中心岛东北，分别占地4公顷和3.3公顷，引进珍稀植物及鸟类进行养殖，成为集自然与人文、静态与动态、娱乐与求知完美结合的生态旅游区。

伟浩生态园

2008年3月始，东营市伟浩建设集团有限公司启动建设。该园位于崔家村北偏西，建设总投资7000万元，占地20余公顷，是一处集生态养殖、蔬菜花卉种

伟浩生态园

植、餐饮服务、休闲观光、苗木培育、林果种植于一体的现代化生态园林。园内建有生态养殖场、大棚采摘园、蓄水池、办公楼和仿古生态会馆等设施，为都市市民户外游乐场所。开发上采用“公司＋农户”方式，合理开发周边土地，对促进胜坨镇土地合理流转、培植主导产业等方面作出有益尝试。

陶园农业生态观光园

2009年始，东营市陶园农业技术开发有限公司建设。该园位于崔家村北偏东，总占地面积86.67公顷，其中水面面积约53.33公顷，总投资8293万元。先后实施清淤堆岛、植树绿化、建设苏州园林式休闲观光庄园、开发水中特色养殖等工程项目，建有水上亭榭及栈桥、水边环境打造、沙滩浴场及附助设施、国际钓鱼比赛场地、游船及码头、水上餐厅、素质拓展训练基地、民俗娱乐、跑马场、餐饮四合院及水面养殖等功能设施。园区按功能分为生态种植区、畜禽养殖区、水产养殖区、休闲娱乐区、乡村美食区、游客接待中心六大部分，可为游客提供瓜果采摘、拓展训练、游泳、垂钓、动物认领、划船、篝火晚会等娱乐活动，是集休闲娱乐、种养体验、餐饮住宿等功能于一体的乡村旅游示范点。

陶园观光旅游

天宁寺文化旅游区

依托天宁寺而建，与天宁寺同步规划、同步建设。占地100余公顷，总投资11.6亿元，包括天宁寺、民俗文化街、溢洪河公园、敬老院四大区块。除天宁寺已建成开放外，其他区块仍在建。民俗文化街为集民俗工艺品展示、民间文化演出、地方风味小吃为一体的庙会景观聚集地。溢洪河公园以“滨海佛教文化生态旅游圣地”为定位，为社会人员研习佛法、修身养性的重要场所。敬老院定位于“倾力打造田园式高档养老社区”，使老年人能够真正“亲近大自然，享受新生活”。2013年6月14日，天宁寺举行大雄宝殿开光仪式并正式对游人开放。2014年，该旅游区被评为国家AAAA级旅游景区，2015年被评为“全国十佳生态旅游示范景区”。自开放以来，年均接待游客近50万人次。

生态黄河乡村游

“黄河人家”乡村休闲观光基地

位于黄河岸边的大白村。2010年，由山东东营瑞圣生态旅游开发公司依托黄河岸边66.67余公顷的优良自然生态林地资源开发而成的，设有锅碗瓢盆、桌椅板凳、烧烤炉等野炊用具，吊床和帐篷等休闲憩息设备，游客可在此野炊、做陶艺、玩真人CS枪战等游戏。基地内植被丰富，林木茂盛，朝可闻百鸟齐鸣，夜可听黄河涛声，是游客进行户外休闲、聚亲会友、亲子益智的绝佳去处。

游客开展趣味运动

旅游团在黄河人家聚餐

华强莲藕生态科技观光园

位于镇直机关驻地北 3 千米处，规划面积 333.3 公顷。2013 年 5 月开工，2014 年 10 月建成，由东营市华强农业科技有限公司投资建设，是一处集莲藕种植、水产养殖、休闲观光、餐饮娱乐、科学实验于一体的纯天然、原生态的赏荷品藕、体验农家乐的理想旅游场所。

南展大堤休闲渔业示范区

该示范区是胜坨镇规划实施的，依托黄河南展大堤下的“十里水产长廊”资源，是一个集休闲、观光、垂钓、采摘、文化体验、餐饮娱乐及养殖、种植为一体的休闲渔业示范区项目。该园由“三区五园”构成。“三区”，即生态养殖区、精品示范区、种苗培育区；“五园”，即欢乐农家园、垂钓体验园、文化博览园、康体健身园、休闲渔家园。2014 年，垦利县钓鱼协会首先进入启动垂钓体验园建设。

神秘黄河风情游

滔滔黄河，越境而过，奔腾东流，携带黄土高原泥沙，东入渤海，筑息壤之

黄河文化旅游汽车场地赛

地。黄河在入海处摆动迁徙，决口改道淤积，孕育了以宁海为冲积顶点的近代黄河三角洲及前身古代黄河三角洲、身后现代黄河三角洲。胜坨镇人民政府采用招商引资等多个手段，倾力打造近代黄河三角洲宁海顶点公园，利用独特区位优势，整合沿黄诸元素，展示黄河文明，弘扬黄河文化，做足黄河文章，建设沐浴体验黄河文化的旅游景区。游人可沿黄河大堤探历史遗迹、观林海长廊、闻百鸟齐鸣、听黄河涛声、聊百年柳仙。

海北宋金遗址

位于海北村西北约 150 米处。东西长 390 米，南北宽 225 米，面积为 8.78 万平方米。过去是一个两米多高的黑土丘，当地人称“噶达顶”。附近村民不断取其土盖房屋，土丘逐渐缩小，至 20 世纪 90 年代“噶达顶”消失。在取土过程中，不断有村民发现陶器、瓷器碎片等文物，引起垦利县文物所等部门的高度重视，并及时向垦利县人民政府作出情况汇报，得以保护。

2006 年 4 月 12 日，经文物部门挖掘，出土完整陶瓷器件 68 件、陶瓷残件 269 件；宋代铜钱 192 枚，秦半两、汉五铢铜钱各 1 枚；完整龙纹狮纹瓦当 4 件、砖瓦 215 块；大窑口瓷片标本 1.02 万余片、陶瓷器片标本 5.5 万余片；兽骨 200 余块；

海北村宋金遗址

骨制品器物 5 件、残件 4 件；成型铁钱 150 余枚；锈蚀严重的铁钱及建筑构件各一大宗；还找到一块具有五代时期特征的标本。瓷件包括白瓷、黑瓷、青瓷、影青瓷、酱釉瓷和绞胎瓷等。经北京大学权奎山教授及山东省文物考古研究所、东营市文管所等 20 名文物专家、教授、技术人员进行现场勘察和对表层出土的 1.5 万多片陶瓷器标本鉴定，确定海北文化遗址为北宋金元时期文化遗址。

该遗址出土的数以万计的瓷器标本时代特征鲜明，窑口众多，为研究胜坨境域乃至垦利县、东营市境域的人居历史、文化渊源和古代地理、海岸变迁、水文地质、航运及商业的发展提供了重要依据。

2011 年，该遗址被纳入山东省级大遗址保护名单，第三次全国文物普查期间入选山东省全国第三次文物普查“百大新发现”。2013 年 10 月，山东省人民政府公布其为第四批省级文物保护单位。

百年柳仙树

该树植于常家村的黄河险工 10 号～ 11 号坝之间。1946 年，中共渤海区组织修筑大堤是已有此树，因附近有一座“柳仙庙”而得名。1947 年黄河归故后，常庄村险工连续出险，当地村民把柳仙庙拆除用于抢险。柳仙庙被拆除后，人们便

柳仙树（山东黄河第一古柳）

将烧香地点改在柳仙庙附近的这棵大柳树下。树龄已近 100 年，人们称之为百年柳树，是山东省境内黄河大堤上树龄最长的一棵树，黄河河务部门对其进行围建保护，树干已埋至地下数米深。

传统村落东王村

位于胜坨镇直机关驻地西南 5 千米处，南与董集镇相邻，历史上称王王庄。明洪武二年（1369 年），王友然、王友直兄弟二人从山西洪洞县迁至益都青州府，后分发至此处建村，故得名“王王庄”。村内有远近闻名的“王王庄庙”和“天泉神井”。该村自然环境优美，生态资源丰富。至 2014 年，全村拥有 970 余人，土地 186.67 公顷，主导产业以粮棉、冬枣、旅游为主。村庄四周被绿树及水系包围，许多大小不一、形状各异的水塘点缀其中；村内树木葱郁，并与南侧的林地相连，形成一条完整的生态景观带；紧邻的六干渠林带横卧村前，犹如一道亮丽的风景线，恰似一幅屏风。东南侧有小片冬枣园，既可供游人漫步游览观赏，又可体验采摘之乐趣。2012 年，获好客山东贺年会“年味最浓的村庄”、市级“文明信用村”等荣

传统村落东王村

誉称号。2014 年 5 月获首届“省级传统村落”称号。2016 年 5 月获“全省美丽宜居村庄”称号。

爱国主义教育基地坨 11 井

1965 年 1 月 25 日，由 32120 钻井队在胜坨境内胜利村构造上打出的第 11 口井，油层 85 米厚，试油日产 1134 吨，“胜利油田”由此而得名。这是中国石油史上的第一口千吨井。这口井从开钻到投产，在油田开发建设的 7 个领域 22 项工作中，都创造出当时的最高水平，凝结了光荣的石油会战传统和浓郁的石油文化和老一代石油人“创业奉献、精细管理、锐意创新”的精神，产生过诸多动人心弦的感人故事，对油田的建设发展产生深远的影响。2005 年 12 月 13 日，经胜利采油厂老职工建议，胜利油田管理局党委批准，决定树立坨 11 井纪念碑，并辟为爱国主义教育基地。2007 年 2 月 2 日，胜利油田为坨 11 井千吨井纪念碑落成举行隆重的揭牌仪式。

胜利油田爱国主义教育基地——坨 11 井

旅游节庆

东营·胜坨黄河生态旅游文化节

2014年、2015年，胜坨镇连续举办两届东营·胜坨黄河生态旅游文化节，吸引来自北京、河北、黑龙江、山西等地众多游客参与。游客通过游天宁寺、看王王庄庙、观油田林立井架、赏黄河三角洲顶点风貌等场景，对胜坨镇悠久的佛教文化、优美的自然景观、独具特色的生态系统，都给予高度评价，形成良好口碑效应，胜坨镇的知名度和美誉度愈播愈远。

天宁寺庙会

2015年4月21日—5月3日，在天宁寺文化旅游区举办“2015东营首届天宁寺庙会”，庙会设有非物质文化遗产展演、台湾美食节、民俗游园、马戏演出、飞车杂技、儿童娱乐嘉年华等10多项项目，同时也加入了Cosplay、变形金刚、大型恐龙、熊出没、白雪公主与七个小矮人等主题景观。庙会时间长达13天，接待游客25.3万人次，最高日人流量5万多人次。时各宾馆、饭店一度出现吃饭拼桌、一房难求的情况。庙会综合收入3200余万元，助推了胜坨镇服务业的发展。

胜坨镇志

SHENGTUOZHENZHI

风物民俗

FENGWUMINSU

胜坨美食特产，闻名遐迩。“黄河口八大碗”“黄河口水煎包”“野兔炖萝卜”等佳肴美食，被当地人津津乐道，外地人慕名而来；黄河口大米、黄河滩区小麦和黄河刀鱼、黄河鲤鱼等名优特产，为国家地理标志产品或本地“金字”招牌。境内居民，多源于元末明初山西洪洞、北直隶枣强移民。清朝又有周边府县居民来此垦荒居住。他们同为移民，落脚一方，依河而居，开荒拓土，顽强图存，造就了坚韧不拔、勤劳朴实的性格，重义相和、淳朴善良的质朴民风。

特产

黄河口大米

由于光照充足、生长期长（160 天～180 天），发生病虫害少，加上使用黄河水灌溉，其品质独特，晶莹透亮、黏度适中、甘醇清香、营养丰富，富含蛋白质（≥ 11.6%）和氨基酸（6 种以上），还富含铁、锌、碘、硒、钾、钙等对人体有益的微量元素。无论蒸、煮，皆清香可口。20 世纪 90 年代已誉满京津。1990 年，黄河口大米被世界卫生组织认定为“无公害食品”，是第十一届亚运会的指定食品。

黄河口大米

黄河滩区小麦

因生长在黄河滩区里，浇灌黄河水，施加农家肥，全程无公害技术管理，其籽粒饱满，晶莹剔透，品质优。胜坨镇选择走专业合作社品牌化战略，组织村民成立齐鲁众兴小麦合作社，对滩区万亩小麦实行统一种植、统一管理、统一销售；采用石磨加工，生产全麸面，注册“齐鲁众兴”牌商标，产品畅销省内外，供不应求。2015 年 11 月，黄河滩区小麦获国家地理标志商标认证。

黄河口滩区小麦

佛头寺美陶

明洪武二年（1369 年），李元通、李元成自山西洪洞县迁至境内定居立村，即佛头寺村。他们带来祖传技艺从事制陶业，几经兴衰，历时 600 余年。因产自佛头寺村，史称“佛头黑陶”。清中期，为佛头寺村制陶业最鼎盛时期，时该村不足 50 户人家，陶窑就有 20 余座，产品畅销时武定府、青州府、济南府等地。

佛头黑陶采用的原料为黄河最下游淤积的材质上乘的天然红淤泥制作而成的，其特点“色如墨、声如钟、薄如纸、亮如镜、硬如瓷”，掂之飘忽若无，敲击铮铮有声。

佛头黑陶作为黄河口制陶文化的唯一代表，以其造型古朴典雅、雕功精湛细腻、造型图案大方而深受工艺品爱好者的喜爱，有“齐鲁黑陶之花”美誉，是中国古龙文化遗产之一，具有很高的欣赏价值和收藏价值。

佛头寺美陶

传统制陶相传有 72 般手艺，其主要工序有选土、和泥、覆泥、踩大泥、踩小泥、揉剂子、成型、晾坯、上釉、烧窑等。选土：泥沙比例适中，以七成土、三成沙为最佳。

和泥：在作坊中进行。作坊一般为半穴半屋式建筑，俗称地屋子。在地屋子的一端掘池，在陶土中加水调匀，即为和泥。覆泥：将和匀之泥，用铁锨翻扣在池边，码成方堆。踩大泥：池边备五尺界方均场，名为泥窝子。在泥窝子上先撒薄薄一层干土，置泥块于泥窝子上，码成小堆，陶工赤脚，将泥堆踩扁成圆，再圆转踩匀，堆起再踩，前后两遍。踩小泥：经踩大泥后之陶泥，码为小堆。用弓子(竹弓、细铁丝弦)一块块割下，名为“割泥理草”；割下的泥块撒酸后仍码成小堆，陶工穿硬底布鞋(俗称“踢煞牛布鞋”)，先将泥堆踩扁，然后，一足为轴，一足踩泥，转、踩、蹬、揉、抹、碾，将陶泥踩成圆润一围，里一层，外一层，皆如莲花瓣盛开，准备工作完成。

黑陶，原始的制作工艺较简单。在地上固定一根木桩，木桩顶端有一尖顶铁柱。铁柱托着一个锅盖大小的圆盘。为防止圆盘倾斜，取一废旧木车轮轴头固定于圆盘中央，然后套在木桩上。制作时，一人用脚猛蹬木盘的边缘，使其飞速旋转起来。工匠将调制好的泥料垛在木盘上，随旋转的力量，用手将泥料捋制成各种形态的器皿。脱制成形的生坯置于阴凉处风干，后装窑烧制，熏蒸数日，泥坯即成瓦性，作品有盆、罐、瓶、哨及各种花鸟小动物类的儿童玩具等。

佛头寺美陶展室

烧制用木柴或煤炭，先文火细烧，再烈火大烧，约24小时后停火“闷窑”。烧制中加入了“窑变”工艺，所以烧制出的陶器才会“黑如漆”。烧制过程最关键的是要掌握火候，火候太大，陶器会变成银白色，火候不够陶器绝不会有“声如钟”的效果。

1988年，东营市佛头黑陶工艺美术厂成立，时为佛头寺村村办企业。1997年，黑陶厂改制，由该厂技术员李建兴接手经营。2006年，成立山东东营垦利佛头黑陶研究所。

经过近十多年的潜心研究，不断地进行技术改进，在原有 60 多个花色品种基础上又开发出文具、书法卷筒、古罐、古鼎、镂空花瓶、仿古花瓶、黄泥壶、千手观音等 30 多个系列 1000 多个品种，获国家专利 9 项，申请商标 2 个。2007 年，佛头黑陶被确定为东营市首批非物质文化遗产，予以重点保护项目。产品销往云南、广东等全国省市区，出口日本、韩国等国家。

佛头黑陶曾获“山东省名优特新产品奖”“第十一届亚运会标志产品”“国家‘七五’星火计划产品金奖”“墨西哥中国实用产品技术博览会金奖”“山东省十佳休闲购物品牌”“东营市优秀旅游产品一等奖”等奖项。

农家老粗布

又名老土布，是境内居民世代沿用手工工艺织成的，为绿色环保产品。他质地柔软，手感极佳，透气性好，冬暖夏凉，无静电，不易搓起卷边，持久耐用；又因其线粗纹深，整个布面形成无数个按摩点，对人体皮肤起到意想不到的按摩作用，具有良好的保健和美肤作用，深受喜欢田园风格、热爱自然、寻求返璞归真人士欢迎，尤其适合老人和孩子使用。老粗布色彩艳丽但不张扬，是制作床上用品和服装的首选面料，具有收藏、馈赠和使用的多重价值。

老粗布床上用品四件套

黄河刀鱼

形似单面尖刀，背厚腹薄。每年农历三月中旬，黄河刀鱼成群结队，陆续由黄河入海口游进黄河，逆流而上，进入境内，最远游到东平湖产卵、孵化。幼鱼出生后，又顺黄河而下，回到入海口处生长和越冬。黄河刀鱼经过这种洄游往返，两三年才能长成成鱼。性情激昂，游如飞梭，离水即死，实为“贵而难得”。由于其在洄游逆上途中摄食较少，体力消耗较大，且越往上游越渐消瘦，鱼刺越硬。因此，只有在黄河尾闾补充食物后黄河刀鱼才最肥美。黄河刀鱼脂肪丰富，肉质细嫩多刺，煎制鲜味奇佳，浓香异常，是上等的名菜佳肴，且具有强心补肾、舒筋活血、消炎化痰、清脑止泻、消除疲劳、提精养神之功能，可治疗和防止多种疾病，谓之“天下一绝”，因此而名扬天下。因黄河断流、水量小，加之过度捕捞，时下产量极其稀少。

黄河刀鱼

黄河鲤鱼

境内盛产黄河鲤鱼，因其鳞上有十字纹理而得名。黄河鲤鱼呈柳叶形，背略隆起，嘴上有须，鳞片大且紧，鳍齐全且典型，体色金黄而有金属光泽，体态肥肚而肉质细嫩、肉多刺少。每遇逢年过节、迎宾待客时，是境内有条件的家庭餐桌上的必备之肴，取其“年年有余”“鲤鱼跃龙门”之意，增添喜庆气氛，以示客人尊贵。黄河鲤鱼肉蛋白质含量高且质佳，易消化吸收；含有人体必需的矿物质、维生素A和维生素D等多种微量元素；脂肪多为不饱和脂肪酸，钾含量也较高，可降低胆固醇，防治动脉硬化、冠心病、低钾血症，增加肌肉强度。在境内素有“无鱼不成席”之说，鱼指的便是黄河鲤鱼。

黄河鲤鱼

美食

黄河口八大碗

黄河口八大碗是境内流传下来的传统名肴，是人们逢年过节、婚配嫁娶、祝寿贺喜、迎宾待客的必备菜肴。流传何时，已不可考。清乾隆时期，政局稳定，经济发展，饮食市场空前繁荣。时胜坨镇一带，民众甚是推崇八大碗。八大碗主要是指清炖鸡、白片鸡、蒸鸡块、红烧鲤鱼、蒸鱼块、大肉丸子、扣肉、松肉等，时有调整变化。做法极其讲究，以农家土鸡、黄河鲤鱼、野生草鱼、乡村肉丸、四喜丸子、精品里脊肉、极品脆骨等为原料，烹饪集中了扒、焖、酱、烧、炖、炒、蒸、熘等手法，由技艺娴熟的厨师精心制作而成，味道纯真鲜美。宴客时，每桌八人，上八道菜，同时配有四个或六个干、鲜、冷、荤小菜。上菜时都用清一色的大海碗，看起来爽快，吃起来过瘾，主人家豪爽、慷慨、大气之情跃然而出，具有浓厚的乡土特色。

黄河口水煎包

黄河口水煎包是胜坨境域有着浓郁地方特色的一道美食，家家会做，人人爱吃，曾是当地人改善生活、款待亲友的上佳食品。水煎包传承利津水煎包制作工艺，演化出若干种不同馅料的品种。制作时讲究“三精”，即精心选料、精心搭配、精心制作。其形呈扁圆状，上下金黄色，外酥里鲜，口感甚佳。有荤素两类，十几个品种。荤包，多以猪肉、羊肉、虾仁、海参、大白菜、韭菜、韭黄等为主馅；素包，多以粉条、煎豆腐、野菜、胡萝卜等为主馅。无论是荤包还是素包，馅均加葱、姜、面酱、五香粉、细盐调制，小麦面粉和面发酵后做皮。包子包好后，平底锅内加入少许油，同时将包子摆放入平底锅内，然后依次加面水、浇豆油、翻一遍，待汤汁收尽出锅即成。

卤肉手擀面

境内居民常食的一种饭食。材料：五花肉切大块，放入加有料酒、姜葱的开水中煮 8 分钟～10 分钟，捞出切成小丁；笋干、香菇发泡好切丁；大蒜切片、姜切片，大料、桂皮、茴香籽、香叶、黑白胡椒粒、花椒等适量，料酒 1 汤匙、生抽 5 汤匙、酱油 1 汤匙、冰糖 10 克。做法：第一步将切好的五花肉丁放入锅中煸炒去油，盛出；第二步重新炝锅，将煸炒好的肉丁倒入锅里，加入姜片、大蒜片和料酒炒香；第三步加入生抽、酱油，将香叶、桂皮、冰糖，将胡椒、花椒、大料、茴香籽装入香料盒，放入锅中；第四步加入香菇和笋丁翻炒后加入泡香菇的水，没过肉面 1 寸即可；第五步大火烧开后，转小火炖一个小时即可，不必收干汤汁。待手擀面煮熟盛碗，浇上做好的卤肉即可食用。

卤肉手擀面

野兔炖萝卜

境内素有“飞禽莫如鸪，走兽莫如兔”之说。野兔肉素有“荤中之素”“美容肉”“保健肉”之称。深秋至冬末间，其肉味更佳，是肥胖者和心血管病人的理想肉食。属高蛋白质、低脂肪、少胆固醇的肉类，含有多种维生素和 8 种人体所必需的氨基酸，并含有多种人体最易缺乏的赖氨酸、色氨酸，质地细嫩，味道鲜美，常食能防止人体有害物质沉积，有助于儿童健康成长，老人延年益寿。因此，野兔肉极受消费者欢迎。其肉味膻，加萝卜可以有一定程度地降除，另外荤素搭配，富营养又健康。

辣炒花蛤

花蛤俗称“文蛤”，贝类中珍品，因贝壳表面光滑并布有红、褐、黑相间花纹而得名。采用蒜、姜、干辣椒、葱花等原料，配以老酒、糖、盐、胡椒、蚝油、水溶淀粉等调味料，炒制而成，口味鲜美，是境内传统名菜。

辣炒花蛤

糖醋鲤鱼

境内民间流传，“糖醋鲤鱼”最早始于胜坨镇。糖醋鲤鱼色泽金黄，外焦里嫩，香甜酸醇。黄河鲤鱼不仅肥嫩鲜美，而且金鳞赤尾，形态可爱，是宴席上的佳肴。

红枣年糕

春节，境内民众讲究吃年糕。有黄、白两色，象征金银，又称“年年糕”，与“年年高”谐音，寓意人们工作与生活一年比一年高。“年糕寓意稍云深，白色如银黄色金。年岁盼高时时利，虔诚默祝望财临”。20世纪60年代前，红枣年糕是用黄黏米面与红枣制作而成。之后，境内引种糯稻，居民开始用糯米和大枣制作年糕。

糖醋鲤鱼

红枣年糕

玉米窝窝头

由玉米面蒸制而成，呈黄色、圆锥形，底部有一个向里面凹进去的窝，故得名窝窝头。20 世纪 80 年代前，为境内人民的主食。今之宾馆饭店、家庭，一般选取营养平衡、口感良好、原汁原味的健康绿色的玉米为基本料材进行蒸制。玉米窝窝头富含人体必需的多种蛋白质、氨基酸、不饱和脂肪酸、碳水化合物、粗纤维和多种微量元素、矿物质，属低脂、低糖食品，多食用有助于调理胃肠，改善消化功能，是现代人调剂饮食的健康食品之一。

传统节令

春节

俗称“过年”，是本地最隆重的传统节日。农历十二月（俗称腊月）的最后一天是“除夕”，俗称“年三十儿”，外出的人千方百计要赶回家团聚。

年三十早饭后，人们便开始忙碌，洒扫庭院，挂彩灯，贴春联，接灶王，一切准备停当，男家长便请起家堂（也叫挂“轴子”），摆设香案、蜡台，到村头请故去的列祖列宗来家过年。同时开炸食品，每出锅一样都要先摆上供桌。下午，贴年画、剪纸和窗花，准备包饺子的面和馅。

晚饭叫“大饭”，闷干饭或馏馍馍，炖一锅“大菜”，内放白菜、豆腐、粉条（或粉皮）和猪肉，同时煮一块方肉以作供品。开饭前，先将祭祖的供桌摆设好，一般有 7 个～ 9 个菜，两盘大馍馍，一个用花卷拼成的花山。家长烧香、发钱粮（烧纸钱），门神爷（门口）、龙王爷（水缸）、灶王爷（灶台）等处都要分发到钱粮。灶王爷处及各个门口都要燃香，有的门口上挂有“香牌”，叫作“上全香”。放鞭后，全家人吃“团圆饭”，男人们多数喝上几盅酒。

饭后，有的人家开始“叫明儿”。在大门口前的街道上点燃一堆竖放着的芝麻秸或谷草秸，全家人围站在火旁，老人一边拨火一边“明啊，明啊”的说叫。当火着得最旺时，每人引着一把谷草，口中不断地念着“大葫芦头，小葫芦棒，银子钱往家扛”“黑小子，白小子，都上俺家穿袄子”等语往家跑，将火把放在灶膛内，再上好“拦门棍”，意为防止金银财宝外流。男家长请人或自家人用五色纸开“长钱”，悬挂在家堂两边，然后坐在供桌旁烧香、供茶、饮酒，同逝去的祖先过年。女人们多在包饺子，说笑话，有的要将豆腐、硬币、糖等包进饺子里，若谁能第一口吃到，昭示着新的一年会有好运。婆婆给当年的新媳妇“压炕头钱”。全家团圆，其乐融融，一直到深夜，有的通宵“守岁”。临睡前，鸣放爆竹，在院子里撒芝麻秸（称撒岁），祈盼新的一年的生活像“芝麻开花节节高”一样。

夜交子时新年到，男家长先起燃放鞭炮，准备发“纸马”（发钱粮），女家长煮饺子，媳妇们叫起儿孙燃放爆竹。期间，忌大声或说不吉利话。全家人在神龛前烧黄表纸、进香、叩拜“家堂”，然后进年夜饭。饭后，晚辈给长辈磕头拜年，长辈给孩子分“压岁钱”，男女老幼换上新衣、新帽、新鞋，年轻女子和新过门的媳妇戴上头花，打扮一新，天微明便开始到宗族本家或邻居家拜年。除未婚女子外，晚辈均给长辈磕头。乡邻间见面互问“新年好”，路过不相识的也要道一声“发财”。

正月初一，外甥必须到姥娘家拜年。不能回家过年或居住远的，20 世纪初，则先后出现向亲朋好友发短信、微信互致节日问候。

正月初二，开始走亲串友，境内原胜坨镇西部一带先往姑家、姨家拜年，东南部则是出嫁的闺女、女婿一齐到女方娘家拜年，西部原宁海乡、胜利乡一带初三才能住娘家去拜年。三天年便告一段落。

五马日（正月初五），早饭吃水饺、放鞭炮、烧黄表纸、敬神灵。

十磨日（正月初十），早饭吃饺子，给碾、磨烧香、发钱粮、摆供品。是日，不动碾磨。

元宵节

亦称灯节，民间惯称正月十五。主要活动是玩灯、观灯、放烟花。十四日为试灯，十五日为正灯，十六日为续灯。解放前，境内便有耍灯的习俗，各村纷纷成立秧歌队，有的舞龙灯、跑旱船，有的踩高跷、打莲花烙，跟随敲锣打鼓的队伍，走村串巷，巡回表演。观众则在前面燃放烟花鞭炮，阻止表演队伍前行，延长表演时间，场面热闹火爆。期间，各家各户给儿童扎制或购买各式花样的灯笼，有方的、圆的、六角的、八棱的，有宫灯、动物灯、走马灯等等不一。晚饭后，儿童便提着灯笼照遍自家院内的各个角落，然后唱着“年年收，年年有，正月十五打灯笼”的歌谣，走街串巷进行集结，相互比对，相互嬉戏，欢声笑语，十分热闹。十五日晚上，还有撒“灯碗”的习俗，即用胡萝卜切成一指多厚的块，上插席蔑，另一端缠绒子（棉絮）沾棉籽油（或豆油等），点燃后在大门口放一排，屋门两旁、仓房、磨房、水缸内等角落里各放一个，传说能消灾祛邪。中共十一届三中全会以后，元宵节娱乐活动一年更比一年红火，各乡镇组织的舞龙队、旱船、赶脚、秧歌队等活跃在乡村之间。进入 21 世纪，镇人民政府经常举行大型焰火晚会和秧歌会演，观者涌动，如水似潮。玩灯的越来越少了。

春龙节

农历“二月初二”，境内俗称“春龙节”，相传为“龙抬头日”，也是敬祈玉龙降雨除旱的日子。这天，群众早起，用草木灰在院内画圈作囤，边上画梯子，意为粮囤很高，非上梯子不能够。并画一龙，头伸出大门朝向有水塘的方向，一边画一边念“二月二，龙抬头，大囤满，小囤流”。“文化大革命”后，此俗渐逝。为图吉利，人们都在这天进行春节后的第一次理发，叫“剃龙头”，民间有“正月里剃头死舅舅”的迷信说法。二月二节时，有农家炒食用盐水浸过的黄豆（叫“蝎豆”），或炒食用黍面、鸡蛋和面，擀制成小棋子块的习俗，至今不衰。此类食品，今之集市上、超市里都有销售。家有属“龙”的，这天不能炒蝎豆，否则会被炮“龙爪”。

清明节

当地把“清明”与“寒食”并称，相传为纪念春秋时晋国隐士介之推而设，俗称“大寒食”“二寒食”“三寒食”，第四天才是“清明”。旧俗，前 3 天不动烟火。清明节早晨，家家煮鸡蛋吃，喝放有青菜（此时多为菠菜）的汤。并有子女清明上坟祭祖之习俗，为祖坟添土修整，称添坟，但“三寒食”这天不上坟，相传这天为祖上烧化的纸钱为“轻钱”。清明节期间，还有群众踏青、打秋千、放风筝、植树等习俗。解放后，机关、学校、群众团体，在清明节有组织地为革命烈士祭扫陵墓，敬献花圈，追悼忠魂，缅怀烈士功绩，接受革命传统教育。

端午节

农历五月初五为端午节，也叫端阳节、五月节、五月单阳，是纪念爱国诗人屈原的纪念日。这一天，家家吃粽子，门上插艾蒿，童稚在手腕、脚腕上系用五种颜色的线搓成的“五丝”绳，意在驱瘟神，避鬼邪，祛病免灾。还有未出太阳之前早起，采罗布麻茶（境内俗称茶棵子）、加果树（砍破果树根部树皮）的习俗。

六月六

即农历六月初六。民间有“六月六看谷秀”的谚语，称这天晾箱柜、晒衣服，不生虫、不变霉。时值新麦收获不久，农民用新麦子面蒸的馍馍或烙饼上坟祭祖，称“上新麦子坟”，意为与祖先共享丰收喜悦。六月六是“上新麦子坟”的最后时限。有的农户将新麦炒熟磨成面粉，加糖干吃或加水拌和成面团、糊糊吃，谓之吃“炒面”，防暑止痢。

乞巧节

即农历七月初七。境内旧时习俗，妇女在这天夜间向织女乞求“智巧”，故得名乞巧节。另有“七月七，织女泣”之说，也叫“雨日子”。

中元节

境内群众多叫“七月十五”，亦称“鬼节”。旧时，请起家堂，摆设瓜果、点心，祭奠已故亲人，还要供奉刚成熟的高粱、谷子、黍子等告慰上天诸神。实际上，当地群众多在七月十四过节，家家吃饺子，有“七月十五过十四,八月十五过十五”之说。请家堂祭祖习俗已于 20 世纪 60 年代消失，上坟祭祖习俗仍保存。

中秋节

又称“八月十五”或“八月节”，是春节外的第二大隆重的传统节日，讲究合家团圆。节前，人们携月饼、酒、水果等礼品看望亲友。随着经济的繁荣，人民生活的提高，此风日盛。这一天，白天吃月饼和鱼、肉改善生活。晚上，在院子里放一饭桌，摆上水饺、月饼、瓜果供敬明月，家人聚在一起或邀邻居共同饮酒赏月，庆贺丰年。境内此俗至今仍行，但供月者少，赏月者多。

重阳节

俗称“九月九”，原是传统的庙会节日，民间有发钱粮供神灵之风。1990 年，山东省人民政府颁布政令，定此日为“老人节”。每年老人节，机关企事业等单位领导带上礼品，到敬老院、退离休人员家中走访慰问，以示关怀、尊重。有的单位组织召开离退休老同志座谈会或旅游、参观、考察等活动。中央“八项规定”出台后，各级严格按“八项规定”精神执行。

十月一

即农历十月初一，俗称“鬼节”，与清明同等重要的上坟祭祖之日，出嫁女必回娘家，为故去的父母上坟烧纸，此俗沿袭已久，今仍盛行。

腊八节

即农历腊月初八，境内称“腊八日”，民间有在节日早晨，用红枣、花生、莲子、黍米等杂粮做“腊八粥”喝的习俗，以求吉祥。今，生活水平提高了，吃水饺的多了，喝“腊八粥”的少了。

辞灶节

农历腊月二十三，俗称辞灶节，亦称小年。是日，户户蒸年糕、喝杂面（杂粮面做的面条）。晚饭前，要在“灶王”（俗称其为“一家之主”）面前供奉清茶、糖瓜（麦芽糖）、焚香，意为用糖瓜粘住“灶王爷”的嘴，在玉皇大帝面前少说话，以防其说漏下界不好的事。有对联曰“上天去多言好事，下界来广带金银”“上天言好事，下界保平安”。供完后，将灶王画像从灶位上“请”下来（即揭下来），夹在用谷草绑成的把子上烧掉，称“请灶王上天”，也叫“辞灶”，对联曰“二十三日上天去，初一五更下界来”。解放后，“辞灶”等封建迷信系列活动被废除，但在农村仍有贴灶王图的习俗，因上边有二十四节气表。喝杂面也多被喝面条、吃饺子代替。这一天之前，原有媳妇都要回婆婆家过节，不能住在娘家，民间有“媳妇大得天，不在娘家过二十三”之说。此节标志年节的开始，过年的气氛日渐浓厚。

礼仪习俗

婚嫁礼俗

新中国成立前，境内男婚女嫁遵从父母之命、媒妁之言，多数人家给童年子女早就定下婚配，称“娃娃亲”，还有的“指腹为婚”。没有法订婚龄，男孩八九岁或十一二岁，女孩十五六岁即结婚，小女婿大媳妇或大丈夫小媳妇屡见不鲜。一般群众是一夫一妻，少数有钱有势者一夫多妻。礼俗繁琐，封建迷信色彩甚重。结婚程式为提亲、换号、送柬、送日子、送联门帖、送奁房、响门、迎娶、婚礼、接送。

提亲 男女到了十几岁上，媒人便上门或受一方父母请托说合，称为提亲。

换号 经媒人介绍，双方家长打听、私访，认为门户相当，岁数合适，属相相合，便约为婚姻。将双方祖辈、父辈名和字写在红纸上，经媒人双方交换，是为换号。

送柬 由男方长辈同媒人，选吉日带着婚约（订婚书，婚柬）及彩礼，到女方家互换婚约。婚约均以家长之名，上写“同意其子女结为百年之好”字样，同时写有男女双方名字、生辰和五服内男性祖辈、父辈名字。彩礼为首饰、衣料、钱财等。女方婚约由媒人带回，并以鞋、帽、笔等作回礼，示为正式订婚。

送日子 也叫下婚帖。双方到了结婚年龄，男方家长请先生卜算吉日，写在红纸上，是为婚帖。由媒人连同做被褥用布匹、棉絮和衣服、衣料、钱财（大礼）、化妆品等送到女方，约订婚期。

连门贴 结婚前一天或两天（须是双号日），媒人、驾毡人（傧相）带领，两青年男子抬着食盒，到女方送连门帖。连门帖上写明女方梳妆、开脸、上下轿时间与方向以及嫁、送女客“属相”内容（男女方各执一份）。食盒内放有鲜活鲤鱼、猪肉、粉条等，均两份，花公鸡、黑母鸡各一只，女方留下鱼、肉、粉条各一半和母鸡，意为以备设宴招待来人。

送奁房 男方送连门帖的一到，女方即派人将妆奁送去男方，一般有桌、椅、箱、柜、铺盖、衣服、化妆用品等，男方要设宴招待。待去女方送连门帖的回来，送奁房的再走，双方对来人各有赏赐。

响门 结婚前一天，男方大门上便挂红结彩。下午，雇用戏班或吹鼓手，在大门外摆桌唱戏，叫“响门”。响门过后，新郎开始磕头，先在自家给长辈和比自己大的同辈磕头，两男童挑打宫灯前行，再由一年轻长辈手提灯笼，指引驾毡人带领新郎给本族长辈们磕头，还要到距离近的姥娘家去给姥爷、姥娘磕头。晚饭后，戏班移入洞房，叫“闹房”。每唱一折，喜家派人用托盘送一次赏钱，也可由姑、姐等人点戏并开赏。夜间，一男性长辈睡在喜屋炕上，称“压炕头”，谓“老爷（yē）上了炕，儿女一大帮”。

迎娶 大吉日，新郎家中早就热闹起来，大门上、喜屋里贴上大红喜联，装饰红、绿两色彩轿，新郎披红插花拜过长辈，乘坐新娘的红色花轿前行，新郎的绿色彩轿紧随其后（回来时新郎乘坐），鼓乐响亮，旗锣伞扇开道（解放后，轿前吹打鼓乐逐渐稀少，现改由一人手提录音机播放音乐引领，有的干脆取消）；境域西部，则有一男孩肩挑“酒嗉子”（酒壶）在轿前，去女家迎亲。到达女方，早有驾毡人告知，两长者迎新郎进门，盛情款待。席间，新郎偷起一块馍馍和一双筷子藏在身上。新娘上轿前，坐在屋中央的椅子上，从母亲怀里抓起大把银圆装在兜里，蒙上罩头红，由两女送客陪着按婚帖规定的方向上轿，一男童押轿（俗称挡轿门），男女送客相随，迎亲花轿原路返回。

婚礼 花轿迎亲回来，男方大门顶上摆放好用红纸包裹、分别系有一双筷子和两根高粱莛杆的一对喜砖，有人在房顶上高高举起待新娘进门时燃放的鞭炮。轿中新娘，由两名女嫁客接轿，先给新娘照镜子、梳头、吃糕，再送上“坠袖钱”，事毕下轿，房顶上的人燃放鞭炮，撒喜糖、花生、红枣和小圆形火烧。新娘进门（俗称过门）要搭带子、跨鞍子，接着拜天地，进入洞房，吃下轿饭（这时送饭者会问新娘饺子“生不生”，新娘答“生”）。新郎穿上新娘缝制的新鞋，称“换脚鞋”（过去由新娘自做，时下多买皮鞋），赏“换脚鞋钱”，新娘换头饰，称“换头”。然后，喜屋内设酒席，宴请女送客人，新娘要端坐在墙角。另设酒席招待男送客和其他人。院内大摆酒席宴请亲朋（西部流行只发“请帖”而不设宴）。

送小饭 下午，送走客人，新娘填枕头，多以麦穰为填充物，枕头里放有大葱、红枣、花生、火烧、筷子等。傍晚时分，女方熟人（女性）送小饭。

闹洞房 晚上新郎、新娘同饮“合婚酒”，同龄男子出难题让新娘、新郎逐项完成以取乐，如散筷子、酒盅子，给新郎倒酒、端酒、夹菜，一对新人喝交杯酒等等。当地有“媳妇下了轿，不论老和少”之说，男女老幼，观者满屋，出点子，拿主意，刁难逗趣，皆大欢喜。夜间安排人“听门子”，或者放一披着衣服的扫帚。

新婚典礼

拜见公婆 翌日早起，婆婆到喜屋拿起笤帚扫地，新娘赶紧接过笤帚问“娘好”。稍待，新娘到婆婆房里掏灶膛灰，婆婆拿出预先备好的“掏灰钱”给新娘，以示奖励勤快的媳妇。娘家送面（一般由十几岁男孩挑着盒子来送，里面主要放有宽心面）的来了后，煮熟送来的面，一对新人与来人共进早餐。男方将娘家送来的面煮熟分发到本族家中，饭后新娘先拜过家堂、父母，再到本族长辈家中叩拜，长辈赏给“拜钱”。

接送 俗称“叫三回六”，婚后第三天，娘家男、女长辈各两人，到男方接回新娘，俗称“回门”。男方又是一番盛情招待，两亲家边喝酒吃菜，边拉家常，说东道西，谦逊礼让，直至太阳偏西方回，俗语有“三日客，抹天黑”之说。第六天，由新娘的兄、弟或年轻的叔叔将其送回婆家。结婚程式至此完毕。

生育礼俗

境内居民对生育非常重视，每逢婴儿出生、满月、百日、周岁等日子，主家邀请亲戚朋友聚会庆贺祝愿。

报喜 婴儿出生后，女婿赶去岳父母家送信，谓之“报喜”。娘家人捎少量鸡蛋、小米、两个“瓜子”（青萝卜咸菜）让女婿带回。

坐月子 婴儿出生称“添喜”。20 世纪 80 年代及以前，在产房门口遮挡一领秫秸箔，系一块红布，以示有人坐月子，忌外人打扰、惊吓，兼以挡风避邪。邻里、族人馈赠鸡蛋、红糖、馍馍表示祝贺。生女孩产后第 5 天、生男孩第 6 天，婴儿的姥娘（外婆）前来送鸡蛋、小米、红糖和婴儿穿的小裤、小袄、枕头、半褥子等。第 8 天或 12 天，婴儿的姑姑、姨姨、妗子等亲戚先后来送鸡蛋、衣服面料、婴儿用品，还要拿看钱。主家摆酒席盛情款待，并向贺喜的邻里、族人回送煮熟染红的鸡蛋、面汤，表示谢意。20 世纪 90 年代起，主家与来贺的亲戚、朋友约定时间，共同宴请，减少了频繁的招待应酬。有的人家直接把宴席设在饭店里。

满月 称“出月子”。妇女生孩子满一个月，娘家要接母子去住一段时间，谓之“住满月”。临出门，找三姓，其中一刘姓妇女为婴儿铰头（剪胎毛）、打“黑狗”（在婴儿鼻头上抹黑灰点）；回时打“白狗（抹白面、雪花膏）”，曰“黑狗去，白狗来”。

过百日 婴儿出生百日，曰“过百日”或“过百晌”，姑、姨及姥娘等带衣裤、面料、看钱等前来庆贺，主家盛宴招待。

周岁 婴儿出生后的第一个生日。直系亲属、好友前来祝贺，举行家宴庆祝，向邻里等分发带子、饸子（一种扁形的蔬菜、肉、豆芽作馅的烙制食品），十分热闹、隆重。也有的在姥娘家过周岁生日，在老娘过生日，须连过三年生日。

丧葬礼俗

新中国成立前，境内一直延续的丧葬习俗是，人去世后，用木棺土葬，长辈去世，习以重殓厚葬为荣，并有一套复杂、繁琐的殡葬礼仪，当地俗语曰“利津人能吃糠，留着银钱发大丧”(本境原属利津县，居民爱称自己为利津人)。

人到老年，富裕人家便备好寿衣寿棺，请阴阳先生看坟址（称阴宅），定向口（墓穴朝向），打寿坟。根据家境贫富不同，其寿品豪华程度差异较大，富户人家的寿衣用绫罗绸缎，贫穷人家用染色粗布或根本不备，去世后穿旧衣而埋之。

人去世后21天（俗称“三七”）、35天（俗称“五七”）、100天，孝子、孝眷均携祭品、香纸，其中一次要带扎制的箱、柜（女性扎箱，男性扎柜），上坟祭奠。3年内，孝子、孝女穿白鞋、着黑衣，衣服撒边，不去娱乐场所，宴席不猜拳行令，过春节门窗上不贴对联（第三年上可贴蓝色对联）、不外出拜年、忌办喜事等。待3年忌日，带祭品、箱或柜到坟上祭奠后，孝期告满。

新中国成立后，境内群众响应党委和人民政府号召，移风易俗，革除陋习，提倡俭朴，节约办事。20世纪70年代，推行火化，葬礼从简。进入21世纪，村村成立红白理事会，倡树殡葬新风尚。取缔棚业、纸草业、行人业、吹打业和封建阴阳先生等不良行业。长辈去世，丧期最长不超过三天，统一待客标准，不大吃大喝；压低祭仪（礼钱）标准；不扎灵棚，不设祭台，不请吹鼓手，不披麻戴孝；孝子佩戴黑纱，奏哀乐；死者火化，不做套棺，葬入公墓。

民间游艺

舞狮子

境内民间舞狮子等传统历史悠久，何时兴起，已无从考究。狮子，以竹、木或铁丝扎架狮头，用布制作狮身，饰以彩色长毛，口张目闭，十分逼真。小狮羔由1人扮作，成狮则由2人合作表演。表演时，成狮由1人作头，1人作尾，二人四足，恰似狮子四蹄。舞狮动作又分文狮、武狮两种动作。文狮主要刻画狮子温顺的动态，有搔痒、舔毛、打滚、抖毛、爱抚狮羔等动作，武狮则上下翻腾摇摆，前后左右腾挪，表现狮子勇猛的性格。小狮子伴随于成狮左右前后，戏弄成狮，增添情趣。另有1人扮作武士擎绣球引逗，在锣鼓声点引导下，狮子或立或仰或蹲或扑，跳跃、登高、滚转绣球，时有滑稽惊险动作，以吸引娱乐观众。

“舞狮子”“跑龙灯”表演

跑龙灯

龙灯的龙头、龙身用竹竿、竹篾做成，节数不等，外罩用红布或用彩纸扎成。节内点燃蜡烛的称“龙灯”，不燃蜡烛的为“布龙”。舞龙时，龙首、龙身、龙尾由多人擎架，另由1人持彩珠戏龙作舞，龙体腾空，上下翻舞，摇头摆尾，千姿百态，气势恢宏。

耍花灯

花灯的样式较多，有竹马灯、狮子灯、车子灯、瓶子灯、宫灯和走马灯等。解放前，一般在元宵节举行。解放后，有些重大庆祝活动时也有表演，新时期一是其他文艺活动方式的增多，二是农闲时间青壮年都忙着在工厂上班、搞运输，做经商或外出打零工等因素，耍花灯大不如从前兴盛。20世纪90年代至21世纪初，县里年年举办元宵节灯展，胜坨镇都组织彩灯参展，深受观众好评。

跑旱船

旱船用竹木扎成，四周围以彩布，状似游船。跑旱船多由两人扮演，1人驾船，1人划船。驾船者多扮成俊俏少女，手把船沿，似坐其中，划船者常扮作一老

“跑旱船”表演

翁。表演时，两人配合协动，旱船忽而搁浅，忽而急驰，跌落起伏，飘忽不定，如船漂泊于碧波之上。西张村扎制的旱船则别具一格，扎得特大，且船名各异，有“坛子”“大鼓”“邦摇”等等，船上摆设一应俱全，形象逼真，表演时七八个小伙子驾旱船，随着鼓点节奏，前走后倒，摇头摆尾，犹如船行大海，乘风破浪，十分壮观。这种民间艺术一直为当地民众所喜爱。

扭秧歌

秧歌是一种集体表演艺术形式，参加者十余人及至数十人不等，多为男女青年和儿童，男的用彩绸或皮带束腰，毛巾扎头，手持系着彩绸的竹棍，手拍脚踢，边扭边舞。女的身穿彩衣，手拿竹板或扇子，边扭边击竹板。表演时锣鼓伴奏，节奏鲜明，并不断变化队形，或插花式，或八字形，有时还伴有歌声和音乐，在农村一直盛行至今。进入 21 世纪后，秧歌表演充实进许多现代舞蹈元素，表演的形式花样也不断翻新，体现出强烈时代特色。

踩高跷

也称高跷秧歌。舞者扮成各种性格鲜明的人物，或为生、旦、净、末、丑，或为唐僧师徒。多以传统戏情节和历史故事为表演内容，也有的表演现代生活题材。木跷高者 3 市尺，低者尺余。表演形式有集体对舞和数人表演的小场。表演

“踩高跷”表演

时，舞者手持道具，双足踩木跷，随着鼓点节奏而舞，不断变化队形，情态各异，活灵活现。

敲锣鼓

春节期间，境内农村比较普遍的一种娱乐形式就是敲锣鼓。这项活动以锣鼓为主，还配有钹、镲、手锣等辅助打击乐器。鼓调鼓法非常讲究，有敲、打、点、击等技法。鼓牌有“得胜鼓”“小翻身”“九龙翻身”“凤凰单展翅”“凤凰双展翅”等演奏形式。各种打击乐器配合紧凑，步调一致，轻重缓急，跌宕起伏，节奏鲜明，铿锵有力，有催人奋进、激昂高亢之感。锣鼓亦有大小之分，小鼓由敲打者自己挂于胸前或由打镲者背于身后，也有两人架抬的；大鼓称大墩鼓，须有鼓架，或由四人抬着。胥家村的百年大鼓至今仍然保存完好。

镇 方言俗语

内部语音区别

胜坨方言属汉语北方方言的北方官话利津方言区。境内宁海、胜利沿黄一线西部居民分“尖团音”，西南部徐王、林子一带尤甚，即北京读 j 、q 、x 声母的字，这里分读为“尖音” z 、c 、s 和“团音”两套声母，如“集、基”“清、轻”“星、兴”，前读尖音声母，后读团音声母，因声母不同导致读音不同，即语音上“集≠基”“清≠轻”“星≠兴”；东南部坨庄、小宁海一带不分“尖团音”，即同北京一样只读j、q 、x 一套声母，这是东西部语音的主要区别。

声母韵母特点

胜坨音系在声母方面共有 25 个声母（包括零声母），而普通话有 22 个声母，在类别和音值上大致相同的有 14 个，它们是：b、p、m、f、d、t、l、zh、ch、sh、r、g 、k 、h。也有例外，如“儿尔耳而二”等字，普通话为零声母，胜坨话则为 l 声母。普通话 z 组声母，胜坨方言则读为 zh 组声母，如“责泽择测策册色”等字。普通话中的 z 组声母字胜坨也读 z 组声母，如“资次私杂擦租粗苏酸脏藏桑”等；但普通话里 j 组声母字胜坨却读为 z、j 两组声母，读 z 组的如“积七西接写浆墙想精清星”等，读 j 组的如“鸡欺稀揭歇江强向京轻兴”等。这样，胜坨的 z 组声母字比普通话多而 j 组声母字比普通话少。在韵母方面，胜坨音系有 36 个韵母，而普通话中有 39 个韵母。比普通话少 o、er 两韵，多 iai 韵，且 ei 韵字多，韵母自成音节少，普通话 o 韵字，胜坨方言都与 e 韵字归为一类，如“过、果、裹、扩”等；普通话 er 韵字，胜坨方言都读为 l 声母字，如“儿二尔而耳”等；普通话读 o、e、ai 韵母的字，胜坨方言中读为 ei 韵母，如“白伯德客脉迫”等；普通话 ie 韵字，胜坨方言分读为 ie、iai 两韵，iai 是比普通话多出的一个韵母，如姐、节、结和解、街、鞋两类字；普通话中以 a、o、e 开头零声母音节 (即韵母自成的音节)，胜坨方言都加了舌根浊鼻音声母，从而使韵母自成的音节比普通话少，如“额爱熬安欧恩昂”等；胜坨方言中的 ei 韵母不与 l 声母相拼合，即没有 lei 音节，普通话中的 lei 音节字，胜坨都读作 luei，如“勒累雷泪类”等。

语法特点

胜坨方言语法在词法方面，重叠构成的名词有：嬷嬷（乳房）、泻泻（口水）、蛛蛛儿（蜘蛛）、鵊鵊（鸭子）、冻冻（冰）、秫秫（高粱）、馍馍、饽饽（馒头）、花花儿（麻花儿）、兜兜（兜肚儿）、鐃鐃（小钹）、哈哈儿（唢呐）、了了（里头）等。胜坨话口语中有一些由单音形容词重叠构成的“AA”式形容词，与普通话“AA”式形容词重叠形式有所不同，读音特点第二音节读轻声，如长长（桌子）、圆圆（杌子），表义特点是不表程度加深，属客观描述，如尖尖脑袋（尖状脑袋）、空空树（空心的树），组合特点可前加程度副词或可直接与名词组合，不加“的”，如“这张桌子大沉沉”、“扁扁头　长长瓜。”胜坨语言中的疑问词比普通话更为简捷。如“怎么”说成“咋”，“什么”说成“啥”，“什么时候”说成“多咱”“几儿”等。能愿动词方面，胜坨话常用“待”表示“要”，“得 dei”表示“必须”；动词后加“着 zhou”表示“住、着”的意思，分别有减缓或加重语气的作用。胜坨话里常用的动态助词“哩”，相当于普通话中的“了”，根据在句中位置的不同，其读音也有两种，一读“哩”，一读“啦”，而普通话都读“了”。用在动词后表动词完成，读“哩”；用在句末，主要肯定事态变化或将要出现变化，读“啦”，有成句作用。胜坨方言中，有些土语、词汇带有强烈的地方色彩，如：埝儿(地方)、稿儿(指物件)、月嬷地儿(月亮)、厦拉子(灶炕相隔的部分)、搭伙(作伴)、田梯(屋内地面)、补饥(灶堂内烧制的儿童面食)等。在句法方面，胜坨方言在可能补语的表达上颇具地方特色，即表否定意思的与普通话相同，而表肯定意思的与普通话表达方式不同，常用带“哩”的句式。与普通话的区别在于：胜坨话为“动词＋补语＋‘哩’”式，而普通话为“动词＋‘得’＋补语”式。

胜坨镇典型方言选录

表 12

方言	普通话	方言	普通话
拐棒	手杖	打爬连	侧手翻
三卯时	启明星	箔障子	篱笆墙
夜来	昨天	夹耳	耳光
臭球儿	卫生球儿	月孩子天	漆黑的夜晚
夜猫子	猫头鹰	马扎菜	马齿苋
指拉盖子	指甲	黄茎菜	翅碱蓬
膈皮	膈胰	羊狗子风	癫痫
疲寒	疟疾	米羊	蚂蚁
腌臜	后悔		

俗语

邻室百家　泛指邻居

对门舍户　对门邻居，喻关系密切

当庄本院　同一村庄

一家八当　本家、同家

人情面皮　情面

草木狼神　碎草遍地状
扬而翻天　混乱不堪，一片狼藉
云山雾罩　头晕目眩，摸不着头脑
晕天张地　神侃海吹，不着边际
黑灯瞎火　昏暗，不明亮
阔阆眼睛　千疤百孔，到处有洞
油芝麻花　油渍甚多
小视短见　目光浅、见识短
装疯假魔　假装疯癫
无鸡嘎嗒蛋　累赘多余，无关紧要的物品
连毛带湿　水湿毛潮，什么都夹带着
黑麻瘪古儿　又黑又瘦
杂而古董　①物品混杂②坏心眼儿多
清汤懈水　粥汤过稀
稀布棱登　稀疏不均的样子
哈而忽视　大大咧咧、不在乎、不计较
胡尔马约　敷衍，不认真
粘头顾拽　做事拖泥带水，不利索
鬼而摸叽　耍心眼，不诚实
血糊漓拉　血肉模糊，鲜血淋漓
湿乎溻拉　半干不湿
叙三道两　反复唠叨，使人絮烦
淋淋嘎嘎　小雨时下时停，多日不开晴
看人拿菜碟儿　根据人的身份、脾性决定对待的态度（贬义）
得病如墙倒　去病如抽丝　得病容易而去病难
斤斤耳朵腮动弹　动甲而扯着乙，喻关系网不易冲破
有一搭，无一搭　有无尚在两可，不能指望
有枣无枣打一杆儿　不管结果如何，先干了再说
一拃不如四指近　非亲属远不如亲属关系亲密

和利时水岛庄园

胜坨镇志

SHENGTUOZHENZHI

胜坨名人

SHENGTUOMINGREN

明清及民国时期，境内功成名就、仕途通达者，不乏其人。清代中举人者有张仲生、胥士超、宁大猷等，李朝杰曾任甘肃省政府委员兼民政厅、财政厅厅长。新中国成立后，尤其是改革开放以来，涌现出一大批的先进个人和劳动模范，为社会主义事业建设作出突出贡献。

人物传略

尚树伦（约 1847—1925）

字鉴堂，号豆村，尚庄村人。自幼聪颖好学，悟性高，喜欢读古书，认为名利不值得一提。二十岁时考入县学，不久后便考取廪生，光绪十八年又考取贡生。光绪二十六年，被朝廷试用为训导官一职。他为人正义，乐善好施，性情刚毅，能担任大事。清光绪时期，境内黄河大堤以东地势低洼，每遇到大雨，顺黄河大堤下泄的沟水便汇积在低洼处，淹没大片庄稼。尚树伦于光绪十五年奔赴朝廷外务院为民请命，请求朝廷从麻湾的南面修筑横向一条大堤被批准。大堤从博兴县的郑家寺开始筑起，到乔家庄止，解除了水患，利津、蒲台两县农田也受到大堤的庇护。另有一事，有一年黄河发大水，冲毁利津县南北岭、十六户等处的黄河堤岸。尚树伦便向皇帝进呈奏章请求封堵裂口，修补堤坝。奏章洋洋几千字，利害陈述分明。皇上批准他的奏议，并委任他为监工。竣工之后，皇帝又下诏书对其提升一级，封为奉直大夫。光绪三十三年，他将自家的珠子滩不动产土地 54.87 公顷，捐助给学校，使家族和乡人受到恩惠。大官吏们在朝廷争相传颂此事，皇帝听说后便赐给他家一块“乐善好施”大匾，悬挂于其宅院的大门之上。

王书元（1867—1925）

字文林，徐王村人。25 岁时即从事黄河河务，精研治水之法，被委以宁海堤岸哨官。后被擢升小街河岸营官之职；1922 年，任山东省黄河下游第四段营营长（校官）。1925 年，病逝于道旭营盘。他一生勤勉敬业，吃苦耐劳，排难治险，减轻危害，保障沿黄人民生命财产安全。山东省黄河河务局赠给其“保障功高”金字牌匾，表彰其德行和政绩。

李宗刚（1885—1963）

字叶三，三佛殿村人。童年时期读过私塾，有比较扎实的文化功底。22 岁立志学医，他博览群书，勤学好问，触类旁通，苦读十载，学业即成，悬壶于市。他为人看病，药到病除，很快名传乡里。1937 年，在利津城开办“仁和”药堂，奔波于乡村里闾之间，为群众诊病除灾。1943 年夏，霍乱流行，百姓的健康与生活受到严重威胁。他不辞辛劳，逐村传授预防和治疗霍乱的方法，并用大锅煎药，让乡亲及路人服用，使许多人免受疫病之灾。当地群众联名赠他一块“妙手回春”匾，以示感谢。1955 年，他参加利津县联合诊所，先后在城关医院和县医院工作并带徒。他熟读《伤寒论》，擅长妇科、儿科，治学严谨，更重医德，以“爱财不为医，行医为救人”自勉或勉人。对患者和蔼可亲，平易近人，诊脉处方，一丝不苟，为群众所称道，多次当选利津县人大代表，利津县卫生局命名的四大名医之一。

王学吉（1930. 08—1995. 07）

徐王村人，出生于贫苦农民家庭。他幼年受父亲王登来（地下工作者）影响，向往革命。1943 年，年仅 13 岁便参加敌后武工队，拿起武器，抗击日寇。1944 年，随部队升级到渤海军区，在利津、垦区（垦利县）一带打击敌人。1946 年 6 月，离开家乡，投身于解放战争。1946 年 8 月，加入中国共产党。1947 年，所在部队整编为华东野战军第 27 军 81 师 242 团，他任炮兵排长。至 1949 年 6 月，他先后参加孟良崮、济南、淮海、渡江、解放上海等几十次战役、战斗，多次立功受奖。1950 年 10 月，他参加抗美援朝，经历过无数次战斗和第二、第五次战役，因腰部受伤，于 1952 年下半年回国住院治疗。1955 年，被授予中尉军衔。先后荣获中华人民共和国三级独立自由勋章、三级解放勋章、中央军委独立勋章。1956 年秋，提出申请到最艰苦、自己战斗过的苏北地区工作。经组织批准，他转业到邳县财政局

王学吉

工作。同年10月，入苏州财校学习。1957年10月，任邳县财政局办公室主任；1958年3月，任农税股股长。1960年，再三恳求到淮海战役战斗过的地方去工作，相伴牺牲的战友，告慰他们的亡灵，最后被派往碾庄税务所担任所长，一干就是30年。30年里，王学吉带着伤残的身体，四处奔波，日夜操劳，争取资金扶植企业发展，寻找项目帮助农村脱贫，多次受到人民政府表彰。组织考虑到他的身体状况，劝其疗养或调回邳州市财政局，都被一一谢绝。在家庭并不十分富裕的情况下，二十年如一日照顾孤寡老人田曹氏，无微不至，待若亲娘。1984年老人去世后，他自出资金为老人买棺木，把其入葬。王学吉的善行义举受到当地人民的夸赞和人民政府表彰，被传为佳话。1995年7月5日，他因患食道癌医治无效辞世。

左世英（1927.03—2009.11）

海中村人，出生于贫苦农民家庭。1943年7月，参加利津县二区区中队，后转入渤海军区，先后参加过解放攻打滨州、平原、禹城、惠民、德州的战斗。

左世英

解放战争开始后，任华东野战军第十纵队二十九师八十五团一营排长。1947年2月—3月，他参加莱芜、泰安战役，荣获“战斗英雄”称号，记二等功；5月，参加孟良崮战役；夏天，参加支援刘、邓大军南下挺进大别山的黄河阻击战，从微山县金口、网口，一直打到梁山，持续40余天；8月，参加沙土集战斗；在1947年秋季，参加杞滩战役，再获“战斗英雄”称号，记一等功；12月，参加莱州战斗。1948年9月，他参加解放济南战役，获“华北战区战斗英雄”称号，记二等功；秋，先后参加临沂、邹平战斗、桃村阻击战、河南上蔡战斗等，获“战斗英雄”称号，荣立一等功；淮海战役中，获“战斗英雄”称号，立二等功；战斗负伤，被评为二等甲级伤残。新中国成立后，他被授予“中华人民共和国独立自由奖章”和“中华人民共和国解放奖章”。1949年，转入荣军学校学习、休养。1955—1957年，任荣军学校党支部书记；1957—1963年，历任滕县监察室监察员、县人民政府人事科长、县委纪律监察委员会常委；

1963—1977 年，任滕县供电局党委书记；1977—1983 年，任滕县民政局副局长（正县级）。1983 年离休。

刘芳圃（1927.07—2011.09）

曾用名刘玉田，徐王村人，大学学历。1944 年参加工作，同年 6 月加入中国共产党。历任利津县二区武委会主任、渤海四地委土改小队长。后调公安部秘书处任一等科员；1954 年 12 月，下放河北省宝华市公安局，历任办公室主任、副局长、党组成员。1960 年，调北京，后到驻外使馆工作。历任外交部科长、副处长、驻印度大使馆一等秘书、临时代办、党委书记。回国后，任对外友协副秘书长、党组成员，多次出国访问。1984 年 6 月，出任驻赤道几内亚共和国特命全权大使、党委书记。离任时，该国总统奥比昂授予他赤道几内亚共和国独立勋章和大红十字勋章各一枚，绶带一条，授印一张。1985 年离休后上老年大学，学习书画，作品入编多部书画集。

刘芳圃

镇

新时期名人

张伟令

文化工作者张伟令

笔名路茵，1927 年 11 月出生，苏刘村人。1943 年参加工作，1984 年离休。

1943 年 6 月，经中共地下工作者樊语香介绍，他入垦区（垦利县前身）抗日根据地杨家嘴耀南中学学习；1944 年，调入渤海军区宣传队（对外称耀南剧团），历任渤海军区政治部宣传大队队员、分队长；山东军区文工团副队长、研究员，副队长、指挥；六十军文工团副

1957 年，张伟令（前排左一）与周恩来总理合影

团长；浙江军区政治部宣传部少校助理员；温州军分区政治部文化科长、后勤部副政委等职。

他长年从事文化工作，20 世纪 50 年代，作为浙江省作家协会会员，在省级报刊发上表数十篇作品。1956—1980 年，他被选为浙江省音乐家协会历届常务理事。1957 年 5 月，在浙江工作期间，有幸受到国务院总理周恩来接见。他离休后仍奉献不止，被温州市老干局评为优秀共产党员。

全国黄河系统劳动模范宋桂先

宋桂先

1956 年 10 月出生，宋家村人。1979 年 4 月，他在垦利修防段参加工作，先后干过炊事员、司务长、仓库保管员。他在平凡岗位上干出不平凡业绩。他干一行爱一行，从不挑肥拣瘦；公私分明，严于律己，克己奉公；先人后己，助人为乐。在全市黄河系统举办的炊事员技术比武中获第一名。他负责的食堂被东营市黄河修防处和垦利县总工会评为“先进食堂”。因工作表现突出，1982 年、1983 年被黄河水利委员会授予“先进生产者”；1986 年被山东黄河河务局评为“劳动模范”；1989 年被东营市授予“劳动模范”；1990 年、1996 年两次被黄河水利委员会授予“全国黄河系统劳动模范”称号。

中国好人董希红

女，1958 年 4 月出生，张西村人。他数十年如一日照顾患病在床妹妹的事迹为广大群众所称赞，不绝于口。

董希红

董希红姊妹7个，排行老三。五妹董莲福9个月大时因患脑膜炎留下后遗症，智力仅相当于两三岁的小孩，没有语言表达能力，瘫痪在床，生活不能自理。董希红从懂事起，就帮着父母照顾五妹，喂饭、擦身子、端屎端尿。天长日久，董希红使五妹养成一种习惯，只有自己端着饭到她身边她才肯吃，只有她在身边妹妹才能安静得下来、睡得着觉。

董希红到谈婚论嫁年龄时，两个姐姐都已出嫁，父母年迈，身体状况也不太好。她为替父母分忧，终生照顾妹妹，作出找上门女婿的决定。父母考虑到会影响董希红一生幸福，起初坚决不同意。村里人也议论纷纷，担心她找不到可心的对象。董希红初心不改，最终“迎娶”了比她大8岁的丈夫。婚后的董希红每天是早起做饭，给妹妹喂完饭后再下地干活，晚上还要熬夜洗衣服，悉心照顾妹妹的生活起居。

1992年，董希红父母去世，她身边的几个妹妹也相继出嫁，照顾五妹的重担就全部落在她一人肩上。2005年，她女儿因车祸住进医院，在女儿住院的20多天里，董希红每天都是早起先安顿好妹妹，然后再去医院照顾女儿。董希红30多年如一日，悉心照顾妹妹。受其影响，儿子、女儿都尽力照顾患病的五姨，就连嫁进门的儿媳也是如此。

2012年10月，董希红被中央精神文明建设指导委员会办公室评为“中国好人”。

中国好人苟增玉

苟增玉

女，1967年6月出生，小巴家村人。1986年8月参加工作，任职于胜坨镇中心幼儿园。

1996年6月，苟增玉的第一任丈夫因意外事故去世，撇下了她、两个年幼的孩子和体弱年迈的婆婆，当时她年仅30岁。出事后，她的婆婆因丧子之痛变得精神恍惚，需要人照顾。尚未从悲痛中走出来的苟增玉，便扛起既要服侍老人，又要照顾孩子的重担。她每天给老人做好了饭菜端上饭桌，再把孩子送去学校。后经人介绍，荀增玉认识现任丈夫于吉文。于吉文亦为丧妻之人，带有一位年幼的孩子。他们两个人结合遭到婆婆的极力阻拦。荀增玉并没有丢下患病的婆婆不管，她和于吉文最终决定，两个人一起共同照顾两个人的三个孩子和婆婆。之后20余年，荀增玉像亲闺女一样无微不至地照顾婆婆，陪护婆婆走完一生。

荀增玉与于吉文刚组成新家庭时，于吉文带过来的儿子性格叛逆，不肯接受荀增玉，但荀增玉比对自己的亲生儿子都上心，关心爱护他。2005年，孩子得了牛皮癣，荀增玉费尽周折，找医生，寻偏方，终于给孩子治好病，解除孩子痛苦。孩子被感动，最终接受了她，像对待自己的亲妈妈一样对待她。

20多年间，荀增玉不辞辛苦，用坚强、善良和母爱，撑起一个原本破碎的家庭，用理解和包容温暖融化老人和孩子的隔阂，使两个本破碎的家庭终得幸福。在“山东好人之星”评选中，被评为“孝老爱亲”模范。2014年12月，荀增玉荣登“中国好人榜”。

全国孝亲敬老之星王大江

1975年3月出生，东王村人，大专学历，现任东王村党支部书记、山东茂江仓储有限公司总经理。

王大江

王大江办企业致富后，奉献社会，善待邻里和员工。他每年都给东王村的孤寡老人和贫困家庭送去米、面、油、肉等生活用品。垦利街道和胜坨镇的两家敬老院里80岁以上老人、东王村70岁以上老人过生日时，王大江都给他们送去生日蛋糕，送去祝福。每年九九老人节，王大江都会去村老年公寓陪老人过节，不仅在生活上给予帮助，还自出资金给村里老人修建文化娱乐场所。2012年，东营市河口区义和镇梁家村近15万千克富硒苹果滞销，果农心急如焚。王大江得知后，立刻认购4500千克苹果，捐赠给东王村的老人和贫困家庭，帮果农化解燃眉之急。在村里，不管是老人还是孩子，都由衷地敬佩王大江。

2010年始，王大江资助临朐县冶源镇徐家峪村3名贫困生，直到他们大学毕业。他不仅资助贫困大学生，还带动家人、员工、朋友资助孩子的家庭。2012 年，他资助冶源镇米山小学 20 万元建教学楼，受他影响，20 多名企业家纷纷捐助该校 157 名贫困学生。2013 年暑假，王大江向垦利县妇联捐款 4 万元，作为救助垦利县董集镇贫困孩子的启动资金。2012 年，王大江被东营市委宣传部、市文明办评为“最美东营人”。2014 年，他被全国敬老爱老助老主题教育活动组委会评为“全国孝亲敬老之星”。

名人与胜坨

全国劳动模范巴洪斌

1954 年 9 月出生，巴东村人，1977 年 3 月参加工作，中共党员，大学文化，高级经济师，教授级政工师。

巴洪斌

1977 年 3 月至 1987 年 12 月，巴洪斌在垦利县石油醚厂、综合厂工作，历任会计、财务科长、副厂长、厂长、党支部书记。1987 年 12 月至 1998 年 4 月，历任垦利县胜坨安装公司经理、党支部书记，中共胜坨镇党委委员、经委主任，中国万达集团董事长、总经理、党委书记，胜坨镇人民政府科技副镇长、中共胜坨镇委副书记（乡科级正职），中国万达集团董事长、总经理，中共中国万达集团委员会书记。

1988 年，巴洪斌带领一支几十人的队伍，大胆揽下专业队伍都望而却步的输油管道铺设工程。在阴雨连绵、海潮不断的恶劣环境中，带领施工人员奋战 16 个昼夜，圆满完成任务，赢得“援油铁军”的称号。他带领企业讲诚信、务实效，在服务油田中不断发展壮大。他果断决策，上马生产油田急需的高科技电磁线产品，迅速占领国内几大油田市场。随即又开发特种电线电缆、精细化工、塑料抗冲剂等 20 余种高科技产品，形成电线电缆、精细化工两大支柱产业，并建起万达集团高科技工业园，使万达集团实现由单一劳务型向工业型、科技密集型的转变。2001 年，公司全年销售收入突破 11 亿元，利税突破 1.3 亿元，被列为全省 136 家重点企业集团，并荣获“全国‘五一’劳动奖状”“国家级重合同守信用企业”“国家高新技术企业”“全国文明企业”“中国企业信誉 AAA 级企业”等国家级的一批荣誉称号。

1998 年 4 月—2012 年 12 月，巴洪斌历任东营经济开发区（高新区）管委会副书记、副主任、书记、主任，东营市人民政府市长助理，中国万达集团董事长，党委书记等职。1998 年初，他接管面临摘牌的东营经济开发区，全身心地投入到开发区振兴与建设中。当年，东营开发区累计批准进区项目 98 个，项目总投资 60 亿元。日本三洋、美国威德福、澳大利亚意玛特、中国统一集团、韩国韩元株式会社等大型跨国公司，鲁能电力、广东俊富、胜利高原、福建华林、金瀚林果、大海集团、福莱特服装等国内知名企业纷纷落户开发区。开发区面积由 10 平方千米扩大至 60 平方千米。“东营经济开发区发展迅速”被评为东营市 2000 年十件大事之一。自 2000 年起，东营经济开发区连续三年年均投资超过 1 亿元，“七通一平”面积达 15 平方千米。组织委托国内一流的中国城市规划设计院编制的新扩 40 平方千米开发区总体规划顺利通过专家评审。2001 年，东营经济开发区业务总收入 12.5 亿元，工业总值 11.5 亿元，进出口总额 1.8 亿美元，名列山东省 53 个省级开发区综合考评第四位。东营经济开发区管委会连续两年被国家开发区协会评为先进开发区，连续 3 年被山东省开发区协会评为先进开发区，连续 3 年被中共东营市委、市人民政府授予双文明建设先进单位。是年，万达集团被列为山东省 136 家重点企业集团，并荣获“全国‘五一’劳动奖状”“国家级重合同守信用企业”“国家高新技术企业”“全国文明企业”“中国企业信誉 AAA 级企业”等称号。

2000 年 4 月，巴洪斌被国务院授予“全国劳动模范”称号，把获得劳模奖金和政府特殊津贴 1 万元捐献给希望工程。

2005 年 6 月至 2011 年 1 月，巴洪斌历任东营港建设管理办公室（东营市临港工业园筹建处）主任、党组书记，东营港经济开发区管委会主任、党工委书记，东营港建设管理办公室主任，东营港务管理局局长等职，肩负起东营港的筹建建设重任，使东营港经济开发区于 2006 年 4 月经山东省人民政府批准设立为省级经济开发区，迅速发展为国家级石油化工产业区和“黄蓝”（黄河三角洲高效生态经济区与山东半岛蓝色经济区）两大国家战略确定的四大临港产业区之一，东营市实施“黄蓝”国家战略的核心突破区和重点打造的经济增长极，发展起生态化工、现代物流、装备制造和战略新兴产业四大产业。2011 年 1 月始，巴洪斌任东营港经济开发区管委会调研员。

十几年间，他创办领办的企业先后安置 4000 多人就业，他和他创办领办的企业先后为学校、医院等社会单位捐款近 3000 万元，赡养社会四残人员 400 多人。巴洪斌经常拿出自己的工资，救助失学儿童，每年还把政府奖励给他个人的几十万元奖金捐献给福利院、困难职工和失学儿童。

巴洪斌先后获“全国优秀厂长（经理）”“山东省优秀党务工作者”“山东省劳动模范”“山东省优秀企业家”“山东省专业技术拔尖人才”“东营市首届优秀企业家”“东营市优秀共产党员”等荣誉称号，被中共山东省委、省人民政府记三等功一次，中共东营市委、市人民政府记大功一次、二等功四次。历任全国十届人大代表、山东省九届人大代表、东营市五届人大代表，中共东营市委三届、四届委员，东营市三届、四届政协常委。

全国劳动模范尚吉永

1968 年 1 月出生，尚庄村人，中共党员，大学文化。中国光彩事业促进会副会长、中国太平洋经济合作全国委员会副会长、全国工商联执行委员、山东省工商联副主席、山东省十二届人大代表，中国万达集团董事局主席，北京理工大学管理科学与工程博士，长江商学院 EMBA、北京大学高级工商管理硕士。

尚吉永

2005 年，出任中国万达集团董事局主席、总裁、党委书记。在他带领下，中国万达集团接续发展。2010 年 5 月，尚吉永主导中国万达集团所属山东万达化工有限公司与中国华油集团共同合作成立山东华油万达化学有限公司，创出民企与国企合作第一个范例。2012 年 12 月，中国万达集团与中石化齐鲁分公司合资成立山东科鲁尔化学有限公司，建设 26 万吨 / 年丙烯腈生产及配套项目，成为目前中石化所有合资企业中民企股比最高的合资企业，成为民企与央企合作典范、发展混合所有制经济的亮点。中国万达集团又先后与英国石油公司（BP)、荷兰壳牌、大连万达等世界500强企业开展战略合作，携手共赢发展。

2012年6月始，尚吉永率领中国万达集团在东营港布局年产500万吨天弘石油炼化一体化项目，率先引进世界先进的法国阿克森斯汽油加氢技术和丹麦托普索柴油加氢技术，2013年10月顺利建成投产，历时15个月完成一般企业2至3年的工作量，创出炼化行业新纪录，建成1000万吨/年综合加工能力和全国民营炼厂最大的单套500万吨/年原油加工能力，推动石油化工向精细化工延伸，形成从原油上岸、成品油下海的码头物流，到石油炼化及其副产品，再到后续精细化工的五大产业链条。

面对“互联网+”的新经济模式，尚吉永积极探索互联网+商业新模式，引导公司先后在美国、英国、印尼、新加坡、马来西亚等海外地区投资建厂，开展销地产和国际贸易；在上海自贸区成立万达金控集团，成功收购英国伦敦牛津集团；在青岛保税区成立万达国贸集团，搭建起胶网“互联网+橡胶”、万达汇富“供应链+金融”电商平台等。

至2014年年底，集团总资产800多亿元、占地560多万平方米、员工1.3万余多人，拥有石油化工、轮胎电缆、资本运营、热电联产、码头物流等产业的中国500强企业。

尚吉永在做好企业、保证企业员工各项福利的同时，将各级人民政府奖给他的200多万元奖金，全部捐给希望工程和有困难的人，并先后帮扶多个贫困村架电线、修水库、改稻田、建文化大院。在抗击南方雪灾、汶川地震、青海玉树地震等特大天灾中，尚吉永带领万达集团及职工捐款270余万元，并在第一时间成立东营市首支援建北川队伍，努力克服时间紧、任务重，余震频发、道路塌陷、湿热交加等重重困难，提前3个月将工程交付使用，赢得省、市援川办和当地党委、人民政府的高度评价，所建工程分别荣获山东省“泰山杯”、四川省“天府杯”(金奖）等建筑工程质量最高奖，万达建安被国家人力资源和社会保障部、国家发改委、解放军总政治部联合授予“汶川地震灾后恢复重建先进集体”称号，成为东营市唯一一家获此殊荣企业。

在尚吉永的带领下，公司每年组织员工参加义务献血、慈心一日捐、义务植树等公益活动，先后为学校、医院、希望工程、双拥、救灾、新农村建设等社会公益事业捐款捐物累计1亿多元，赡养和安置社会四残人员800余人，安置转业、退伍军人400余人，吸纳下岗职工和安排大学生就业6000余人，并累计投入3000多万元，连续7年赞助黄河口国际马拉松赛。

尚吉永强烈的社会责任感获得社会广泛关注和认可，先后获“全国劳动模范”“全国五一劳动奖章”“全国优秀民营企业家”“第四届中国青年创业奖”“山东省十大杰出青年”“山东省优秀中国特色社会主义事业建设者”等称号。

全国优秀诚信企业家王秀生

1966年1月出生，皇殿村人，中共党员，大学文化，高级工程师。山东胜通集团股份有限公司董事长、党委书记。

2000年，王秀生上任山东胜通集团董事长、总经理后，他坚持瞄准产业发展最前沿上项目，依靠科技推动企业发展，不断壮大企业规模，先后主持上马中高压玻璃钢管材、聚丙烯酰胺污水增效剂、层状结晶二硅酸钠等多个项目，为集团增加效益1200万元。

王秀生

2001年，他率领集团大力实施“科技兴企”战略，决策投资2.2亿元，新上工字轮、钢帘线等项目，使企业得到进一步发展壮大，公司总资产增至4.6亿元，高新技术产业量占公司销售收入达到70%。他紧跟国家发展环保产业政策导向，主导建成年产5万吨的无磷助洗剂——层状结晶二硅酸钠项目，被国家发改委确定为无磷时代的优势产业“国家高技术产业化示范工程”，成为国内层硅产品的开发生产科研基地，并主导起草该产品国家标准，得到国内外多家知名洗涤企业的高度认可，产品出口到德国、加拿大、日本、韩国等国家和地区。是年，胜通集团销售收入6.25亿元，利税6908万元。

2003年至2009年，王秀生率领胜通集团做大做强，瞄准国际最先进制造技术，继续扩大钢帘线生产项目，研发生产新产品，保持行业领先。2011年，胜坨集团钢帘线总生产能力25万吨。

2012 年，王秀生又带领胜通集团投资建设占地 133 余公顷的胜通高科技新材料产业园区。投资 31.8 亿元，上马 BOPET 高端光学膜项目。该项目为胜通集团新材料产业的核心项目，在全球同行业中处于领先地位。2014 年 10 月，6 万吨 / 年 BOPET 高端光学膜项目的建成投产，获得全球高端客户和整个光学膜行业的普遍认可。是年，胜通集团继续加大投入，投资 25 亿元建设 15 万吨 / 年高精特种钢丝制品项目，实现钢帘线在技术、规模、实力上的再一次跃升，使钢帘线年产规模达到 40 万吨，建成国内一流、世界领先的高科技金属制品产业基地。

王秀生所带领的胜通集团拥有 BOPET 高端光学膜、高端精细化学品、金属制品等上百种拥有自主知识产权的高科技产品和百余项国家专利，产品遍及全国，并远销欧盟、美国、加拿大、俄罗斯、日本、韩国等几十个国家和地区。“胜通牌”产品被誉为“山东名牌”，“胜通”商标荣获中国驰名商标。

王秀生多年来一直秉承一位企业家的职业操守，热心社会公益事业，率领集团及个人累计为赈灾、扶贫助残、助学等公益事业捐款 5000 余万元。

2013 年，他被山东省人民政府授予“山东省劳动模范”称号，先后荣获“富民兴鲁劳动奖章”“全省优秀企业家”“全国优秀诚信企业家”“中国十大科技创新经济新闻人物”等荣誉称号。

全国青年星火带头人张振武

1966 年 2 月出生，坨东村人，政工师，高级经济师，东辰控股集团有限公司董事长、总裁。

1992 年 8 月，张振武创立东营金加化工有限公司（东辰集团前身），担任总经理。1997 年 8 月，他推动公司实施改制成，成立东辰控股集团有限公司，担任东辰集团董事长、总裁职务。经过近十年的接续发展，他领导东辰人，把东辰集团从一个资产不足 40 万元、占地 6600 平方米的小油漆化工厂，发展成为覆盖山东东营、新疆、中国香港、美国纽约等四大区域，以化工、机电、生物医药开发为三大主导产业，横跨国际贸易、矿业开发、文化旅游、保税仓储等四大产业领域的国家大

张振武

型企业集团。公司占地433.3公顷，注册资本2.1亿元，总资产147亿元，提供就业岗位1600多个。东辰集团公司先后获得“国家AAA级信用企业”“国家守合同重信用企业”“中国制造业企业500强”“中国民营企业500强”“山东企业100强”等300多项荣誉称号。

2013年，张振武主导公司投入研发资金8.2亿元，先后建成省级技术中心、市级工业设计中心和博士后科研工作站，出台一系列促进技术创新能力建设的政策措施，形成推动企业技术创新的长效机制，企业自主创新能力建设跃上新台阶。是年，6个项目达到国际先进水平的，2个项目被列为科技型中小企业创新基金，6项产品被认定为国家级重点新产品，2项成果获山东省科技进步二等奖。

2014年，公司申请专利46件，其中发明专利6项，获专利实施许可1项，发明实用新型专利39项。注册多个企业商标和国际商标。“艾瑞斯特”商标被国家工商总局授予“中国驰名商标”，公司还拥有4件山东省著名商标和5个山东省名牌产品。

“十二五”期间，在张振武的正确领导下，东辰集团投资100亿元建设循环经济产业链，构架战略性新兴产业体系，推动产业转型升级，精心培育石化工业园、生物医药产业园、合成橡胶产业园、机电工业园、保税仓储产业园、煤炭工业园、天然气—煤炭混投联产甲醇工业园、聚甲醛新材料园等八大产业园区和房地产项目。

张振武热心社会公益事业，组织公司投资6.5亿元捐建天宁寺民俗文化旅游区，挖掘地方旅游资源，保护地方民俗文化。每年都划拨专款救助企业周边的贫困户、贫困大学生、贫困母亲等。与贫困村结对，为其建设文化大院、改造基础设施、帮扶发展产业项目等，开展“走进校园”“走进贫困户”“走进少数民族家庭”系列资助活动，不断扩大帮扶社会弱势群体范围。截至2014年，东辰集团累计用于扶贫、助学、救灾、举办公益活动等方面的捐款捐物近400万元。

张振武取得的业绩得到了各级党委、人民政府的认可，1996年，张振武被授予“全国青年星火带头人”称号，还先后获得“中国优秀企业家”“山东省劳动模范”“山东省优秀企业家”等荣誉称号。

胜坨镇志

SHENGTUOZHENZHI

■

艺文

YIWEN

中国·胜坨艺术创作笔会会场一角

胜坨境域人杰地灵，钟灵毓秀。自古以来重教尚文，兼收并蓄，发扬光大，形成深厚文化底蕴。尤其是新中国成立以来，在党的“百家争鸣，百花齐放”方针指引下，群众文化艺术事业得到长足发展。戏曲说唱、书画剪纸、文学创作等文艺活动精彩纷呈，日益繁荣，许多讴歌时代、歌颂人民的精品佳作涌现，一大批演员歌唱家、优秀文化作者、曲艺评论家等专业的、业余的文艺人才成长起来。

文学

发展概况

清代至民国时期，境内涌现出不少思维敏捷、学识出众之人，但受经济等客观条件制约，所作文章佳句只能在村塾学友间交流欣赏或自娱自乐，难以成书流传。自解放至新中国成立初，响应革命号召，诗歌创作等文艺活动在基层广泛兴起，自编自演的小剧目，如快板书、三句半、大实话、天津快板、山东柳琴等曲艺活动在各村中流传。20 世纪 60 年代，诗歌、散文等体裁的文艺创作活动也在不断发展，“团员之家”“工地战报”“三秋快报”成为学校教师、共青团员、青少年展示才华的重要阵地。70 年代后，业余文学者创作的作品陆续见诸报端。80 年代后，诗歌、散文、小说、报告文学等体裁的作品硕果累累，大批作品被陆续登上省级、国家级报刊。

代表人物

新中国建立后，新一代文学青年迅速成长起来，活跃在各条战线上，创作出了大批脍炙人口的作品，涌现出大批文艺名人。

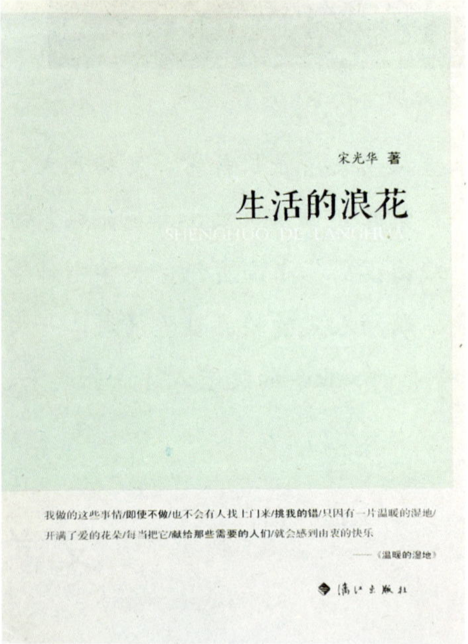

宋光华诗集

宋光华

1945 年 11 月出生，宋家村人。他先后在辛庄公社中学、垦利县文化馆、垦利县史志办公室、政协东营市委员会等单位工作。自 1967 年始，他利用业余时间陆续创作发表诗歌作品，著有《生活的浪花》《窗外的原野》《可爱的家乡》等诗集。

刘学禹

曾用名雪羽，1941 年 9 月生，棘刘村人。作家、诗人、民俗文化学者、曲艺评论家、主持艺术家。他先后在济南铁路局、济南人民广播电台、山东经济电台等单位工作，从事文学创作、曲艺创作与评论、广播电视节目策划与主持等工作，曾任中国曲艺家协会会员、中国主持人学会会员、济南曲协副主席等职。著有《雪羽短文》《风雨之夜》《全脂奶粉》《小小路徽圆又圆》《雪羽散文集》《雪羽抒情诗集》《浅谈广播电视节目策划与主持》等文集，发表文学与曲艺评论数百篇，创作广播剧、情景剧、歌曲、曲艺等作品约计 180 万字。2009 年 1 月，创作的 160 万字《杂花散草》文集出版。

王玉民

笔名珏敏，1961 年生，新张村人。他曾进修于山东大学中文系作家班，先后任东营广播电视报社社长、主任编辑和山东省作家协会会员、中国戏剧家协会山东分会会员、东营市作家协会副主席、东营市广播电视学会副会长等职务，曾获“山东省首届十佳青年诗人”称号。1982 年起，在《山东文学》《时代文学》《诗刊》《中外诗星》《星星》《诗人》《诗歌报》《绿风》等国内数十家报纸杂志上先后发表作品数百篇，著有诗集《寻找家园》《世纪末最后的诗意》和报告文学集《燃烧的大地》（与他人合作）。多件作品获省级、国家级奖，入选《21 世纪中国文学大系》等多种文学选本。

《东仁诗词》

李东仁

笔名阿仁，曾用名金仓、昭清，号老土城主人，1970 年 8 月出生，坨东村人。先后任中国楹联学会会员、中国职业画家协会黄河口创作中心主任、世界汉诗协会山东东营分会会长、垦利县楹联学会副主席、东营市老土城文化传媒有限公司总经理。1993 年，被中国当代文学研究会评为全国优秀文艺工作者。1989 年开始，他先后在《当代青年》《芒种》《青年月报》等报刊发表诗歌 300 余首，十余次在国际国内诗歌大赛中获奖，著有诗词集《不再停泊的青春》《东仁诗词》。

刘芳华

1959 年 10 月出生，张西村人。先后任东张中学教师、垦利县吕剧团团长、垦利县文艺创作中心主任等职。主导创作的大型吕剧《清河湾》《老河套》《准绳》《皮笊篱外传》，大型戏曲剧《老憨上任记》，小吕剧《竞选》《劝赌》，小品《相亲》《爹娘的心思》《背婆婆》《要车》《苦果》，快板剧《夸媳妇》等作品剧目在全省、全国汇演比赛中均获得大奖。

巴兰华

笔名北方晓歌，1968 年 3 月生，海中村人，任垦利县作协副主席、中国散文学会会员、山东省作协会员、山东省首届作家研究生班学员。其作品曾获《山东文学》2011 年度散文奖、首届齐鲁散文奖、第二届山东十佳青年散文奖、中国首届网络文学大奖赛散文奖、第六届冰心散文奖等奖项，在 2012 年度中国散文排行榜上名列第十名，为垦利县获得冰心散文奖第一人。著有散文合集《摇曳的风铃》，散文专著《蒙尘的书信》，小说《永远的红高粱》《背叛》等文集。

东营市（胜坨）艺术创作笔会

2013 年 10 月，胜坨镇举办东营市（胜坨）艺术创作笔会暨东营市艺术创作培训班；2014 年 10 月，胜坨镇举办主题为“笔墨丹青书胜坨，吉光凤羽醉金秋”的 2014 中国 · 胜坨艺术创作笔会。通过组织作家、文学爱好者深入境内农村基层、企业一线，进行实地采风，挖掘生活素材，寻求创作灵感，感受时代变迁，创作出一批宣传胜坨、歌颂胜坨、提升胜坨知名度的优秀文艺作品。

作品选录

黄河岸边的茵陈

作者：巴兰华

每一个殷红的荚里都包裹着一粒墨黑晶亮的种子，圆而小，小米粒的样子，却泛着晶莹的黑宝石似的微光。它的学名叫作翅碱蓬，我们黄河滩人家则唤作种子。

望不到边的退海之地，辽阔而平坦，种子声势浩大，粘连一片，殷红的荚、梢，如无垠的火焰一样鲜艳、凄美。此时，姐也许正收敛地上一撮撮斩割的种子头梢，用镰刀钩拉到一起，沉着地把包袱展开，一层一层压实，直到四个包袱带子刚刚能挽起疙瘩……一大包种子被夕阳映过，西边的火苗燃烧得灿烂，背影的地方却黑暗如铁，地平线上却似刚刚凸出一座小山。

多少年过去了，我的记忆仿佛永远停滞在八岁时跟姐一起在黄河滩割种子、挖野菜的印象，如同不褪色的胶卷影像，无法抹平的印痕。一晃好多年过去了，仿佛就在昨天，那被斩去荚梢的种子芥子上还冒着淡淡的红水珠……刚被挖走野菜留下的小小坑穴周围，淡黄而贫瘠的土还是新鲜的……

姐，尽管学习好，但是，因为弟弟的出生，她辍学了。她的人生又重新分工：早上晚上看孩子；正当时间干农活。那个时候我体验不到父母的疾苦，却总为姐抱不平。姐，总是笑笑，拍拍我稚嫩的肩头，说，家里出来一个大学生就够了！在说这话的空当，我分明捕捉到姐那明亮的眸子里一星泪光闪现。为了掩饰或者别的原因，姐抿一下刘海，端着洗衣盆无言地走开了。

暑假，我跟姐去黄河滩上的高粱地锄地。姐已经是大姑娘了，即使穿着普通的衣裤，那高挑匀称的腰身也那么俊俏飘逸……我说，姐真美！姐就笑了，整洁的牙齿闪着晶莹的光泽。姐在地头折了一截植物凑到鼻子上嗅。然后，就闭起眼睛，脸向上慢慢仰起，对着太阳……瞬间，一个喷嚏打得惊天动地。我吓得一个趔趄，差点就坐到草地上。姐，却笑得花枝乱颤。我问姐那是啥。姐说，是蒿。

蒿，三月叫茵陈，春暖花开时节，它在松软的黄沙土上最早绽放，颜色灰绿，闪着金属的光泽，样子酷似菊花，贴在地皮上，下面是隔年的尘土草屑，上面是暖暖的阳光。用镰尖剜下，回家择去枯叶水洗，拌上面粉锅蒸，蘸醋和蒜泥，可谓佳肴，去火消炎，青嫩爽口，是大自然馈予黄河人家不可多得的礼物。茵陈到了四月，就不叫茵陈了。此时，秸秆从菜心窜出，已经一筷子高，就叫作蒿了。蒿，人不能吃，山羊倒是挺喜口的。蒿，到了十月，用最后的时光释放着独特的芬芳。姐说，我就喜欢蒿这苦的味道，薄荷一样清新的气息。我接过来闻闻，的确如姐所说，浓浓的薄荷气夹带一丝淡淡的苦味道！

我忆起自己还是儿童的时候，白天姐是姐，晚上姐就像娘。给我洗脚，脱衣服，按到被窝里掖好被角，给我烤地瓜有时也有胡萝卜，还有用铁簸箕放上沙土在炉子上爆玉米花……我有晚上蹬被子的习惯，然而，冬天夜里我从来都没有感冒过，醒来时，总是卧在姐温暖的怀里，小脚丫被姐用腿牢牢地夹着……姐是我童年的保护神。

母亲说起这些陈年往事来不是流泪，就是连连叹息。

姐，在没有任何讯息的提示下就消失了，消失得无影无踪。

我接到电话，向学校请了半个月的假，鞋子都跑破了，也没有寻到姐的踪影。我垂着头难受地撕扯着头发，跟同样抽泣的母亲无言以对。母亲说，你姐再也不会回来了。即使死在外头！原来姐喜欢上村东头的君，家里人因为辈分和属相不合没有同意。姐就一直没有再找对象。君跟邻村一个女孩结婚的当天夜里，母亲发现姐不见了……我理解姐。一个女孩子没有权利选择出生的家庭；一个女孩为了父母可以任劳任怨为家操劳；一个女孩可以为了自己的哥哥、弟弟牺牲学业……但是，作为一个人不会永远为别人活着，特别是自由被别人无端剥夺的时候……这就是姐，一个逆来顺受默默无闻的黄土地上的女孩子。

……

听着妻儿轻轻的鼾声，我披上外套轻轻和上门，步出小弟的新房。我深一脚浅一脚寻着久远的记忆，嗅着那丝丝缕缕的蒿的气息，摸到最西头残破的已经没有了顶子的房间……是姐原来的闺房。

触摸到土炕上布满灰尘的榆木炕沿，现实的冷意与回忆的炙手的温度一起传送到我的手指，关节神经质地在颤动、在探索。立在阴影里，我想姐一定站在月色下望着我，不远不近，若即若离……

姐背负种子的景象又一次闪现在我眼前：那托着一座红山的坚韧而挺直的脊梁，以及对大千世界的淡然而无畏的眼神！

我静卧在寒冷的月华里，杂乱无章的梦里，我看到初生在荒凉的黄河滩上楚楚可怜的茵陈，嗅到十月蒿的浓浓薄荷气息以及夹杂的淡淡的苦味，我却怎么抓也抓不到它了……

（此文获第六届冰心散文奖）

墓　碑

作者：李东仁

荒凉的原野

衬托着　几片云朵
大雁飞去的地方
我曾走过

在痛苦的宇宙里
付出　我的极致
是为终生乞求所有的
品尝

毁灭光寒着存在
把自由束缚地延展
让　心灵之爱成为囚

庙堂香焚着
生者　夜夜的祈祷
默默相守着遗失了的
灵魂

落叶在秋羸弱的心上
吹打
布满我更凄苦的归路

在古老的墓碑下
为什么　白色的温柔
总是带泪的花

（此文荣获首届全国文学艺术大展赛文学类优秀奖）

胜坨变奏曲

（化妆相声）

作者：范振坤　张智勇

乙：亲爱的观众朋友们，大家好！我是东营市电视台的导演，今天是庆祝胜坨镇建镇十周年的大喜之日，这不，我受咱们胜坨镇领导的委托要搞一场反映咱们胜坨镇新风新貌的专场晚会，今天，我要在这里选拔节目，这个——

甲：你了是张导嘛？（倒山东口）

乙：啊，我是。

甲：听说，你要搞晚会。

乙：对，我们要搞一场专场晚会。

甲：砖厂？

乙：对，专场。

甲：你们那个厂是生产红砖啊，还是灰砖啊？

乙：哎，红砖、灰砖干嘛。

甲：你不说砖厂嘛。

乙：嗨，我们这个专场晚会就是专门为一个主题而搞的晚会。

甲：俺懂，现在俺老百姓什么不明白，对吧！

乙：奥，明白就好。

甲：你了这个专场是给哪里办的啊？

乙：我们是给胜坨镇办的。

甲：哪里？

乙：胜坨。

甲：明白了，秤砣啊！

乙：秤砣干嘛，胜坨。

甲：你看你，急嘛啊，急吃白脸的，俺懂，胜坨镇，对不？

乙：对、对、对。

甲：需要节目吧！

乙：太需要了。

甲：找我啊！

乙：找你？

甲：对了，找我。

乙：那请问，您是干么的？

甲：我认的吧？

乙：不认识。

甲：好好看看，你仔把细的看看，我，认识不？

乙：我看一天也不认识。

甲：完了、完了、完了。

乙：怎么啦？

甲：连我你都不认识。

乙：啊。

甲：你算白活了。

乙：怎么说话呢，跑这咒我来了。

甲：我咒你揍嘛。

乙：那什么叫白活了。

甲：我是说你连我都不认的，这一天你算白忙活了。

乙：什么事儿啊，我就白忙活了，你到底谁啊？

甲：我是武二郎啊！

乙：啊，武二郎？

甲：不是，我是说我叫武二良，大家伙叫顺嘴了都叫我武二郎。

乙：吓我一跳。

甲：我是咱们胜坨镇的一位农民啊！

乙：奥，你是咱们胜坨镇的农民。

甲：对了，要说起咱们胜坨镇俺可有发言权，我能说说吧！

乙：太好了，我们正需要素材呢！

甲：俺们胜坨人在党的领导下，锐意进取，在改革开放中大有作为啊，使落后贫穷的胜坨旧貌换新颜啊。

乙：具体说说。

甲：20多年前的胜坨可以说是泥巴墙、土坯房、支口锅、铺张床，白天进太阳，晚上进月亮。上个店，赶个集，穷人靠脚走，富人靠骑驴！现如今的胜坨变化太大了，公交客车村头过，家家都能通网络，处处都是小洋楼，生态农业搞旅游，开个轿车不算富，哪村都有几十部！可以说给我们社会主义新农村城镇一体化带了个好头。胜坨镇现在已经被评为全国重点镇了。

乙：好！

甲：好吧！我还带了节目呢！

乙：带节目来了太好了，什么节目。

甲：你看这是么？

乙：奥，鸳鸯板。

甲：我给你唱段山东快书。

乙：好，咱给他鼓鼓掌。

甲：闲言碎语不要讲，表一表好汉武二郎，那武松——

乙：别、别唱了，您这武松传可不行，我们得要新节目。

甲：你别急哎，你听着。说的是俺们胜坨镇迎来了改革开放的好时候，胜坨人与时俱进立潮头。俺们胜坨镇率先免了农业税、合作医疗保健康，养老生病不发愁。胜坨人用辛勤的汗水和双手，酿出了芬芳甜美醇厚的酒。俺们胜坨人勤劳、淳朴和智慧，男女老少都优秀。俺们胜坨镇的荣誉可说不清啊，俺们是“全国重点镇”“全国环境优美镇”“全国最适宜人居镇”，让我们在镇党委、政府的领导下，大步流星往前走。创辉煌、创佳绩，让全世界的人民都知道俺们胜坨镇，全世界的人民到咱这里参观学习和旅游！大伙说俺这个节目怎么样啊！

乙：好好，不错。

甲：怎么样，这个节目行吧？

乙：好啊，这么着，后天你到东营电视台找我，咱们彩排。

甲：那就这么说定了，俺走了，不耽误你的时间了。

乙：好好，再见，您别说，这段山东快书真不错，把咱们胜坨的变化全写进去了，这说明群众就是有智慧，我们要充分在群众中、在生活中挖掘素材——

甲穿西服、戴眼镜上

甲：请问您是张导吗？（普通话）

乙：哎，这位怎么这么面熟呢，啊，我是啊！

甲：张导，听说您要搞一场晚会。

乙：对，我们要搞一场反映咱们胜坨镇巨大变化的专场晚会。

甲：太好了，张导，我就是来报节目的，我这有节目啊！

乙：奥，你有节目，太好了，找对人了。

甲：对，您找对人了，您找对我啊！

乙：找对你怎么着？

甲：您找对我啊，说明您那个眼啊。

乙：我眼怎么着？

甲：算没白长啊！

乙：怎么说话呢，你谁啊？

甲：我，认识不？

乙：不认识。

甲：您好好看看，仔细看看，认识不？

乙：我说今天这人都什么毛病，我不认识你。

甲：完了、完了、完了。

乙：怎么了？

甲：连我你都不认识。

乙：啊！

甲：你算白活了。

乙：好嘛，又一个跑这咒我的。

甲：我咒您干么啊？

乙：那什么叫白活了。

甲：我是说，您连我都不认识，您这一天算白过了。

乙：白过了，你谁啊？

甲：我是西门庆啊！

乙：啊，你什么？

甲：谢门庆、谢门庆。

乙：哎吆，我说您这名字起的可没多大学问。

甲：学问大了。

乙：什么学问？

甲：您想啊，谢门庆，这说明我们老谢家门五谷丰登庆太平啊，谢门庆！

乙：我听着还是不怎么样。

甲：导演，您不知道，我是咱们胜坨镇中学的一位老师。

乙：奥，你是老师。

甲：对喽，要说咱们胜坨镇的巨大变化我可太有发言权了。

乙：奥，你说说。

甲：别的不说，就说说我们现代化的学校吧！

乙：好啊！

甲：我们胜坨镇领导特别重视教育，因为，一个城市的发展关键在于人才培养，而学校就是培养人才的阵地和摇篮啊，孩子是祖国的未来、是我们胜坨镇的希望，镇里拿出巨资修建学校、改造学校，看，我们的校园多美丽，工作、学习有秩序，走廊里学生的作品铺满墙壁，有书法、有绘画，还有剪纸和工艺，教室里，新桌椅，可以升可以移，实物投影DVD，现代化教学高科技。现如今啊！我们胜坨镇的教学质量排在全市最前列，你说作为一名教师我能不高兴嘛？

乙：那是得高兴。

甲：我能不开心嘛？

乙：那是得开心。

甲：我能不激动嘛？

乙：那是得激动。

甲：我能不发昏嘛？

乙：那是得发昏，嗨，你发昏干嘛！

甲：我是说啊，我激动的有点发晕了。

乙：太激动了。

甲：作为一名胜坨人，我骄傲、我自豪，我要写首诗，为胜坨的发展呐喊助威，啊，美丽的胜坨我的家，景色秀美我爱他，锐意进取大开发，宏图大展美如画，啊，胜坨的人儿放声唱，美丽的胜坨传天下！

乙：好。

甲：怎么样，这诗写的怎么样？

乙：不错，这个节目我们也要了，后天你到电视台找我。

甲：那就这么定了，我不耽误您时间了，再见！

乙：再见！您别说，咱们这胜坨人啊就是有水平，这么回的功夫俩节目了，通过他们的表演啊，我知道了，为什么咱们胜坨镇有如此的业绩啊，那就是咱们胜坨有好领导、有好群众，领导、群众心往一处想、劲儿往一处使——

甲化妆，穿裙子、戴假发上场

甲：请问你是张导嘛？（倒广东普通话）

乙：这位什么模样？

甲：（装不好意思的样子）

乙：你转个身我看看，我怎么看着你这么面熟呢？

甲：讨厌拉，你不要这么看人家的啦，看的人家都不好意思的啦！

乙：呵，好嘛，都酸掉牙了。

甲：听说你要搞晚会的啦。

乙：是啊，我们是要搞晚会。

甲：对了，找到我你算找对人的啦。

乙：我说你别这么多啦好不好。

甲：你是不知道的啦，因为我是广东人的啦，我们广东人讲话就是这么多的啦啦，如果我们讲话不这么多的啦，那我们就不会说话的啦，因此，我们讲话就这么多的啦啦，说到这里你的明白的啦！

乙：我糊涂啦！

甲：讨厌，干什么学人家讲话的啦！

乙：好嘛，这个别扭，我说你是谁啊？

甲：我，你不认识的啦？

乙：不认识。

甲：你真的不认识我的啦、

乙：干嘛真的，我压根儿就不认识你。

甲：奥吆，完蛋啦、完蛋啦，（杂么嘴）。

乙：什么鸟叫唤。

甲：我是说，你不认识我，你算——

乙：我算白活了，走，今天竟碰上瞎起哄的。

甲：我没有起哄的啦，我是来演节目的啦。

乙：演节目，你，都长成这模样了，你还演节目？

甲：你是不是觉着我长得有点难看的啦。

乙：错了，用词不准确，不是有点儿，您长的那简直太难看啦。

甲：你不懂的啦，现在就流行中性美！

乙：啊，就这模样还美呢？说了半天你到底是谁啊？

甲：我的名头可大得很的啦，我说出来保准你就吓一跳的啦！

乙：不会，名头大的我听得多了，你是谁啊？

甲：我就是大名鼎鼎的，潘金莲的啦！

乙：啊，你谁，潘金莲？好嘛，刚才那二位一个武二郎、一个西门庆，现在又多出一潘金莲，这就要开打！

甲：你有没有搞错，我不是潘金莲的啦，我是潘金艳啦。

乙：好嘛，吓我一跳。

甲：我是广东的商人啦，我在我们广东就听说胜坨镇发展变化很大的啦，在这里投资可以发财大大的啦，因此，我就来啦，我来到胜坨一看，哇塞，太美丽啦，这里空气清新、风景如画，城市卫生、干净，老百姓淳朴、善良，在这里投资一定错不了的啦，我要回广东去做宣传的啦，让我们那里的老板都来胜坨投资。

乙：太好了。

甲：我不仅要在胜坨投资做生意，我还要在这里居住、在这里落户、在这里成家。

乙：成家？

甲：讨厌啦，人家还是大姑娘的啦。

乙：奥，还没结婚。

甲：导演，给你打听个事情好不好的啦。

乙：可以啊。

甲：你今年多大了？

乙：我啊，我35了。

甲：你今年35，我今年28，要不咱俩成个家，你说好不好的啦！

乙：奥，不、不，不敢。

甲：你在说什么的啦。

乙：我是说啊，我已经结婚啦。

甲：奥、我太伤心啦、奥、我太难过啦、奥、我太悲伤啦，奥、奥、奥——

乙：什么毛病。

甲：我好难过的啦。

乙：别难过，我们胜坨有的是好小伙，我可以给你介绍啊！

甲：那太好的啦，奥、我太激动啦、奥、我太感激啦、奥——

乙：别奥啦。

甲：为了表达我的激动之情，我要表演个节目，我要唱首歌。

乙：唱歌好啊！

甲：（唱小苹果），我们祝愿胜坨镇，繁荣昌盛永向前，经济腾飞那么宏图大展，人人笑开颜永远火火火，（摘掉假发）

乙：是你呀！

完

衣食住行说变化

（方言快板）

作者：刘海涛

人物：四个老婆。甲、乙、丙、丁（可反串）

甲：（喜悦地跑上。张望）吆，广场上的演出就要开始咧！（对内）我说老姊妹们哪！

（众应）（众应）咱快走哇?!

众：来咧来咧……（在欢快的电声乐中众老婆执芭蕉扇拿板凳上）

咦……嘿嘿嘿……啊……哈哈哈哈哈……

（板）四个老婆笑嘻嘻，

　　一溜小跑走的急。

　　啥？

问俺要到哪里去？

文化广场去演一出（儿）。

甲：一个老婆儿一把号。

乙：平时各吹各的调。

丙：今日俺就唱一支歌。

丁：夸夸咱农家喜事多。

甲：城里的变化咱不夸，

合：俺就啦啦自己的家。

乙：今日演出，咱来个现场发挥，

老嫂子你先啦。

甲：怎么着俺先啦？

众：对，你先带头说。

甲：俺…俺…（羞）嘿嘿……俺是茶壶下饺子，肚里还有点倒不出来。

众：甭酸，砸了茶壶也要倒。

甲：好，说就说，都坐下，抠抠那耳朵听着。

（喊）奏乐！（起乐）

（板）说的是…说的是……

众：停！老嫂子，你光喊说的是，卡了壳了吧？

甲：不是，

（板）俺家的变化实在多，不知从哪插嘴说。

众（板）想说啥，就说啥，

　　　　咱就从，衣食住行说变化。

甲：行行行！

（板）说变化，那好办，说一说，

俺村前些年的脏又乱。

弯弯的土路窄窄的街，

垃圾狗屎成了灾！
没好屋，没好墙，
夏天闷热冬天凉。
众：打住！
（板）咱本是衣食住行赞农家，
　　你不能垃圾狗屎的脏大家！
甲（板）不说孬，哪知好，
俺一辈子忘不了。
如今你再到俺村里看，
村容村貌大改变。
大马路宽又宽，
盏盏路灯立两边。
道路两旁绿化好，
栽上花来种上草。
没有味，没有烟，
有的是碧水和蓝天。
合（板）新变化，俺看得见，
你就说穿衣和吃饭。
甲（板）好好好，我先说说穿和戴，
　　这个变化可不赖。
　　六十年前的大裆裤，
　　大襟褂子老粗布。
　　又是洗又是浆，
　　补了后背缝胸膛。
　　七十年代穿军装，
　　军服军帽最吃香。
　　黑的蓝的少色调，
　　四季不变穿一套。
　　八十年代港台流行进大陆，

满街到处喇叭裤。
九十年代变化大，
蝙蝠体恤花花褂。
太阳帽子运动鞋，
新世纪流行穿名牌。
你看我，
花花公子身上穿，
心情舒畅唱得欢。
要啥有啥俺享清福，
享着清福俺心里光想哭。
合　哭？你是烧的！
甲：不是——
（板）恨老头子没福气
他咋就活不到今日早过世呢！
合（板）你这个人真可笑，
说着说着你下了道。
叫你先说带个头，
你光想老伴把泪流。
乙：你先歇着，换俺说。
甲：俺还没说完呢。
乙（板）没说完也得散，
咱演出时间很有限。
甲：好，你说。
乙（板）你说穿，俺说吃，
过去和现在没法比。
想过去，
没油不能把菜炒，
咸菜瓜子也很少。
野菜充饥是常事，

半月不见油星子。
地瓜干，地瓜面，
爱吃不吃三顿饭。
年年盼着快过年，
一顿饺子解解馋。
现如今，
吃饭搭配讲营养，
天天过年把福享。
包饺子，蒸米饭，
海参鲍鱼家常饭。
炸大虾，炒肉丝儿；
新鲜的蘑菇炖笨鸡儿.
离着老远就飘香味儿，
馋的你咋挪也挪不动那脚后跟儿。
合（板）吃得好，穿得好，
咱心态年轻不显老。
丙（板）她俩说的真够多，
也该让俺说一说了。
合（板）你想说，这就说，
别抻时间往后拖。
丙（板）你说吃，你说穿，
我看都是一般般。
那些年，
土墙土屋坯当椽，
年年泥屋真心烦，
下雨天，心就慌，
屋内漏雨响叮当。
一家人躲进屋角上，
盼着快点出太阳。

新时代，新气象，
新农村里变了样。
咱农民，
依靠科技来种田，
高效农业挣大钱。
农业实现机械化，
节省劳力外出做工效益大。
看咱家，
扒了平屋住楼房，
再不用担心暴雨冲泥墙。
看摆设，
电视冰箱讲实用，
洗衣机用上全自动。
三伏里，是热天，
家家都把电扇安，
还嫌电扇不时髦，
关了电扇换空调。
天然气，不冒烟，
厨房厕所贴瓷砖。
软和床，真好睡，
身上盖的真丝被。
合（板）居民的生活讲质量，
卫生清洁真叫棒。
全村生活奔向小康，
四德当先响当当。
上了电视登了报，
光荣榜上有称号。
丁（板）你甭用，王婆来卖瓜，
我觉着你们说的都很差。

合（板）你这说的什么话，
　　俺可是真心实意说变化。
丁（板）恁这些人不经闹，
　　我是跟你们开玩笑。
　　你们说的都很好，
　　我再把行路的事情表一表。
　　过去远行很打怵，
　　独轮小车做工具。
　　泥土路，很难行，
　　颠得俺腰酸腿也疼。
　　不管路程有多长，
　　依靠两腿朝天量。
　　一天行不了多少道，
　　两脚板子打了炮。
　　看如今，
　　高速路，一级路，
　　到处都是柏油路。
　　运送物料大卡车，
　　出门就坐小轿车。
　　不管眼前有多长的路，
　　油门儿一踩真叫酷。
　　有飞机，有高铁，
　　便捷快当不用说。
　　种地农具有大变化，
　　全面实现机械化。
　　耕耩收割不费劲，
　　金黄的粮食入了囤。
　　新科技帮咱农家露了脸。
　　促进了经济大发展

合（板）咱农家，

　　衣食住行很超前，

　　农村如今换新颜。

　　咱农民，

　　提倡道德讲素养，

　　仁孝友爱经常讲。

　　好婆婆，好媳妇，

　　做出的成绩更突出。

甲（板）文明乡村讲文明，

　　乡村文明乡村行。

乙（板）全民努力树文明，

　　乡村一定更文明。

甲（板）看乡村，比城镇，

　　携手小康齐奋进。

乙（板）齐奋进，一条心，

　　文明和谐在农村。

合（板）咱新农村，

　　要打造一片新天地儿，

　　农村要有农村的味儿。

　　比住在城里有意思儿，

　　生活更有好情趣儿。

　　让咱们，

　　蓝天蓝，空气新，

　　稻荷飘香绿成荫。

　　绿树红楼鸟欢唱，

　　美景惹人心花放。

甲：我说老姊妹们哪？

众：咋咧？

甲：这时间也不短了，天又很晚咧，咱啦到这里算个头，散伙？

众：好，散伙，哈哈……

合：四个老婆乐开怀，

　　高高兴兴走下台。

　　要是再说村里的事，

　　下回演出俺再来，

——俺再来！

在欢快的电音乐中四老婆拿凳持扇踏节奏下。

（剧终）

戏曲

传统剧目

清代和民国时期，境内主要剧种有京剧、扬琴戏（后发展为吕剧）、东路梆子、西路梆子等。解放前，民间戏曲艺人，于冬闲时节，便聚集一起交流切磋，自娱自乐。每至庙会或逢年过节，则自发组织起来搭台演出，娱乐助兴，庆祝佳节。时以演出京剧《苏三起解》《二进宫》《赤桑镇》《玉堂春》《武家坡》、吕剧《小姑贤》《借年》《王定保借当》等传统剧目为主。新中国成立后，戏剧基础较好的几个村庄的演出活动更加活跃，除演出传统剧目外，还排演新歌剧、新话剧，配合党的工作部署需要，向群众宣传党的方针政策和先进思想文化。正月里，村与村之间互相慰问演出。1963—1965 年，社会主义教育运动（“四清”运动）期间，大排演歌剧《三世仇》，西张完小学生的演出最为出色。1966 年“文化大革命”开始，传统剧目被禁锢，代之而起的是京剧“样板戏”。以返乡教师为主体排演的《智取威虎山》《沙家浜》《红灯记》等剧目在当地频繁巡回演出，在垦利县文艺调演、汇演中为最受欢迎剧目。20 世纪 80 年代起，家庭联产承包责任制实行，农村群众都忙于生产，自发演出活动基本停止，继而代之的是专业演出团队的演出。

演艺名人

许如堂（1908—1964）

艺名继兰，花台村人。一生酷爱戏曲，一人出演男女两角色，主演花旦、老生。在演出中一丝不苟，将男人强悍粗犷和女人美艳动人演绎得栩栩如生。主演曲目有京剧《拾玉镯》《西厢记》《玉堂春》《赤桑镇》《武家坡》等戏曲。在境内及沾化县、阳信县、博兴县一带非常出名。后到济南、上海发展，深受群众喜爱。

刘春林（1902—1976）

大张村人。自幼聪颖，幼年家境贫寒，跟剧班学艺 6 年。主攻武生，基本功扎实，唱腔圆润纯正，深受观众、戏迷爱戴和赞赏。家乡解放后，参加渤海四分区京剧团。因身体原因，1947 年春，离开渤海四分区京剧团回到家乡。是年 10 月，在崔家村传艺授徒、组织“子弟戏班”，排演戏曲节目 40 多个，主要有《追韩信》《打渔杀家》《空城计》《宇宙锋》《宝莲灯》等。1954 年后，在利津县陈庄镇辛庄村授徒，组织“子弟戏班”，后发展为利津县大众京剧团（利津县京剧团前身）。1960 年，剧团因生活困难解散，他又先后被邀至淄博、广饶京剧团工作。1970 年，因年高体弱回村定居，人民政府按退休待遇给予安置。

黄鹏飞

1983 年 5 月出生，常家村人。中国民歌演唱家、国家二级演员、全国优秀辅导教师、山东省音乐家协会会员、东营市音乐家协会常务理事、东营市童星音乐学校校长。2001 年获山东省首届齐鲁歌手电视大赛专业组美声唱法一等奖，2003 年获“电信杯”第七届推新人青年歌手电视大赛民族唱法一等奖和山东卫视第七届精

黄鹏飞参加全国巡演

品“五个一工程”电视歌曲评选“金奖”，2004 年获胜利油田青年歌手大赛民族唱法一等奖，2005 年获中国第六届《文化之春》声乐大赛民族唱法“金奖”，同年被评为全国“中国民歌演唱家”，2010 年获全国声乐大赛二等奖，2015 年获全国优秀声乐辅导教师称号。他连续五年获得全国艺术考级优秀教师称号。自 2008 年个人创办东营市童星音乐学校以来，培养了一大批优秀艺术人才，众多学生在声乐大赛中获大奖并考入国家一类本科艺术学院，部分学生考入专业团体，活跃在电视荧屏和舞台上。

崔健慧

女，1983 年 7 月出生，常家村人。国家二级演员、女高音歌唱家、全国优秀声乐辅导教师、中国音乐家协会会员、山东省音乐家协会会员、东营市音乐家协会理事。她每年参加近百场大型电视专场文艺晚会演出，多次参加中央电视台、山东电视台等电视特别节目。1999 年获山东省沂州杯声乐大赛美声唱法“金奖”，2000 年获东营市电视歌手大赛一等奖，2003 年获东营市第七届“电信杯”青年歌手电视大赛美声唱法一等奖，2004 年获“中央电视台第十一届新盖中盖杯”全国青年歌手电视大赛山东赛区“金奖”、全国总赛“优秀奖”，2009 年 10 月获中国“华东六省一市”青年歌手电视大赛“金奖”，2011 年获环渤海地区歌手大赛“银奖”，2012 年获东营市歌声达人年度“总冠军”，2015 年获山东省教师技能大赛“金奖”。每年培养艺术声乐学生近百人，若干名学生获国内多项声乐大奖。

崔健慧参加央视大赛

书画剪纸

书画

20 世纪 80 年代以来，境内群众研习书法绘画的风气浓厚，众多书法美术爱好者的作品经常参加各级书画展并获奖，有的在报刊上发表或被有关机构单

中国（垦利）首届黄河口书画艺术节开幕式

胜坨镇农民书画展活动

位收藏。2007 年，胜坨镇文化站组织苏刘等村的书画爱好者进行比赛，评选出上乘字画作品，装裱后悬挂在本村文化大院展室，既弘扬传统书画艺术，又载以党的路线、方针、政策予以宣传。2015 年 4 月 28 日—5 月 3 日，小张村与东营市众兴农业科技开发有限公司联合举办“中国 · 垦利首届黄河口书画艺术节”，展出全国各地及垦利当地书画艺术家作品 1000 余件，30 多名热爱书画艺术的省部级离退休老领导、50 多名书画艺术家及 500 余名书画艺术爱好者出席开幕式。

华云溪（1923. 3—2006. 11）

字步青，常家村人。幼读私塾，酷爱绘画。22 岁入学济南爱美学校，从师周爱洲。几十年临池不辍，深谙中华美术神韵。其作品多次参加县、市、国家美展并获奖。举办个人画展 3 次。他创作的作品曾于 1995 年获“富士杯”三等奖，

华云溪书画作品

1996 年获“龙竹杯”二等奖，1997 年获香港回归金奖，其参展作品入编《世界书画名人大辞典》；1998 年获“刘邦杯”一等奖、中华魂金奖及爱我中华金奖、中国文人书画大奖赛金奖、文化部特批金奖，1999 年获“画圣杯”一等奖，2000 年获长江魂名誉金奖、民族魂优秀奖。在国际艺术工作室席位为 606 号，3 幅国画作品参加北京远方国际拍卖有限公司拍卖。他获海峡两岸德艺双馨艺术家、中国实力派书画家等称号，曾被聘为新加坡新神州艺术院高级书画师及院士、烟台文化城高级书画师及理事、文化部高级书画师及理事，为海内外书画协会会员、东方书画联谊会会员。

刘宝麟

字祥亭，号自立，1955 年 7 月出生，义和村人。自幼学习书法，临池不辍，曾先后得到多位名家指点。他广收博取，注重学识修养，其作品以魏、隶、楷为主，尤以小楷见长。1992 年以来，他先后应书画研究院校和出版社之邀，书写大量大型书法作品参展或被收藏；2000 年，作品入选“中国近现代美术书法展”并在中国军事博物馆展出，书写的《孙子兵法》《论语》长卷及《四书》《五经》典籍被

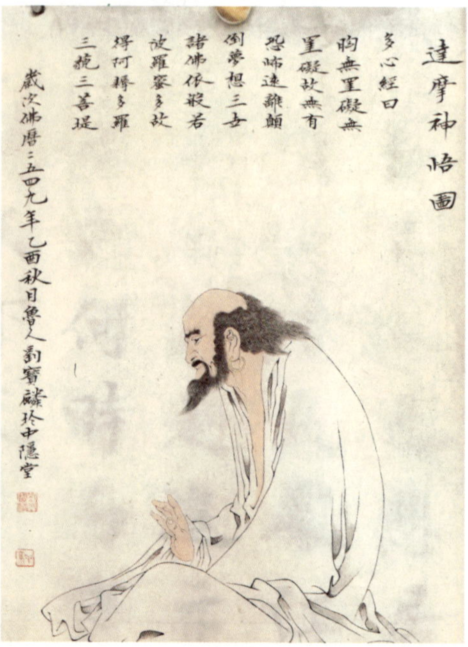

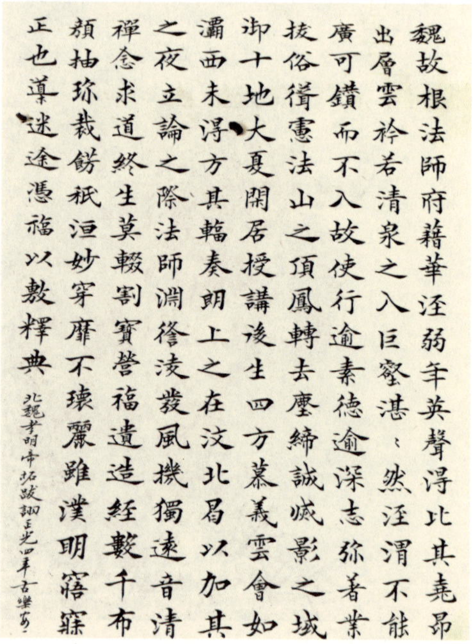

刘宝麟书画作品

海内外名人、财团收藏，被中国文艺协会授予中国文艺金爵奖。2006年1月，应邀出席在人民大会堂举办的2006年中国新闻人物新年论坛暨新春招待会。曾任中国楹联学会会员、中国民主同盟委员、中国孔孟之乡书画联谊会会长、中国国际书画研究员。

王同伟

1969年出生，东王村人，为中国书法家协会会员，东营市书协副主席，东营市青年书协顾问。20世纪90年代初，他数次游学江浙，曾问艺于章祖安、陈振濂、白砥、刘彦湖、王冬龄、汪永江等诸先生。2005年加入中国书法家协会。2007年入中国美术学院进修书法篆刻专业，系统学习中国书法史。2010年，他组织成立黄山谷草书研究会并任主席。他的书法作品曾先后入展由中国书协主办的第二届中国书法兰亭奖“艺术奖”展、全国第八届书法篆刻展、全国第九届书法篆刻展、全国首届草书大展、中国“黄河魂”艺术大展及山东省书协主办的山东省文化系统中青年书法绘画展等展览并获大奖。

张建国

字世杰，号自强，清心斋主人，1958年3月出生，张西村人。职业画家，山东省美术家协会会员、中国楹联协会会员、东营市美术家协会会员、垦利县书协美协常务理事、垦利画院副院长。曾被文化部授予“德艺双馨”百名国画家。自幼酷爱书画艺术，服兵役时得到岭南派画家指点，多次应邀参加龙岩地区书画展并获奖。1980年3月，在部队举办个人书画展。退伍后，仍笔耕不辍。2011—2015年，其作品曾入选山东省美协主办的第十五届“新人新作”展、全国第七届

张建国美术作品

"相约香江"中国书画（写意画）交流展、中国书画报社主办的首届"华夏之星"中国书画人才海选展、山东省农民书画美术研究会成立20周年美术展、山东省美协主办的第十八届"新人新作"展、山东首届花鸟画学术大展等展览并获奖。中国书画报对其作品专题予以发表。

荀安民

1940年12月生，海南村人。县书法协会理事、东营市农民书画研究会理事、中国农民书画研究会会员、中国书画家西安联谊会会员。其作品多次入选东营市书画展，山东省农委、省农民书画研究会书画展并获奖；有三幅山水、花鸟画被中国农村书画展收藏并捐赠第四次世界妇女大会，多幅绘画书法作品被日、美友人收藏，多幅书法作品被收入《二十世纪国际书法精作博览》，两幅花鸟绘画入选《中华热土大型系列作品集》。

剪纸

明清冬闲时节，境内家庭女子除学习女红还兼学剪工，用于装点居室和门窗，辈辈相传。各村都有比较出色的剪纸灵巧女性。图案样式丰富，花卉图案有"梅兰竹菊""牡丹""荷花"等，动物图案有"凤凰""蝙蝠""燕子""喜鹊""狮子"等，也有象征吉祥如意的"三星高照""五谷丰登""年年有余""凤凰牡丹"等图案。新中国成立后，印刷技术发展迅速，画报等大量增加，掌握手工剪纸艺术的人成凤毛麟角。在民间艺术组织倡导培植下，这门艺术得到恢复。宋吉英（女），1977年出生，宋家村人，自幼受家庭熏陶，酷爱艺术，擅长剪纸，是境内剪纸艺术传承人优秀代表。

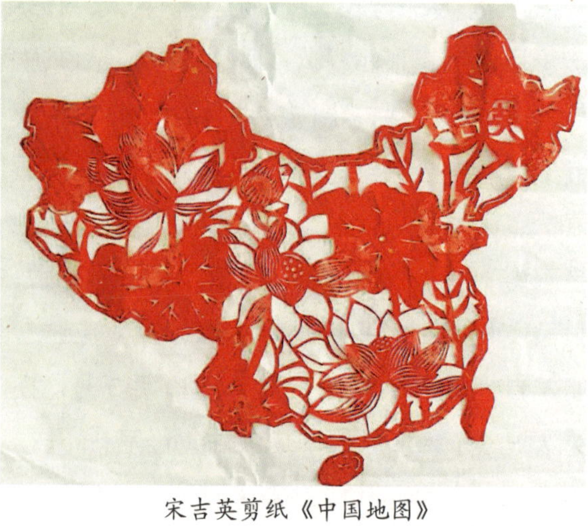

宋吉英剪纸《中国地图》

地方歌谣

八路军独立营

八路军来独立营，谁参加来谁光荣；
骑着马，披着红，你说光荣不光荣；
真光荣，真光荣，光荣光荣真光荣。

青抗先歌

青抗先，青抗先，打鬼子，捉汉奸；
反“扫荡”，保平安，抗日救国最为先。

俺就跟着八路走

叫俺扭来俺就扭，一扭扭到十八九；
俺娘给俺说婆家，俺说跟着八路走；
八路走，八路走，俺就跟着八路走。

日子过得有劲头

东边太阳刚出头，社员早就到地头；
摆开一列银锄头，书记锄地在前头；
锄得谷子耷拉头，玉米粒大得手指头；
白饼子，窝窝头，日子过得有劲头。

儿歌

儿歌一 山老鸹，尾巴长，娶了媳妇忘了娘，把娘背到山沟里，媳妇背到炕头上。烙油饼，擀细汤，媳妇媳妇你先尝……

儿歌二 小巴狗，带铃铛，嘎棱嘎棱到集上。待吃桃，桃有毛，待吃杏，杏又酸，待吃葡萄一串串。

儿歌三 小枣树，耷拉枝，俺家有个小妹妹。嘴也巧，手也巧，两把剪子对着铰，铰里个花，铰里个蛾，扑棱扑棱过了河。河那边是俺家，铺下包袱投芝麻。一碗芝麻半碗油，我和姐姐梳油头，姐姐梳的盘头纂，我梳辫子黑油油。

儿歌四 小脚床，拾棉花，一拾拾个大甜瓜，爹咬口，娘咬口，一咬咬着孩子手。孩子孩子你甭哭，集上给你买个货郎鼓。孩子孩子你甭笑，集上买个大花哨。

儿歌五 扁豆花，一嘟噜，俺娘教俺织笼布，反着织，正着织，花花绿绿倒过来织，一织织里二尺半，托着给爹看，爹说好闺女，托着给嫂看，嫂说织得稀，锛倒撑框砸里机。

儿歌六 盘，盘，盘脚莲，脚莲花，二百八，灯草，莲花，小脚盘煞。

儿歌七 打罗罗，卖罗罗，下来麦子请婆婆；打罗黄，卖罗黄，下来麦子请你娘；打罗黑，卖罗黑，下来麦子请你伯；打罗豆，卖罗豆，下来麦子请你舅。

儿歌八 炸，炸，炸馃子，腰里掖着金锁子，你一半，我一半，咱俩做个好买卖。

儿歌九 说瞎话，道瞎话，窗户台上种了二亩西瓜，小车推一个，大车拉半那，南边来个光腚猴，紧紧肚皮装里十八呀，瞎子看见，聋子听见，哑巴喊，瘸巴撵，一撵撵达道南里，路北里，新盖的破屋里，姓张的李老头，采住辫子打一顿，原来是个秃光油。

儿歌十 下雨下雪，冻煞老鳖，老鳖告状，告着和尚，和尚念经，念着先生，先生算卦，算着虾蟆（蛤蟆），虾蟆凫水，凫着老鬼，老鬼把门，把着四邻，四邻看枣，看着老保……

民间传说

境内散存于民间的诸多故事和传说，以口头形式代代相传，俗称“吧瞎话”，其内容曲折动人，寓意深刻，耐人寻味。

戈武益母草传说

在黄河口一带，流传着这样一句话，叫作“要吃益母草，围着戈武找。”益母草是生长在黄河口一带的一种野生草本植物，也是一味中药，绿叶白花。戈武，是位于黄河下游胜坨境内的一个小村子。

相传很久以前，药王爷在遥远的南山培植百草，为的是广济天下百姓，给世人医疾疗伤。他历经九九八十一年，培植出成百上千种药草，有的能治内疾，有的能医外伤。在这些药草中，有两种药草最难栽培，而功效又最特别，那就是灵芝草和益母草。益母草治妇女病有特效。

为保护好这两种仙草，药王爷把它们栽到了地势险要的一条山沟里，并让一头已驯养 200 多年的得道猛虎把守山口，守护仙草。这只猛虎昼夜不睡，经年不食，忠于职守。那些想来盗窃仙草的禽精兽怪，被它咬死的不计其数。后来，禽精兽怪们再也不敢前来盗仙草了。

若干年后，黄河口一带突然瘟疫流行。药王爷见状大发慈悲，想送仙草去解救这方民众于苦难。药王爷听说染病的多是妇女，便决定把益母草送去。可是这么远的路怎么送呢？若是半路上被坏人或者禽精兽怪们劫去咋办？药王爷遂决定让看守仙草的猛虎下山一趟，亲自护送仙草北上。

这猛虎得了药王爷的命令，驮了益母草，一路逢山翻山，遇河渡河，日夜兼程走了七七四十九天，这一天终于来到了黄河尽头。猛虎行前，药王爷只对它说送仙草到北方，可未曾说明是送到哪府哪县哪个村庄。于是，那猛虎便在黄河岸边溜达起来。

猛虎漫无目的地来到了河边一个小村子，这个村就是戈武村。当时，村里瘟疫正盛，全村大部分女人卧病在床，男人们也病倒了不少。孩子们呼爹叫娘，啼饥号寒，情景十分凄惨。那猛虎见此状况，遂就地打了一个滚，变作一个白胡子老头儿进了村。他拿着益母草的叶子对村里人说："这是益母草，只要放到锅里煎水一喝，病就会好的"。人们虽半信半疑，但别无他法，只好依言而行。果然，喝过益母草水的人病都好了。

这草能治病的消息很快就传开了，一传十，十传百，附近三里五村的人都知道了戈武村有益母草可以治病，纷纷前来讨要。可是一株益母草怎么够这么多人使用啊！这猛虎便在戈武村附近的河滩里选了块好地，把仅剩了根的那株益母草栽下，并对它吹了口仙气，这益母草便郁郁葱葱地长起来了。谁要用，谁就来采，但总也采不完。很快，这方地面上的瘟疫全被祛除了，那猛虎也返回南山去了。益母草却从此留在了戈武村的黄河滩里。

"噶达顶"传说

20 世纪末，海北村西北约一百五十米处，还有一个两米多高的大土堆（亦称"土圪垯"），上面长满了蒺藜、蒿子、枸杞等野生植物，虫蛇经常在这里出没，人们管它叫"噶达顶"。对噶达顶的来历还有一段美丽的传说呢。

相传很久以前，这里住着一位藩王，藩王府第高大宏伟，宽绰无比，还建有东、西两个大宅院供家人居住。藩王府家财万贯，沃野无边，养着上千人的护兵，成万人的家奴，各有分工，从事各种劳务活动。以藩王府为中心，西北方是藩王河，西边有藩王陵、点将台，东边有马厩、地栏（厕所）、巡防地（士兵站岗、放哨的地方），东北方有草场（牧马场）、演武场，还有一处窑场。后来，不知什么原因藩王府没落了，只留下一片遗迹和瓦砾。然而，当年的地名一直沿袭至今，如藩王河、草场、巡防地、小窑等，一些地名也已失当年用途，噶达顶就是那时的藩王府遗址，藩王陵、点将台现叫二郎甸子、小噶达；马厩、演武场今叫马壕、演场。2006 年，文物部门在这里挖掘出土了大量宋金时期的瓷器等文物。

三佛殿村名由来

相传很久以前，今胜坨境原是一片汪洋大海。有一年春季，一出海渔船遇到了暴风，船被打翻。船上三位渔民在大海上漂泊了三天三夜，后被大浪冲上岸边，奇迹般地得以生还。三位渔民认定是神灵保佑，心中万分感激。于是出资在漂泊上岸的地方修了三间庙，立了三尊佛：中间一尊取名“释迦”，左边一尊是“弥勒”，右边一尊为“然登”，旁边还有 20 多个侍卫（小鬼），庙门口前立有一口直径 66 厘米，高 1.2 米的铁钟。

明永乐年间（1403—1424 年），李氏先人李怀金（字自中）从利津县城小东街迁往此地，在庙旁建村。因庙中有三尊佛，故称此庙为“三佛殿”。前来烧香、拜佛的人很多，村名也就随着叫开来。后来，每年的农历九月九日，人们都来赶庙会，无棣县的“笛梆子”剧团还来助兴演出。1812 年，三佛殿村村民王祠元、张兆庚等 20 多人捐资对三间正殿予以修缮，扩建东西厢房和门楼，形成院落，并立碑作记，固定守庙（撞钟）人。据说，他们的善举感动了庙中神佛，修庙期间，每天傍晚干活收工后，便有两只狼前来守护工料，第二天上工前便悄然离去，直至完工。

佛头寺村名由来

据传，明洪武二年（1369 年），李元通、李元成兄弟二人自山西洪洞县迁此一寺庙处建村，故得名“龙头寺”。后群众讹称“窝头寺”。不久，从外地来了位风水先生，说这里天时地利，得天独厚，以后定会出个能征善战的武将。当时人们深受元末战乱之苦，非常厌恶战争，害怕出什么武将引来灾祸，就在村东修庙塑佛，祈求佛祖保佑，逢凶化吉。后来，果真村里没出什么武将，倒是出了许多窑匠，他们烧制的泥陶，质地优良，价廉耐用，名传乡里。祖辈们认为这是佛祖显灵，佛祖最灵，是诸神之首，对佛祖更加崇敬。1952 年，村庄改名称“佛头寺”。

皇殿村传说

很久很久以前，这里是烟波浩渺的大海。不知过了多少年，海水逐渐退去，不知又过了多少年，这里便杂草丛生，野花点点。到了明洪武二年，一个叫王三的人，从东昌府临清州（今聊城市）带着妻儿来这里狩猎，后来便居住下来，开垦出土地，种上庄稼，春种秋收，年复一年，代代繁衍。又不知过去多少年，王三住的地方已经成为一个小村落。为了纪念祖宗王三，王氏后人在村头盖起一座小庙，供奉着王三的塑像。

有一年，一位皇帝巡海来到这个小村附近，突然狂风大作，暴雨倾盆，海潮扑面，无法行走，他们便进入村头小庙里躲避风雨。风，一个劲地刮着；雨，一个劲地下着；他们饿极了。无奈，皇帝和他的随从只好用桌上的供品充饥。

第二天，天气却出奇的好，皇帝便和随从准备启程赶路，刚走出庙门，只见从村里跑出很多人聚集到庙前。原来，有早起的人看到庙里有很多人，以为是来扒庙的，便悄悄聚起全村的人赶来保护小庙。当他们知道是皇帝的人马时，都吓得跪倒在地。皇帝知道原委后，很是感慨，当问起这个村的名字时，人们都摇头了。因为他们只知道自己姓王，还不知道村子也要有个名字呢。皇帝听后，略思片刻，便说：你们的祖先姓王，你们又为他修了这座庙。“王”与“皇”读音很近，这村就叫皇殿吧！从此，“皇殿”就叫了起来。

能锔匠李登峰

三佛殿村李家，世代以锔盆补锅为业（当地俗称“锢漏子”），手艺精湛，服务热情，深得当地群众喜爱。一代传人李登峰做的一次绝活，被乡邻传为佳话。

清末，利津县出了一名翰林赵长龄，官至山西巡抚，职高位显，家中摆设不乏世间奇珍。有一全家奉为至宝的御赐花瓶裂成两半，多方寻找能工巧匠想锔合起来，但要求条件十分苛刻：瓶上不得看到明显锔钉，不能影响花瓶美观。因此，十几年下来，没人敢揽此活。后来，此事传到李登峰耳朵里。他经深思熟虑，决定一试，挑起锢漏担子来到赵家门前。赵府家人说明此活，并带嘲讽意味地说：“如能锔好，钱可任你要，若要有新的裂痕出现，怕你赔不起！”李登峰看过花瓶，神秘而有把握地回答：做这种精细活，锤子怕生人看，我得带回家，燃香焚纸夜间做。只要能满意，钱可随便赏，否则，分文不取，赔钱的活我从来不干。经一番交涉，最终成交。李登峰回到家中，按需求打好锔孔，用麻线一一穿过锔孔，将花瓶系牢，瓶中插一木棒，再用沙泥填满花瓶，待沙泥稍干，剪断麻线抽出，从一锔孔灌入铜水，至另一孔溢出为止，铜水凝固后，用锉打平，逐一完成后，轻轻拔出木棒，投出沙泥，洗刷干净，严密合缝，丝毫不差，不知者根本看不出来，户主十分赞赏，工钱当然不菲。从此，“能锔匠”的名声不胫而走。

天宁寺钟鼓楼

齐鲁名镇志

QILU MING ZHEN ZHI

胜坨镇志

SHENGTUOZHENZHI

大事纪略

DASHIJILUE

黄河夕照

梅家小街设立黄河渡口

梅家与小街渡口位于梅家村西南 1 千米处，是经胜坨通往利津县城的重要渡口，属长年渡。清咸丰五年（1855 年），此处始设渡口。1938 年 6 月 9 日，黄河改道入淮，河道一度为清水河。1942 年，侵占利津县城的日、伪军，为便于对垦区“扫荡”掠夺，在此处造木桥 1 座，不久被八路军清河军区部队炸毁。1944 年初，利津县航运所在此设 2 只木船摆渡。是年 8 月，该渡口由渤海军区海防大队二中队接管。1947 年，黄河复归故道后，该渡口改为民办。1964 年 4 月，该渡口收归集体。1972 年，小街大队与梅家大队合办，购进 20 马力木制渡船 4 只，每村 2 只，总载重 69 吨，船工 16 人。1985 年始，该渡口承包给个人营运。2001 年 12 月，利津黄河大桥建成通车，该渡口停运。

民国时期民间建造防御家寨

民国初年，岁年歉收，始有土匪劫掠。利津县北部和东北部幅员辽阔，荆芦茂密，土匪啸聚。官兵进剿时，土匪转移遁去，潜伏芦苇深处，掘壕打棚聚居其中，使官兵无法寻捕。加之官兵多有通土匪者，官兵未到，土匪先知，年复一年，匪患频仍。利津县城经常关闭城门，数日不敢开。境内为土匪进城必经之地，受害更甚。迫不得已，有些村庄成立民团组织予以抵御。富豪大家则建起高寨深院，临街盖偏脊房（俗称扢腚子屋），并雇用兵丁严加防范。

华家寨位于原常家村西边，是境内面积较大，工事最坚固的民间防御建筑，经几代人艰辛经营，至清末形成规模巨大院落，建筑面积约 1.4 万平方米。四周建有防御寨墙，墙顶可以行人。东北角设 10 多米高的瞭望楼，东南、西南角的护院楼约高十米；各楼子和寨墙上有瞭望垛口和射击孔。寨内建四个套院，有巷道、地下通道相连，饮水井一眼。寨内、寨墙、寨楼上下连贯，遥相呼应，具有较强的防御能力，寨门一关，亦有“一夫当关，万夫莫开”之势。主人为积善行德，保佑四方平安，每次土匪剿村，方圆几里的村民都奔该寨内避难，并且管吃管住，难民一住少则一两天，多则十几天。

宁庄女子小学建立

1920 年，由利津县政府投资兴办，借用三间民房作教室兼教师宿舍。课桌是木制双抽桌，宽面木凳，比较整齐，直到解放初期仍在使用。学校经费包括教师薪金均由县政府拨款。教师是崔凤章老先生，本村人，先后在校执教共八九年的时间。其间，有一段半年多的时间，崔凤章去外地学习，课程由李书堂老师代教。课程设新国文、新算术、新修身 3 门，各 8 册，供四个年级使用。学校对女子启蒙教育和改变社会风尚起到积极作用，培养出一批具有小学文化程度的妇女。本村学生李静在此校学习，后来考入利津女子高小，毕业后回本村任教师多年。宁海区解放后，第一名女教师宁殿英亦毕业于该校。

坨庄完小建立

1939 年，坨庄原有初级小学一处，破旧不堪，国民党保安七团团长张家麟在坨庄村西首重建一所新校。北屋 5 间，作教员办公室兼宿舍；东屋 3 间，作为初小教室；南屋 3 间，作为高小教室；西屋 3 间，作为伙房兼工友宿舍。教师赵梅村，教语文、音乐、美术；苟祥蔼，教自然、常识、公民；赵启源，教地理；苟清明，教数学；周某，教历史。学校经费由当地保甲长筹集。学校成立后，招生两个班，即初小、高小各 1 个班，共有学生六七十人。

时正值全面抗战时期，全体师生群情激愤，热血沸腾。赵梅村教唱《二月里来好风光》和《大刀进行曲》。赵启源系东北流亡大学学生，在教地理时向学生讲解东北三省的白山黑水、无限宝藏、三千万人民沦于日寇铁蹄之下的情形，并教学生们唱《流亡三部曲》，唱得是声泪俱下，同学们也是泪流满面。有次作文课上，赵梅村老师出题《保甲长的手腕》，让同学们根据所了解情况，任情阐发。同学们尽情地揭露保甲长营私舞弊、敲诈勒索的斑斑劣迹，结果引发一场学潮。

保甲长得知老师出题让学生揭他的弊端，怀恨在心，停止对学校的粮食供给，招致老师断炊。同学们决定对保甲长进行惩罚，于是派人谎称请保甲长到学校议事。保甲长一进校门，同学们将其包围，拳脚相加，而后冲出校门，高呼口号，反对保甲长不供应粮食。保甲长受到惩罚又慑于校长张家麟弟弟、七团一营营长张家生的威力，当即送来米面。

1943 年 1 月 13 日，国民党保安七团被日伪军围歼，学校随之解散，大多数高年级学生和老师参加了革命，后来都成为各条战线的领导骨干。

国民党保安七团被围歼

1937 年，日寇侵占利津县城，国民党利津县政府垮台。土匪武装趁火打劫，经常进入利津二区绑架人质，索要钱财。对交不上赎金者，轻则割掉耳朵，剁去手脚，重则要其性命。搅得百姓人心惶惶，不得安宁，财主们更加恐慌。尚家庄大财主尚瑞田为首，雇用坨家庄的张家麟等 30 余人组成民团，看家守院，保护人身财产安全。后因尚瑞田之孙尚国华与张家麟有事务上的过节，张家麟便带弟兄们跑到东张村独立创建民团，招兵买马，很快发展到 120 余人，实行营、连、排编制。团长张家麟，护兵尚殿奎；一营营长秦盛堂，副营长崔为钦、闫居之、张象三，营长护兵尚丰楼、刘英杰；一连连长刘召友，二连连长刘维贤；一排排长纪为阶，二排排长刘召存，三排排长车西河，四排排长秦振兴。另一个营营长张述兵，副营长苟清明，书记长刘象付，军需长车西湘；一连连长先后为付学功、王玉山、王炳文，二连连长张焕之，三连连长王龙全，副连长秦光明。他们以保护地方安全为名，摊赋派捐，聚敛民财，并自印钱币“二区票”在辖区内流通，成为一支独立的武装组织，操控地方大权。

1938 年冬，山东第五区督察专员兼保安司令刘景良，委任张家麟为国民党保安第七团团长，并接防利津县城。不久，另一支地方武装在薛宜亭（海东村人）带领下投靠七团，被委任为二营营长。七团发展到 1000 余人，共分四个营。一营营长先后由张福之、张树滨、张家生（均为坨庄人）担任，副营长苟清明，驻扎在姜家；二营营长先后为张之宾、薛宜亭，驻扎在崔家；三营营长秦盛堂，驻扎在秦家；四营营长商之堂，驻扎在巴家集。各营均系三三编制。武器装备，除团部有 20 支匣枪外，其他均系步枪。

1939 年 1 月，日军二次侵占利津城，七团撤至利津二区。保安七团辖 3 个步兵营，1 个特务营，1 个侦察队，1 个特务大队。一营营长张家生，二营营长薛宜亭，三营营长秦盛堂，特务队队长宋佃池。一营驻大、小宁海，二营驻前左、西双河等地，团部及三营先后驻坨家庄、尚家庄、周家庄等村。

七团在扩张过程中，除部分士兵因家庭生活困难无法生存而加入外，其他系一些地痞、懒汉、二流子加入，致使兵员良莠不齐，鱼龙混杂，非但失去保护一方百姓安全的作用，反而成侵扰群众生活秩序的祸患。

1941 年，七团与清河区国民党同志抗敌协会达成抗日救国协议。1943 年 1 月，七团派士兵到日伪军占领区利津王庄、蝎子湾一带“兰花团”活动地区催要钱款，一士兵被“兰花团”团众砍掉一条胳膊，七团便出兵火烧蝎子湾。与日伪军有勾结的“兰花团”谎报说“七团通八路”。1943 年 1 月 13 日（农历腊月初八），日伪军在“扫荡”垦区折返途中把七团围歼。七团几乎全军覆没，张家麟被俘。

创建黄南武工队

1939 年，日军二次侵占利津县城后，国民党利津县党部迁住西张家庄（现大张村），即国民党保安七团驻防区内。三青团山东省团部利津县分团部在崔家庄子建立。利津县黄南乡即本境的宁家庄爱国青年李吉增偕同聂振东、张德生一起开展抗日宣传。是年冬，他们又吸收16岁的尚希文等，组建黄南武工小组，进行抗日武装斗争。创建初期，武器只有一杆花枪和一口单刀，只能做一些组织宣传、侦察敌情和发展队伍的工作。至1941年下半年，武工小组发展到30多人，武器也多起来，并正式编为抗日武工队。李吉增任队长，张德生任副队长，聂振东为党代表，尚希文做通讯员。1942年初，黄南武工队改称区中队。这时，队伍已经发展到50多人，拥有长短枪30多支，成为一支坚强的抗日武装力量。在摧毁崔家庄子、盐窝据点和粉碎日伪军“扫荡”等战斗中发挥了很大作用。

“抗协”与保安七团达成三项协议

1939年，国民党山东省政府主席沈鸿烈投敌，山东省国民党同志抗敌协会成立。该组织在中国共产党的领导下进行抗日活动，其成分有国民党员、共产党员、三青团员和无党派民主人士。清河区国民党同志抗敌协会，孙明刚任主任（孙是威海特派专员、国民党中央委员），刘群任副主任、刘冠甲任组织部长，贺达任宣传部长（以共产党员公开身份参加），清东区党委派杨少心以不公开中共党员身份参加。

1941年11月，中共派杨少心到垦区以“抗协”代表名义搞统战工作，化名鲁震，人们一般称呼他鲁主任。当月，杨少心与七团张家麟部取得联系，保安七团代表侯乐三带七团一个副官张怀友经朱家屋子到八大组，与中共党政军领导人李人凤、徐斌洲，抗协主任孙明刚等人会见。李人凤阐明八路军愿与各友军友好相处、共同抗日的主张，并与其协商加强联系，互相协作的事宜，约定择日在双河镇正式会谈。12月初，七团去了3个代表（二营营长薛宜亭，还有两个副营长）和警卫若干人，杨少心与“抗协”代表在双河镇与其会晤，达成三项协议：①拥护抗日民族统一战线，抗日高于一切，一切行动服从抗日。②双方一致同意以现驻地为防地（即坝头以西为七团防地，以东为八路军防地），互不侵犯，互相帮助，共同抗日。③七团代表一致同意中共抗日民主政府在垦区实行减租减息，特别赞赏抗日民主政府对垦区的土地整理办法。

“抗协”借帮助农民解决新淤土地边界问题，进行减租减息的机会，多次走遍七团防地的所有村庄，二营防地去得多一些，从而接触了一些当地的上层人物，如十六户村的李荣坡（刘景良的军法处长）、李彤（红门会长）、坨庄张家麟的弟弟张家福、苏家庄的伪乡长王学修等。还通过二营沟通与盐窝日伪队长张长亭的联系，让他经常为八路军提供情报。1943 年冬季日寇大“扫荡”时，这些关系为八路军提供了及时情报。

1942 年秋，投靠日寇的刘佩忱部队号称万人“扫荡”垦区时，七团上层对杨少心忽转冷淡。经查，原来刘佩忱部队被击溃后，其特务营长季忠恕带残部数十人潜入七团防地，借七团的掩护重整队伍，并趁机挑拨七团与八路军关系。军区政委刘其人对杨少心说：“打他一下，但不要打狠了”。八路军直属团郑大林率部于农历八月十四日晚追袭季忠恕于纪家坝头，将其全部俘虏，押往八大组。之后，七团派人找杨少心，双方一同到司令部，杨国夫、袁也烈指示：查清七团的人，人枪送还。在处理战俘中查有李荣坡，立即释放并派人送回家去。还查出七团的一个连队，也将人枪全部送回，只将伪军季忠恕部全作俘虏处理。之后，七团又重新与杨少心关系密切起来。

1943 年 1 月 13 日（农历腊月初八），七团被日伪军几乎全部歼灭的主要原因是，七团三个营长各打算盘，一营长张家生勾结日伪军，二营长薛宜亭与八路军讲统战，三营长秦三（秦盛堂）与三里庄成建基勾搭密切，团长张家麟在敌我斗争中举棋不定，优柔寡断，模棱两可，故落此可悲下场。

腊八惨案

1943 年 1 月 13 日（农历壬午年腊月初八）拂晓，日伪军 6000 余人在从利津城前往垦区中心八大组“扫荡”扑空后折返途中，突然合击团部设在周家庄的国民党保安七团。毫无防备且战斗力很差的七团官兵一枪未发，几乎被全部围歼，日伪军冲进周家一带村庄，烧杀抢掠。

七团官兵逃至西张家庄黄河滩。进入西张庄（现大张村）的日伪军兽性大发，见人就杀，整个村里一片混乱。青年农民李成富路经街头，见到日军扭头往家跑，未等进门，被日军一枪打死，其父母听见枪声跑出来看时，当即被双双打死。张立安之母领着 5 岁的儿子往村北跑，被一日本骑兵发现，端枪瞄准，母子俩一起倒地，直到第二天，张立安才找到母亲尸体抬回家，并救活弟弟。

村西头刘观海一家，躲在门洞里，被破门而入的日本兵发现，刘观海的两个弟弟夺路欲逃，被日军一枪一个打死在路旁。

后来西张村中共党支部书记刘同茂，被六七个狞笑着的日本兵围住，当作活靶子，刺来刺去，直到昏死过去，后经家人抢救活过来，在他的头、颈等处，却留下横七竖八的一条条伤痕。

保安七团小头目“盒子老七”，没来得及撤走，当他越墙欲逃时，被一日军发现，“盒子老七”回手一枪，将日军打死在刘维述家门前。一群日本兵发现尸体后，把刘维述拉到门前，不由分说，将刺刀捅向胸口。刘双手一攥，刺刀一抽，10 个手指头削掉 8 个。另一个日军拉开架势，一刀捅进刘的心窝致其当场毙命。

村西头张延收家，里间屋里有十几个妇女，日军踹门而进，挥动刺刀乱喊乱叫，有的被拉出强奸、轮奸，有的因惊吓过度而精神失常。

午后，在村西南洼地里，日伪军将许观敬等 12 人捆住手脚，蒙上眼睛，强令其面朝南跪在地上，12 个日本兵一人对准一个，一声令下，刺刀穿透胸膛，惨烈之状，目不忍睹。半夜后，只有许观敬苏醒过来，爬到邻村，侥幸成为幸存者。

傍晚，滥施淫威的日伪军掳走保安七团官兵和附近几个村的群众 1000 余人，押往惠民县城。路上强迫张泽民等人在雪地里赤脚行走，走不动就打，不少人在半路上就被折磨致死。被俘人员被关进集中营，每天只给一把煮黑豆吃，连续几天不给水喝，不少人饥渴而死，侥幸逃还者寥寥无几，没死的 400 余人被送到东北充当劳工，客死他乡。

西张庄经日伪军腊月初八一天的洗劫，到处是断壁残垣，一片狼藉，不少房舍成为废墟，生产、生活用品损失无法计算。18 名无辜村民惨遭杀害。在“扫荡”中，利津二区有 46 名平民被日军枪杀。

建立中共利二区委和区武工队

1943 年 3 月，中共利二区区委、区公所建立，李明村任书记，荀九泽任区长，机关驻小宁海、巴家集一带，分别隶属于中共垦利县委、县抗日民主政府。

1943 年春，中共垦利县委在利津二区组建区武工队，队长先后由荀九泽、李真担任，指导员先后由李明村、许文担任，人数二三十人。1944 年 10 月，二区划分为利津二区、四区，四区区中队随之建立，队长张子敏，指导员孙枫桐，至1947年，发展到50人左右。1949年上半年，撤销区武工队建制，大部升到主力部队。区武工队在配合主力部队打击日伪、组织民兵破袭、开展抗日斗争、剿匪反特、保卫胜利果实，维护地方社会治安等方面，发挥了重要作用，同时为县大队及八路军和解放军主力部队输送了大批兵员。

夜袭宋家庄日伪炮楼

1943年6月27日夜，垦利县独立营一部，将宋家庄伪军炮楼包围，经两个小时激战，将敌炮楼炸毁，伪军仓皇逃窜。

夜袭崔家庄子日伪炮楼

1943年7月初的一天夜里，垦利县独立营把崔家庄子日伪据点包围。战斗打响，敌人负隅顽抗。独立营战士用机枪压住敌人的火力，用炸药炸毁敌人碉堡，毙伤日伪军13人，缴获枪支、弹药、物资一宗。

区中队智袭崔家、盐窝日伪据点敌人

1943年8月，为狠狠打击崔家、盐窝两个据点的日伪军，根据上级指示精神和当地的实际情况，利二区区中队制定了一个“诱敌自扰，见机行事”的作战方案，巧妙打击敌人。

8月正是初秋季节，一望无际的庄稼犹如墨绿色地毯覆盖着大地。在一个漆黑夜晚，尚希文等一行12人插进崔家和盐窝两据点之间的东张村，找到该村的维持会长，让他到崔家据点报告东张村进驻了武工队，把敌人引到东张村来。区中队战士便兵分两路，一路隐蔽在东张村外的树林里，一路埋伏在离盐窝不远的河滩起伏地带。不一会儿，崔家据点的敌人出动。为迷惑敌人，战士们把鞭炮每隔几里摘掉几个，点燃后放在煤油桶里，把手榴弹埋在地里用绳子拉爆，顿时，满坡遍野的噼噼拉拉、轰轰隆隆爆炸声，响个不停，像打机枪和放迫击炮。盐窝据点的敌人听到枪炮声大作，慌忙出兵增援。埋伏在河滩里的小分队利用大坝作依托，鸣枪吸引敌人，边打边退，把敌人引向东张村西南方向，待敌人双方接上了火，小分队便悄悄沿着封锁沟撤到一个树林子里接受新的任务，让敌人在这里“狗咬狗”。

区中队按照预定计划，留下部分队员准备狙击敌人，大队人马乘虚包围了崔家和盐窝据点，一场猛攻，打得敌人首尾不能相顾。这次战斗，共打死日军 2 名，打伤 4 名，打死打伤汉奸 21 名，这不包括敌人自相残杀伤亡数字。

围攻宋家庄日伪据点

1944 年 8 月 12 日，扫除利津县城外围据点的战斗打响，区中队和民兵将宋家庄据点包围，配合八路军作战。在强大政治攻势下，据点里的伪军见大势已去，自知难以抵挡，于 14 日夜间从地道中窜出，逃回利津县城，宋家庄据点遂告攻克。

劝降崔家据点伪军

1944 年 8 月 12 日，渤海军区特务营和垦利县独立营包围崔家庄子据点，实行围而不打战术，待利津城解放后，再对伪军劝降。18 日拂晓，利津城解放，这是八路军部队继夺取沂水县城之后，在山东境内攻克的第二座县城。利津城的攻克，对崔家庄据点伪军震慑很大。但敌人自恃装备精良，拒不投降，负隅顽抗，以待援兵。八路军连夜加强火力猛攻，摧毁敌据点围墙，27 岁的朱志明营长孤身进入据点，劝降敌人。在强大的军事压力和政治攻势下，据点伪军表示愿意投降，并提出要保证他们“生命安全”“私人财产不受侵犯”等三项条件，八路军均予答复。8 月 18 日午时，敌加强连连长谢精矩率伪营长以下 200 余人架枪列队，迎接八路军受降。

渤海军区司令部移兵大小宁海一带大练兵

1944 年 11 月下旬，渤海军区司令部、政治部及其所属直属团、特务营、骑兵大队和耀南剧团 1500 余人移驻宁海村、小宁海村、东张村、西张村、巴家集村一带，开展大练兵，迎接大反攻。司令部驻大宁海，政治部驻小宁海。1945 年 2 月上旬，部队移防博兴。

境内发生山东省第二大案

1951 年春，尚家庄指导员（村支书）尚新民，在土改复查中，利用职权，报复与自己久有家庭矛盾、退伍在家的共产党员尚炳礼家，将其本该中农成分硬划为地主，致尚炳礼服毒自杀。尚新民被乡人民政府传讯后，怀恨在心，便用毛驴将正在坟上哭得痛不欲生的尚炳礼媳妇踢得流产。尚炳礼的哥哥一纸诉状，将其告到山东省人民政府。1953 年秋，尚新民被就地正法。尚新民案被定为新中国成立初的山东省第二大案。

东、西张庄村发生哄抢国库粮事件

1957 年 4 月，由于工作失误，造成农民群众在粮食问题上存有严重的紧张心理，受境外影响，加之极少数人从中煽动，致使东张庄村部分群众哄抢东张粮站、西张庄部分群众哄抢常家粮库事件发生，抢走国库粮数万斤。后经广饶县县、区干部说服教育，被抢粮食大部分退回。县长刘贞云主持，在尚庄区公所召开公判大会，对抢粮首要分子和协从者作出不同处理。

战胜 1958 年伏汛特大洪水

1958 年 7 月 17 日，黄河防汛总指挥部电示：黄河中下游连降暴雨，干支流相继出现洪峰，预报 18 日 2 时花园口将出现每秒 22000 立方米洪峰，这次洪水与 1933 年相似，情况相当危急。中共山东省委、省人委按照国务院总理周恩来批示的“依靠群众、固守大堤，不分洪、不滞洪，坚决战胜洪水”的方针，迅速部署要求沿黄地、县、乡党委、人民政府，必须全党全民动员，集中一切力量防洪，确保沿河人民生命财产安全。

是日，花园口站出现每秒 22300 立方米洪峰。25 日，峰顶到达境内，水位最高刘家夹河站 13.76 米，流量每秒 10400 立方米，持续时间长达 15 小时之久。这是 1855 年后黄河在境域内出现的最大洪水。洪水到来前，广饶县防汛指挥部已做好充分的准备，组织基干班 2722 人，抢险队 160 个，照明班 78 人，临时工程队 36 人，运输队和防汛队 3548 人。防守期间，采用一切可行措施划片分段，对防汛人员进行技术训练。

7 月 20 日—28 日，9 天之内，泺口最大洪峰流量每秒 11940 立方米，最高水位 32.09 米，超过保证水位 0.89 米，到达境内佛头寺险工水位达 13.76 米。临河堤全部偎水，堤根水深一般在 2 米～ 4 米，离大堤出水仅剩 1 米多，险工坝岸几乎与河水持平，风波浪涌，情势极为严峻。377 名机关干部与广大民工组成 5 万人的防汛大军，先后上堤防守。在堤线上，特别是险要堤段，组成强大人防，昼夜奋战，抢修子埝，加高埽面，并先后抢护大小险情 44 处。抗洪期间，共计完成土方 7.63 万立方米，实用柳枝 122.09 万千克，石料 0.14 万立方米，工日 13.98 万个，战胜洪水，确保了堤防安全。

朱德委员长视察小宁海水稻种植配套工程

1966 年 1 月 12 日，中共中央副主席、全国人大常委会委员长朱德，在中共山东省委第一书记谭启龙、惠民地委书记王成旺、副书记杨维屏和九二三厂会战工委、指挥部负责人及垦利县委、县人委负责人等陪同下，视察九二三厂投资兴建的胜坨公社小宁海水稻种植配套工程和坨 11 井，并欣然题写“工农联盟更相亲，亦工亦农结合新，油业旺盛农亦好，社会主义见雏型”的诗篇。

尚庄大队首推包产到户责任制改革

1978 年，尚庄大队农民人均纯收入不足百元，人均口粮不足 150 千克，仍处于“吃粮靠返销，生产靠贷款，生活靠救济”的三靠状态，全村人渴望找到一条适合农业发展的新路子。1979 年春，时任大队书记张承志和大队长尚德俊，听说安徽省凤阳县实行生产承包责任制消息后，便准备冒政治风险，酝酿把土地分到各户。时因张承志到县参加四干会议暂时搁置下来。至麦收后，他们首先召开大小队干部会议，讨论包产到户问题，达成共识；后又召开社员会议听取群众意见，结果是一呼百应。仅几天的时间，各生产小队便把高粱、玉米青苗地等按人口分到户，由户负责管理和收获。到第二年春天，尚庄大队开始分田到户，把农具、牲畜作价分配到户。尚庄大队成为全县第一个“包产到户”的大队。家庭联产承包责任制的推行，极大地调动起尚庄村群众的生产积极性，仅一年多的时间，便解决群众温饱问题。

“三海”党支部致信邓小平请求解决生活困难

胜利油田进入境内开发建设后，原胜坨公社三海等村的土地被大量占用，农业生产受到严重影响，粮食总生产逐年下降，油田重点区域里的村庄由过去粮食自给自足，逐步变成“吃粮靠供应，花钱靠救济，生产靠贷款”的“三靠”村。自1964年以来，仅海中一个村的土地上就建有油气井590口、沥青路19条、通井路72条和油气联合站、污水站、变电站、注水站、集油站等28处，胜采二矿、三矿、四矿、井下作业大队、供电电气大队、井下修保大队及油田基层机关驻地及居民点16处，油、气、水管线纵横，高、低压电线杆林立，共占用土地253余公顷，几乎把土地占光。1974年，小宁海大队党支部向中共山东省委反映油区人民的生产生活情况，省委对来信非常重视，迅即给当地群众解决了按城市菜农的吃粮标准供应粮食，细粮提高30%，基本上解决群众的吃饭问题。1980年，海中、海南、海北三个村党支部又联合致信邓小平，反映油区农村群众生产生活困难状况。邓小平批示“调查研究，解决问题”，转给山东省委和国家石油部后，省、地、县和油田组成联合调查组，现场调研，最后落实在“稻改”上。1981年，油田拨款730万元，解决海中、海南、海北、工农、小巴家等7个大队的“稻改”资金。1982年，“稻改”获得成功。1983年，参与“稻改”的村基本实现人均1亩稻田，彻底解决群众吃饭问题。之后，每年还卖给国家余粮20吨～30吨。1994年，海中、海南、海北、工农等村转为山东省城镇户口，人民过上稳定富裕的生活。

胜坨镇举行建镇 10 周年庆典

2004 年 3 月 28 日，胜坨镇举行建镇 10 周年庆典活动。上午，在镇人民政府礼堂召开“胜坨镇建镇十周年暨油地团结发展推进大会”，历任市、县主要领导、胜利石油管理局领导及胜坨籍在外工作的科级以上干部共聚一堂，畅述胜坨十年的变化和发展前景。晚上，在探宝广场举行文艺联欢晚会，中央电视台新闻节目主持人海霞、洪亮主持，全国著名歌唱家李双江、郑绪岚、张也和著名歌手黄鹤翔、金波，著名京剧表演艺术家刘长瑜、魏积军等登台献唱。同时，胜坨镇和县书协联合举办“庆祝胜坨建镇 10 周年书画展”；开放“胜坨展厅”，展示建镇十年成就。大型报告文学《大河入海》出版，该书全面系统地描述胜坨人民数百年的艰苦创业史，展示全镇各行业的建设新成果。

尚吉永出席中韩青年企业家峰会

2007 年 6 月 12 日，由中国青年企业家协会、韩国科学技术人协会主办，山东省青年企业家协会、山东省对外贸易经济合作厅承办的中韩青年企业家峰会在韩国首尔国会议员会馆举行。中国万达集团董事局主席、总裁尚吉永出席峰会并应邀作题为《诚信共赢，和谐共享，携手再创新辉煌》的主题演讲。尚吉永在演讲中介绍了公司的发展情况和轮胎、机电、化工产业发展优势以及下一步的发展思路和打算。

300 多位来自 IT 产业、开发建设、金融等领域的山东省青年企业家和韩国主要经济团体、风险投资、金融界、企业界以及新闻界的青年企业家参加峰会。

峰会得到中韩两国政府和企业界高度重视，山东省副省长才利民、中国商务部亚洲司司长吕克俭，韩国国会议员、china 论坛会长李康来等中韩政府领导出席开幕式并致辞。当天中午，韩国总理韩德洙亲切会见与会人员。

中国万达集团在全国高层论坛上作和谐劳动关系创建经验介绍

2007年7月，中华全国总工会和中国企业联合会、中国企业家协会联合主办的“发展和谐劳动关系高层论坛”在河南郑州举行。中国万达集团董事局董事、工会主席巴树山出席会议，代表万达集团作题为《构建和谐劳动关系，实现更好更快发展》典型发言，介绍本集团在创建和谐劳动关系企业方面的工作经验。万达集团是山东省唯一一家应邀在此次论坛上发布创建工作经验的企业。该集团始终把创建和谐劳动关系企业作为发展的重中之重，始终坚持“以人为本、科学发展”的经营理念，大力营造共建和谐企业、共谋企业发展、共享发展成果的良好氛围，建立党政主导的创建工作机制、齐抓共推的创建运行机制，努力构建规范有序、公正合理、互利共赢、和谐稳定的社会主义新型劳动关系，依法维护广大职工的合法权益，走出一条具有万达特色的和谐发展之路。

中国万达集团亚洲单厂产能最大 MBS塑料抗冲剂生产线投产

2007年7月10日，由中国万达集团投资建设的5万吨/年高性能MBS塑料抗冲剂生产线项目正式投产。至2014年，此生产线是亚洲单厂产能最大的该类产品生产线，中国万达集团为亚洲第一、世界第三大MBS生产商。之前，高性能MBS塑料抗冲剂产品核心技术一直被美国、日本的少数几家企业所垄断。中国万达集团依托博士后科研工作站以及强大的科研开发队伍，对MBS产品的核心技术进行攻关，在晶点、双向无折白、低温抗冲等方面均取得了重大突破，产品性能达到国际一流水平。

胜坨镇跃居全国乡镇综合实力500强

2007年，胜坨镇地区生产总值43.8亿元、财政一般预算收入6443万元，规

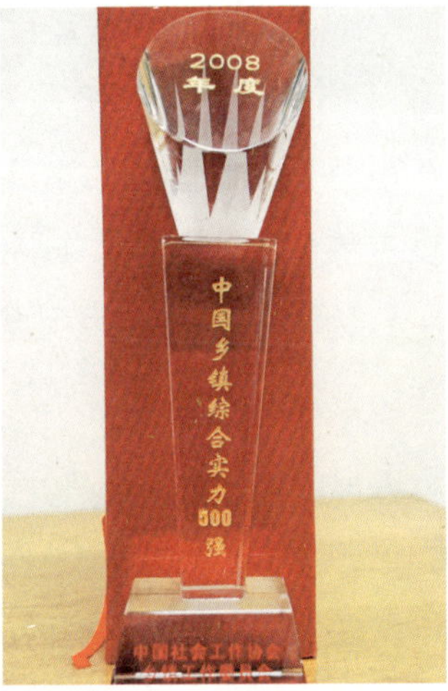

模以上工业企业总产值209亿元，农民人均纯收入7282元，全镇综合经济实力跃居全省百强、全国千强行列。这是中共胜坨镇委、镇人民政府大力实施“工业强镇、农业现代化、招商引资、小城镇建设和加快农村劳动力非农就业、提升繁荣第三产业”五大战略所取得的丰硕成果。2008年度，胜坨镇分别进入“中国乡镇综合实力500强”“中国乡镇投资潜力500强”行列。

抗战支前模范孙合全进京参加抗战胜利70周年阅兵式

2015年9月3日，经东营军分区推荐上报，孙合全作为抗战支前模范进京参

2015年9月3日，孙合全（前排左一）与进京参加阅兵式的抗战英雄合影

加中国人民抗日战争暨世界反法西斯战争胜利70周年阅兵式。

孙全合，胜坨镇东王村人，1928年出生于贫苦农民家庭。1943年1月，参加八路军，先后担任侦察员、交通员、警卫员。同年7月4日，跟随垦区独立团参加攻克陈庄据点战斗。此战斗消灭陈庄据点的9名日本侵略军，21名伪军，捣毁陈庄日伪军据点。在惠民县现河村战斗中，孙合全被敌人射中左手，右腿也被弹片炸伤，瘫坐在地上。从清晨开始，他没吃没喝，血不断地流，仍然坚持战斗。1945年抗日战争结束后，孙合全因伤病退伍回到家乡，继续发挥优势，先后组织数批村民参加支前，并随大部队支援解放定陶、汶上等县城的战斗。新中国成立前夕，孙合全安心留在家乡东王村。几十年来，他从不给组织添麻烦，并积极发挥余热，在文化大院里为村民服务，给村里的孩子讲革命战争年代的故事。

胜坨镇志

SHENGTUOZHENZHI

附录

FULU

胜坨歌曲选录

胜坨镇歌

（自豪地、雄壮地）

1＝E 2/4

王秀华 词
陈崇喜 曲

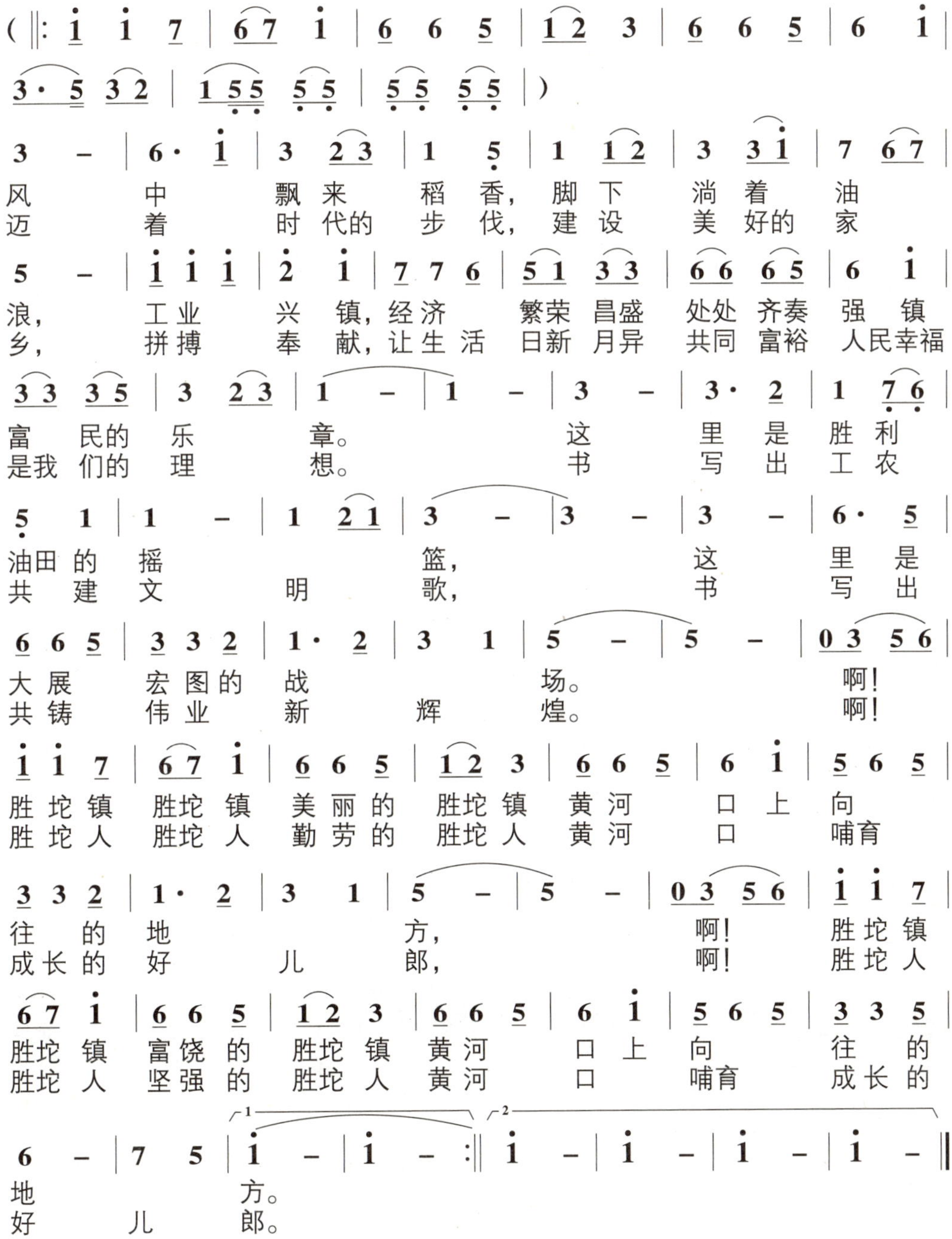

胜 坨 颂

男女二重唱

王秀华 词
苏 越 曲

1＝F 4/4

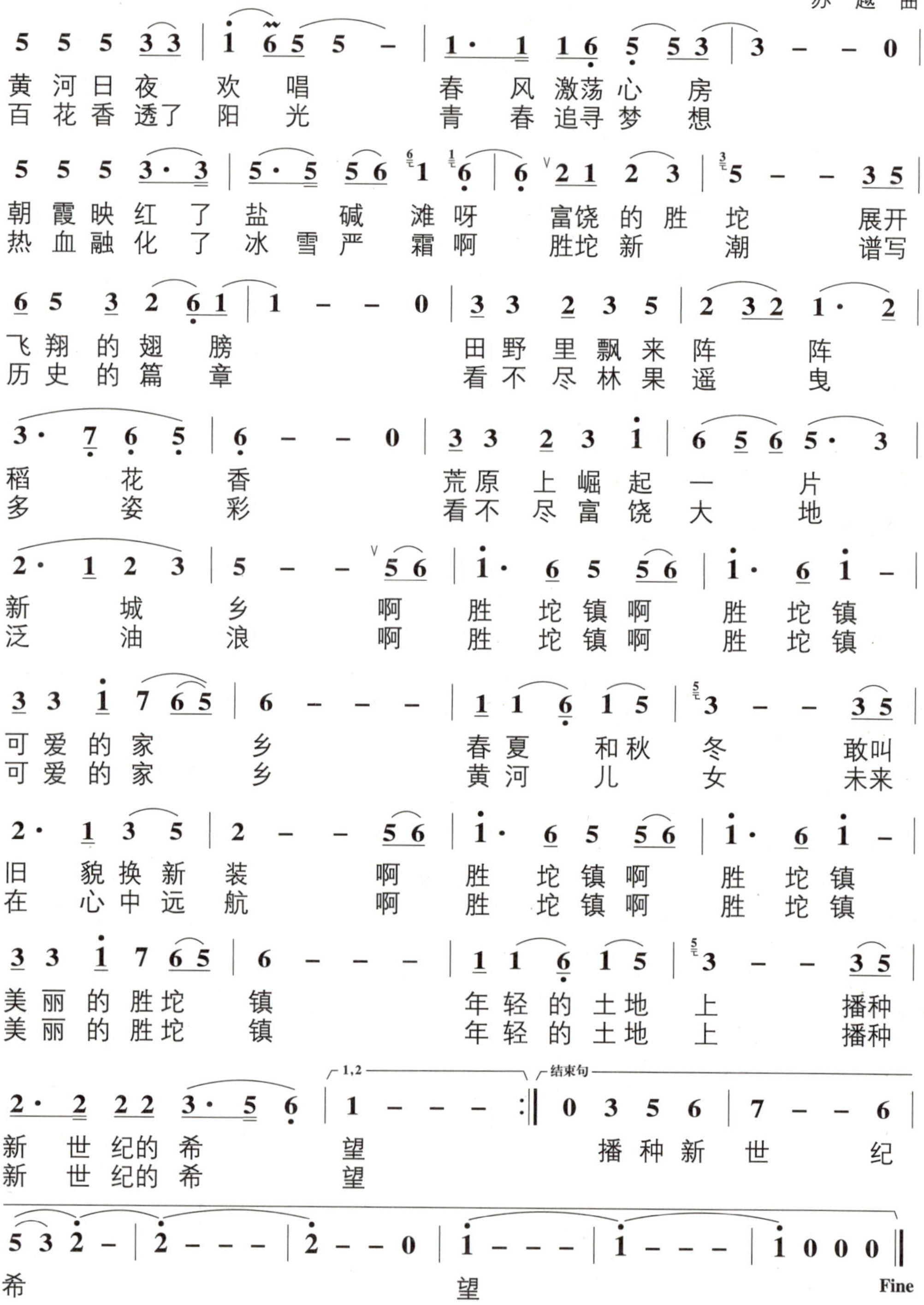

胜坨镇获得的国家级荣誉称号榜

2004 年 02 月 “全国重点镇”
2005 年 10 月 “全国创建文明村镇工作先进村镇”
2006 年 06 月 “全国环境优美镇”
2006 年 09 月 “全国最适宜人居名镇”
2006 年 10 月 “全国小城镇综合发展水平 1000 强”
2008 年 10 月 “中国乡镇投资潜力 500 强”
2008 年 10 月 “中国乡镇综合实力 500 强”
2009 年 01 月 “全国文明村镇”
2010 年 12 月 “全国生态文明先进镇”
2011 年 11 月 “国家卫生镇”
2013 年 10 月 “中国最美村镇典范奖”
2014 年 06 月 “中国生态强镇”
2015 年 07 月 “中国最具潜力绿色经济发展城市”
2015 年 12 月 “中国美丽乡村建设示范镇”
2016 年 11 月 “全国千强镇”

中共胜坨镇委、镇人民政府主要领导任职一览表

表 13

单位名称	书记（镇长）	任职时间
中共胜坨镇委员会	王秀华	1994.10—2004.07
	陈卫奎	2004.07—2010.12
	张学锋	2011.01—2015.12
	黄　振	2016.12—
胜坨镇人民政府	王秀华	1994.07—1995.05
	李春明	1995.05—1998.03
	刘清滨	1998.03—2000.06
	刘金忠	2000.06—2003.03
	李春河	2003.03—2004.07
	刘王民	2004.07—2008.03
	于龙飞	2008.03—2009.09
	王秀林	2009.09—2014.02
	宋华锋	2014.02—2016.09
	宋金生	2016.09—

参考文献

《胜坨镇志》，黄河出版社，2011 年 4 月版

《胜坨镇志》，线装书局，2016 年 6 月版

《垦利县志》，山东人民出版社，1997 年 12 月版

《垦利县志》（1986—2002），中华书局出版社，2005 年 8 月版

《垦利县教育志》（1941—1985），垦利县教育志编写组版，1987 年

《垦利教育志》（1986—2006），山东大学出版社，2008 年 12 月版

《中国共产党山东省垦利县组织史资料》（1941—1987），1988 年 12 月

《中国共产党山东省垦利县组织史资料》（1988.1—1999.12）

《利津县志》，北京市东方出版社，1990 年 12 月版

《胜利油田大事记》，石油大学出版社，2003 年 12 月版

《胜利采油厂志》（1964—2002），中国工人出版社，2004 年 2 月版

《胜利采油厂志》（2003—2012），石油工业出版社，2013 年 12 月版

《大河入海》，中国社会出版社，2004 年 3 月版

《垦利年鉴》（2004—2015），黄河出版社

垦利区档案馆、区统计局、利津县档案馆、胜坨镇各股室站所、各相关企业等提供的资料。

编后记

2014年，按照中国地方志指导小组及省、市地方史志办公室部署要求，在中共垦利区委、区人民政府的领导关怀下，胜坨镇报名启动《中国名镇志文化工程·胜坨镇志》编纂工作。为此，2015年4月8日，中共胜坨镇委、镇人民政府召开全镇《胜坨镇志》续修工作动员大会，部署展开对首部《胜坨镇志》下限2006年以来全镇8年的经济社会发展情况的征集编写工作。2016年2月，形成终审稿，报区党史史志办公室审核。6月，付梓印刷，出版发行。同时，对首部《胜坨镇志》错漏之处进行勘误补记。全志总字数177万余字，为开展《中国名镇志文化工程·胜坨镇志》等编纂工作奠定了坚实基础。

2017年4月，在编纂《中国名镇志文化工程·胜坨镇志》的同时，按照省地方史志办公室要求，启动《齐鲁名镇名村志文化工程·胜坨镇志》编纂工作。编纂中，力求篇目结构设计符合山东省名镇名村志文化工程统一要求，立足胜坨镇的“名”与“特”，基于经济强镇这一定位来进行。区、镇两级编修人员在志稿编写工作中十分努力，数易其稿，精益求精，反复推敲打磨修改。这期间，东营市地方史志办公室的领导、专家等给予大力支持与指导，严格把关审查，提出若干重要的修改意见和建议。10月19日，志稿送交齐鲁名镇名村志志稿评审会评审。按照评审专家的意见，对志稿又进行了全面修改补充。山东省地方史志办公室领导更是给予了强有力的支持，亲自组织专家给予审改，确保了志书质量。

在修志过程中，特邀请刘建国、徐秋明两位专家对志稿作编修指导，还得到胜利油田史志办公室、垦利黄河河务局、利津县史志办公室等单位的大力支持。在此，我们向所有关心、支持《齐鲁名镇名村志文化工程·胜坨镇志》编纂工作的领导和同志们表示衷心感谢。

《齐鲁名镇名村志文化工程·胜坨镇志》终成册付梓印刷，倍感欣慰，虽苦犹荣。但书中仍难免有疏漏错讹之处，恳请方志界专家、同仁及广大读者批评指正。

编者

2017年12月